民商法论丛
Civil and Commercial Law Series

陈聪富 著

侵权归责原则与损害赔偿
QINQUAN GUIZE YUANZE YU SUNHAI PEICHANG

北京大学出版社
PEKING UNIVERSITY PRESS

图书在版编目(CIP)数据

侵权归责原则与损害赔偿/陈聪富著.—北京:北京大学出版社,2005.9
(民商法论丛)
ISBN 7-301-08885-X

Ⅰ.侵… Ⅱ.陈… Ⅲ.①侵权行为-民事责任-研究-中国 ②侵权行为-赔偿-研究-中国 Ⅳ.D923.04

中国版本图书馆 CIP 数据核字(2005)第 049546 号

简体中文版由元照出版有限公司(Taiwan)授权出版发行
侵权归责原则与损害赔偿,陈聪富著,2004年,第一版,
ISBN:986-7787-65-X

北京市版权局登记号图字:01-2005-3894 号

| 书　　　名：侵权归责原则与损害赔偿
| 著作责任者：陈聪富　著
| 责 任 编 辑：贺维彤　王晓娟
| 标 准 书 号：ISBN 7-301-08885-X/D·1154
| 出 版 发 行：北京大学出版社
| 地　　　址：北京市海淀区成府路 205 号　100871
| 网　　　址：http://cbs.pku.edu.cn　电子信箱:pl@pup.pku.edu.cn
| 电　　　话：邮购部 62752015　发行部 62750672　编辑部 62752027
| 排 　版 　者：北京高新特打字服务社　82350640
| 印 　刷 　者：北京汇林印务有限公司
| 经 　销 　者：新华书店
| 　　　　　　650mm×980mm　16 开本　20 印张　260 千字
| 　　　　　　2005 年 9 月第 1 版　2006 年 11 月第 2 次印刷
| 定　　　价：33.00 元

未经许可,不得以任何方式复制或抄袭本书之部分或全部内容。
版权所有,翻版必究

出版说明

当今社会是信息社会。信息的交流和互动使我们可以站在巨人的肩膀上俯瞰整个学科的发展,进而推动该领域学科的发展壮大。我国台湾地区的法学研究较为成熟,但目前大量读者还不易直接在祖国大陆购买台湾地区的书籍,而大量复印又有违著作权法的有关规定。在这种情况下,我社引进了一些已经在我国台湾地区出版的优秀法学著作。我们希望通过这种方式给祖国大陆读者提供一种获取信息的捷径,从而可以比较迅速地了解各个地区的教学和学术成果,为深入学习和研究打下更坚实的基础。

我们引进这些学术著作,主要目的在于介绍我国台湾地区的相关法学理论和方法,推动学术交流,促进学科发展,完善教学体系。而其著作者的出发点、指导思想、基本观点和结论等,属于学术范畴的讨论,均不代表北京大学出版社的立场和观点。

由于海峡两岸的具体情况不尽相同,为方便读者,经授权出版社同意,我们在排版时对原书的某些行文方式作了少量技术性处理。至于原书内容,我们遵从著者的意愿,未作任何改动。需要特别说明的是:(1)台湾地区是中国不可分割的一部分,这是不争的事实。但目前由于特殊原因,台湾地区还实行本地区的法律、法规,包括"宪法"。学界从宪法的视角研究、审视法律已经成为一种趋势和必然。因此,从学术研究出发,对书中涉及的"宪法"规定及其分析,并没有加以删减。(2)一些机关和机构,比如行政法院、学会等,系指我国台湾地区之机构,为了保持行文顺畅,并使读者明确地查证,一般按照原有的称呼,没有进行特别的处理。(3)为了行文的简洁,对具体的法律、法规没有一一加以说明,因此如果没有特殊标注,书中所涉及的法律、法规均为我国台湾地区的法律。(4) 我国台湾地区法学领域有些用语与祖国大陆不尽一致。比如一些国际条约的翻译、学科设置等,为了保持作品原貌,也没有加以修改。特此一并声明,敬请读者注意,以免产生误会和质疑。

北京大学出版社

2005 年 8 月

仅以本书献给

恩师

王泽鉴博士

序

　　本书为笔者关于侵权行为法的第二本书。第一本书为《因果关系与损害赔偿》，探讨因果关系的基本问题，以及若干特殊损害赔偿类型。本书则探讨侵权行为责任的归责原则，以及惩罚性赔偿金制度等损害赔偿问题。期待未来第三本关于侵权行为法的书，能将重心放在侵权行为法保护的客体及侵权行为违法性的探讨，希望对学说与实务，在侵权行为法的讨论上，能提供一些讨论的体裁。

　　本书为笔者发表于学术刊物、学术研讨会或学术论文专书的文章，论述内容包含两部分，第一部分是关于侵权责任之归责原则，第二部分是关于侵权行为之损害赔偿。在侵权归责原则方面，本书分别讨论过失责任、推定过失责任及无过失责任等归责类型。关于过失责任，本书探讨注意义务之发生及注意义务之违反；关于推定过失责任，本书检讨违反保护他人之法律及雇用人对于受雇人执行职务之责任；关于危险责任，本书讨论危险责任之基本案例类型及消保法关于服务无过失责任之争议。

　　在损害赔偿方面，本书引介美国法上之惩罚性赔偿金制度，及该制度面临改革运动之争议。此外，本书对于保险给付及损益相抵之关联，在台湾地区法院的最近发展，亦予以检讨说明。

　　笔者自台湾大学法律研究所硕士班开始，受业于王泽鉴博士，历经博士班、海外留学、回到母校任教，十余年来，一直受到王老师的指导与关怀。无论在学生时代的课堂上，或是如今在台湾大学法律研究所一起开课，均无时无刻不受到老师的启发。王老师潜心学术，热爱学生，人格风范，为吾辈学术界所景仰。我的学术生涯，应感谢王老师的提携。在此，谨以本书献给王老师，祝福他，永远喜乐平安。

感谢台湾大学法律学院硕士班陈在方、蓝家伟及蔡奉真同学协助校稿,并感谢元照出版公司的诸位同仁的协助帮忙。本书的许多观点,思虑未周之处,尚祈读者不吝赐正。

陈聪富

2004年8月1日

目 录

第一章 论侵权行为法上之过失概念
　　——2001 年台上字第 1682 号民事判决评释 ……… (1)
　壹、前言 ……………………………………………… (1)
　贰、2001 年度台上字第 1682 号民事判决
　　　（冥纸烧船案）……………………………………… (1)
　叁、侵害行为与注意义务 …………………………… (4)
　肆、注意义务之概念 ………………………………… (7)
　伍、注意义务之发生 ………………………………… (19)
　陆、注意义务之种类 ………………………………… (38)
　柒、注意义务之判断 ………………………………… (40)
　捌、注意义务之违反 ………………………………… (45)
　玖、结论 ……………………………………………… (55)

第二章 论违反保护他人法律之侵权行为 ………… (59)
　壹、前言 ……………………………………………… (59)
　贰、"保护他人法律"之概念 ………………………… (62)
　叁、违反保护他人法律之过失概念 ………………… (72)
　肆、过失推定之排除 ………………………………… (81)
　伍、结论 ……………………………………………… (89)

第三章 受雇人执行职务之行为
　　——1997 年台上字第 1497 号判决评析 ………… (102)
　壹、案例事实 ………………………………………… (102)

貳、判决要旨 …………………………………………（102）
　　叁、判决评析 …………………………………………（103）
第四章　危险责任与过失推定 ……………………………（113）
　　壹、前言 ………………………………………………（113）
　　贰、危险责任成立之理由 ……………………………（115）
　　叁、美国侵权行为法整编之规定 ……………………（120）
　　肆、危险责任案例类型 ………………………………（129）
　　伍、危险责任之排除 …………………………………（144）
　　陆、台湾法之检讨 ……………………………………（146）
　　柒、结论 ………………………………………………（152）
第五章　消保法有关服务责任之规定在实务上
　　　　之适用与评析 ……………………………………（153）
　　壹、前言 ………………………………………………（153）
　　贰、四则有关服务责任之法院判决 …………………（155）
　　叁、英美法上的服务无过失责任 ……………………（164）
　　肆、案例之综合检讨 …………………………………（179）
　　伍、立法论上之检讨 …………………………………（182）
　　陆、结论 ………………………………………………（192）
第六章　美国法上之惩罚性赔偿金制度 …………………（196）
　　壹、前言 ………………………………………………（196）
　　贰、惩罚性赔偿金制度的源起与目的 ………………（199）
　　叁、何种行为得课以惩罚性赔偿金？ ………………（218）
　　肆、惩罚性赔偿金的量定因素 ………………………（228）
　　伍、惩罚性赔偿金数额量定方式的改进方案 ………（239）
　　陆、结论 ………………………………………………（247）
第七章　美国惩罚性赔偿金的发展趋势
　　　　——改革运动与实证研究的对峙 ………………（249）
　　壹、前言 ………………………………………………（249）
　　贰、惩罚性赔偿金之理论争执 ………………………（250）
　　叁、美国最高法院的新近判例趋势 …………………（254）
　　肆、惩罚性赔偿金制度之改革论 ……………………（260）
　　伍、对改革论的质疑——实证研究的反驳 …………（264）

陆、惩罚性赔偿金制度功能之再检讨 …………………… (274)
柒、结论——兼论台湾地区法之规定 ……………………… (277)
第八章　保险给付、损益相抵与赔偿代位
　　　　——评1999年台上字第353号判决 …………… (283)
壹、案例事实 ……………………………………………… (283)
贰、判决要旨 ……………………………………………… (284)
叁、判决评析 ……………………………………………… (285)
肆、结论 …………………………………………………… (304)

第一章　论侵权行为法上之过失概念
——2001年台上字第1682号民事判决评释

壹、前　言

　　过失侵权行为系侵权行为法最重要之议题，惟台湾学说与实务，对于过失概念之认定，并未提供充分的考量基准。对于过失概念，一般援引刑法学的观点予以诠释。实者，民事责任与刑事责任所欲达成之目的不同，以后者之规定论述前者之标准，并不妥当。

　　近来"最高法院"作成许多关于过失概念的判决，值得学界自理论的观点进行整理分析，以建构过失概念理论，同时凸显过失概念在实务上的重要性。本文拟自2001年度台上字第1682号民事判决（冥纸烧船案）引起的争议问题为起点，论述过失概念的二项重要因素：注意义务之存在与注意义务之违反。

　　本文第贰节介绍冥纸烧船案的案情；第叁节讨论侵权"作为"与"不作为"之区别及其与注意义务之关系；第肆节厘清注意义务之概念；第伍节探讨何时发生注意义务；第陆节提出判断注意义务应行注意之问题；第柒节则分析行为人违反注意义务的判断标准。本文之研究方法系综合研究英美法之相关案例，与台湾法之实务案例比较分析，一方面对于过失概念的判断，提供参考的依据，同时凸显侵权责任中加害人注意义务之重要性。

贰、2001年度台上字第1682号民事判决（冥纸烧船案）

　　本案上诉人主张：被上诉人与其夫即第一审共同被告陈○○于1996年2月4日下午2时35分许，在屏东县东港镇丰渔街34-4

2　侵权归责原则与损害赔偿

号前之渔港码头上祭拜燃烧冥纸后，竟疏未详看冥纸已否燃尽，即贸然将仍有火星之冥纸灰烬倒入岸际水域，致引燃水面上油污，使停靠该处属第一审原告许○○所有之"鱼发号"渔船烧毁，致其受有新台币（下同）800万元之损失。其中477万8500元已由伊即系争船舶之保险人理赔，并受让损害赔偿请求权等情，爰依保险法第53条及债权让与之规定，求为命被上诉人与陈○○连带给付伊477万8500元，并加付法定迟延利息之判决（关于上诉人请求陈○○连带给付部分，业经三审判决上诉人胜诉确定）。被上诉人则以事发当日下午，伊带长子到槟榔摊聊天，并未到案发现场，与本案火灾之发生无关。况火灾当日为农历尾牙，家家户户均在船边烧香，焉能因火灾发生即认定由伊负责？且伊夫陈○○当日系在距离被烧毁船只船头10米处烧香，已用海水浇熄火苗，才将灰烬倒入海中，绝不可能发生火灾，而系争船只是由船尾附近先起火，并非在船头处，显与伊夫焚烧纸钱无关等语，资为抗辩。

原审将第一审所为命被上诉人连带给付之判决废弃，改判驳回上诉人该部分之诉，无非以：上诉人主张许国进所有之"鱼发号"渔船被烧毁全损，受有800万元之损失，其中477万8500元已由伊理赔，并受让损害赔偿请求权，固为被上诉人所不争，并有大统公证有限公司出具之鉴定报告、保险单及渔船保险赔款收据可稽。被上诉人亦已自认："伊固曾于1996年2月4日下午与其夫陈○○共同于东港渔港岸边焚烧纸钱。"证人许○○之妻证称："我在门口拜拜，离火烧船地点只隔一条马路，我看得到船上情形，我看到陈洪○○和她先生、女儿在拜拜烧金纸，是谁把灰烬倒进海里，我没有看到。"足证被上诉人于事发当时，确曾与其夫陈○○等人在案发现场焚烧纸钱。惟因共同侵权行为，必须各行为人之故意或过失行为，均为其所生损害之共同原因，始足成立。又各行为人就其行为须有故意或过失，该行为与损害间须有相当因果关系，俱为构成侵权行为不可或缺之要件，如其中一人欠缺其一要件，不仅其侵权行为无由成立，尤无成立共同侵权行为之余地。查本案火灾确系由被上诉人之配偶陈○○燃烧纸钱，并因陈○○不慎将纸钱灰烬倒入海中所致,业经"最高法院"判决确定无讹。上诉人既未能举证证明被上诉人亦有将焚烧纸钱之灰烬倒入海中,且依常识判断,倾倒纸钱灰烬入海之行为,仅须一人为之即已足,上诉人徒以被上诉人在场,主张被上诉人亦有将金纸灰烬倒入海中,应负共同侵权行为之损害赔偿云云,即无足取。本案火灾既系因陈〇〇将尚有火星之灰烬倒入海中所引起,被上诉人仅参与焚烧金纸,并无证据证明被上诉人亦有将灰烬倒入海中,被上诉人焚烧金纸之行为与本案火灾之损害并无相当因果关系,自不负共同侵权行为责任。从而上诉人诉请被上诉人与陈〇〇连带给付伊 477 万 8500 元,及加付法定迟延利息为无理由等词,为其判断之基础。

惟按侵权行为损害赔偿责任规范之目的乃在防范危险,凡因自己之行为致有发生一定损害之危险时,即负有防范危险发生之义务。如因防范危险之发生,依当时情况,应有所作为,即得防止危险之发生者,则因其不作为,致他人之权利受损害,其不作为与损害之间即有因果关系,应负不作为侵权损害赔偿责任。查上诉人于原审主张:按在渔港区内不得任意投弃废弃物,亦不得为其他妨害渔港安全或污染渔港区域之行为,《渔港法》第 18 条第 2、3 款分别定有明文。被上诉人与其夫在港区内焚烧纸钱,除违反前开渔港法之规定外,对于渔港内之设备及港内之其他船舶已造成一定程度之危险,依危险前行为之理论暨公序良俗之要求,被上诉人本应注意确认该灰烬倾倒时(不论由谁倾倒)是否已经完全熄灭,倘发现尚未完全熄灭,亦应立刻使其熄灭,此为被上诉人应尽之作为义务,被上诉人竟未尽此应尽之作为义务,甚至经人制止后,仍不听劝,致使倾倒之未熄灭余烬引燃海上油污,致生损害于他人,被上诉人之不作为与损害之发生间确有因果关系,被上诉人自应负损害赔偿责任等情(见原审重上更字卷 100 至 101 页),此与被上诉人应否负不作为侵权责任所关颇切,自不得恝置不论,乃原审未说明其取舍意见,遽以上开情词,为上诉人败诉之判决,尚嫌疏略。上诉论旨,指摘原判决关于其败诉部分为不当,声明废弃,为有理由。

叁、侵害行为与注意义务

依台湾地区现行《民法》第184条第1项前段之规定,侵权行为之成立,需行为人因故意或过失之不法行为,致生损害,且不法行为与损害之间具有因果关系始可。从而加害人需从事不法行为,该不法行为需导致损害发生,且行为人具有故意或过失时,责任即为成立。在本案"最高法院"判决,被告甲夫与乙妻在渔港码头上祭拜燃烧冥纸,疏未详看冥纸是否燃尽,即将冥纸灰烬倒入海中,因倾倒之灰烬未完全熄灭,引燃海上油污,致被害人停靠海边之"鱼发号"渔船烧毁。

本案判决所涉及之第一项问题系被告之不法行为究为作为或不作为?此项争议,涉及何者为被告之侵害行为。本案被告甲夫与乙妻共同于渔港码头焚烧冥纸,而由甲夫单独将冥纸灰烬倒入海中,原审判决认定被告乙妻无须负担共同侵权行为责任,系因"倾倒纸钱灰烬入海之行为,仅须一人为之即足"。被告乙妻既未从事侵害行为,即无共同侵权行为之可言。换言之,原审判决系以"倾倒纸钱灰烬入海之行为"为被告之侵权行为。本案原审法院既以"倾倒纸钱灰烬入海之行为"为被告之侵权行为,则被告乙妻既未为"倾倒纸钱灰烬入海之行为",当不负侵权行为责任。原审法院继而认为,被告乙妻仅参与焚烧金纸之行为,与本案火灾之损害并无相当因果关系,似乎又以"焚烧金纸之行为"为被告之侵害行为。反之,"最高法院"认为,被告甲夫与乙妻"本应注意确认该灰烬倾倒时(不论由谁倾倒),是否已经完全熄灭,倘发现尚未完全熄灭,亦应立刻使其熄灭,此违背被上诉人应尽之作为义务,被上诉人竟未尽此之作为义务",应负损害赔偿责任。据此,"最高法院"认为"焚烧冥纸"与"倾倒纸钱灰烬入海之行为"均非侵害行为,而认为"焚烧冥纸"系属危险前行为,对于渔港内之设备及港内之其他船舶造成一定程度之危险,且"未熄灭灰烬之行为"始属本案不作为之侵害行为。

按侵权行为得分为积极的作为与消极的不作为,但作为与不作为有时区分不易。例如开车时,因未踩煞车,致撞伤行人[1];持枪者未将子弹卸除,不慎发射,致伤害友人。有人认为均属不作为之侵害行为者[2],惟未踩煞车与未卸除子弹固属"不作为",但开车伤人与枪支射击,均属作为,应认为构成积极作为之侵害行为[3]。又如公车司机于乘客上车后,车门尚未完全关闭,乘客尚未站稳,即行开动车辆,致乘客摔出车外受伤。法院认为,本案司机"未等乘客站稳、未关妥车门即行激活,为肇事之主因"[4]。似乎以"未等乘客站稳、未关妥车门"为不作为之侵害行为。

实者,作为与不作为之区辨,应以被告行为是否已经对原告之利益发生不利影响以为断[5]。司机驾车不慎,未等候乘客或未关妥车门,均尚未对被告之利益发生影响。亦即若司机仅未等候乘客及未关妥车门,而不进一步进行"开车"动作,并不会发生被告受有损害之结果。因而应系"驾车不慎"始为被告之加害行为。

在冥纸烧船案,涉及之行为有三:"焚烧冥纸"、"未熄灭灰烬"及"倾倒灰烬入海"。第一项及第三项行为系属积极之作为,第二项未熄灭灰烬之行为,则属消极之不作为。本案"最高法院"认为,被上诉人及其夫均有焚烧冥纸之行为,其未熄灭灰烬,即倒入海中,引发火烧船,系属违反作为义务,因而应同时构成共同侵权行为。"最高法院"之理由,系以"危险前行为之理论"作为立论依据。换言之,"最高法院"系以被告焚烧冥纸之行为,系属"危险前行为",因而产生作为之注意义务,其不作为,即应负担损害赔偿

---

[1] Kelly v. Metropolitan Rly Co [1895]. Cited in P. J. Cooke & D. W. Oughton, The Common Law of Obligation, 60—61 (London: Butterworths, 1989).
[2] Id.
[3] 同说参见王泽鉴:《侵权行为》,第一册,1998年,第101页。
[4] 1999年度台上字第929号民事判决。
[5] Prosser and Keeton on Torts, at 375 (5th ed., West Publishing Co., 1984).

责任。

有疑问者系被告与其夫单纯于渔港码头上焚烧冥纸,若不倒入海中,可否引发火烧船事件?亦即被告焚烧冥纸之行为是否已经对被害人之渔船造成可能发生损害之危险?或需被告于焚烧冥纸后,进一步将灰烬倒入海中,对于被害人之渔船始造成损害发生之危险?本案原审法院认为:"本案火灾确系由被上诉人之配偶陈〇〇燃烧纸钱,并因陈〇〇不慎将纸钱灰烬倒入海中所致",显系认为将纸钱倒入海中,始为加害人之加害行为。"最高法院"则采取不同见解,而以"焚烧冥纸"为危险前行为。二者涉及何种行为始对被害人渔船造成损害发生之危险。此项判断,应斟酌本案之事实予以认定。

依据本案事实,被上诉人抗辩:"伊夫陈〇〇当日系在距离被烧毁船只船头10米处烧香。"果尔,则被上诉人单纯焚烧纸钱之行为,对于远在10米外之被害人渔船,似未造成损害发生之危险。若此项认定属实,则本案被告焚烧冥纸之行为尚非属加害行为。至于将尚有火星之冥纸灰烬倒入海中,对于停靠码头之渔船具有引发损害之危险性,应可认定。从而被告将灰烬倒入海中之行为,系属加害行为,应无疑义。

本案原审与"最高法院"对于被害人加害行为之认定既属有异,应探究者为,若被告倾倒灰烬入海之作为系属侵害行为,其导致渔船烧毁时,被告对于被害人是否违反一般防范他人人身或财产损害之注意义务[6](即被告在法律上有无一般性、对任何人均应负担的注意义务)?其次,若本案被告之侵害行为系未熄灭灰烬之不作为,依据通说,不作为侵权行为之成立,以行为人具有作为义务为前提。所谓作为义务,学说上认为,包括基于法律规定、服务关系、契约上义务、自己之前行为,以及公序良俗所生之作为义

---

[6] 若本案被告之侵害行为系焚烧冥纸之作为,其导致渔船烧毁时,另一项应予探讨者,即为焚烧冥纸与渔船烧毁是否具有相当因果关系之问题。关于相当因果关系之论述,参见陈聪富:《侵权行为法上之因果关系》,载台大法学论丛,第29卷第2期,2000年,第177—191、296—305页。

务均属之[7]。实则,此项作为义务之产生,乃基于当事人间之一定关系,被告对于被害人具有注意避免其损害发生之义务。究其实际,与过失概念中,"应注意"之注意义务无异。

换言之,在积极侵权行为,被告系不应为而为,而违反"不作为"义务;反之,在消极侵权行为,被告系不为应为之行为,而违反"作为"义务。在前者,被告对于被害人有不作为之义务,例如对于被害人有不为加害行为之义务;在后者,被告对于被害人有作为之义务,例如雇用人对于受雇人有维护工作场所安全与卫生之义务。据此,加害人对于被害人负担一定之注意义务,在作为与不作为之侵权行为并无不同。应探究者为,被告之注意义务何时发生? 行为人在特定时空背景下,是否对被害人负有防范损害发生之注意义务?

肆、注意义务之概念

注意义务(duty of care)之概念,在于决定何时适合将原告之损害转由被告负担。原则上,除非有充分理由,足以移转损害由他人负担,否则个人应承担其自己不幸事件的后果。美国著名法学者Oliver Wendell Holmes 在其经典名著《普通法》(The Common Law)谓:"我们法律的一般原则是,意外事件之损害,应停留在它发生的地方。"[8]从而,在欠缺充分理由转由他人负担时,无辜的受害人应自我承担生命中的不幸与损害。

传统上认为,损害移转由他人负担之主要理由在于,引发损害之人具有过错,因而应负担赔偿责任。此项基于平均正义(correc-

---

[7] 史尚宽:《债法总论》,自刊,1983年版,第120页;郑玉波:《民法债编总论》,三民书局,1983年版,第144页;孙森焱:《民法债编总论》上册,三民书局,1999年版,第206页。

[8] Oliver Wendell Holmes, The Common Law, 94 (Boston: Little, Brown, 1881).

tive justice)的观点,带有浓厚的道德色彩[9]。但单纯不注意并非即构成过失,而负损害赔偿责任。必须当事人间具有一定关系,被告对原告负有注意义务,而被告不予注意,始生侵权赔偿责任。

过失概念在法制史上,属于发展性的概念。注意义务存在于何种当事人之间,并非一成不变,而系随着社会经济发展而改变。关于注意义务的概念,兹就英美法及台湾法的发展,予以分析检讨。

一、英国法

英国法建立注意义务最著名之案件为 Donoghue v. Stevenson 一案[10]。该案被告为姜汁清凉饮料制造商,原告饮用该饮料,因瓶中遗留腐烂的蜗牛尸体,致原告中毒,健康受损。购买该饮料者,非原告,而系原告之友人。且原告友人系向零售商购买,因而本案原告与被告并无契约关系。所生争议者为,被告对于无契约关系之原告,是否负担防范损害发生之注意义务。

Lord Atkin 在本案试图建立"在当事人间,足以发生注意义务之关系的一般性概念"。氏认为:任何人不得伤害其邻居,因而任何人必须尽其合理的注意,在合理可预见下,避免任何可能伤害其邻居之作为或不作为。至于何人为其邻居,氏的回答为:任何人在决定作为或不作为时,内心可合理得知,将密切而直接受到该行为影响之人[11]。此即英国侵权行为法著名的"邻人原则"(neighbor principle)。基于此项原则,英国法院认为,若商品制造人知悉,在准备或装罐过程中,欠缺合理注意,可能对消费者之人身或财产造

---

[9] See Kenneth S. Abraham, The Forms and Functions of Tort Law, 15 (New York: The Foundation Press, Inc., 1997). 关于"corrective justice"有人译为"纠正的正义",盖所谓 corrective justice,系指行为人从事不法行为后,法律必须纠正此项错误行为,以回复当事人之间的道德平衡。课予损害赔偿责任,即为纠正加害人不法行为之手段。

[10] [1932] AC 562.

[11] [1932] AC 562, 580.

成损害者,对于消费者即负有采取合理的注意义务[12]。

"邻人原则"确立英国法上注意义务的概念。注意义务的概念,旨在有效划定法律所应保护的人的范围,及损害赔偿的种类。就人的范围而言,必须被害人与被告之间具有某种关系,使被告对被害人具有防止损害发生之注意义务。就损害赔偿的种类而言,必须区分人身损害及纯粹经济上损失与精神痛苦等非具体损害,而作不同判断[13]。

关于损害赔偿种类与注意义务之关系,Lord Atkin 虽然揭示"邻人原则",强调在可预见的损害行为,对于直接而密切受害之当事人负有注意义务,但该原则对于非人身损害(如纯粹经济上损失及精神痛苦之案件),尚非可全然适用。例如被告因过失在交通繁忙时段肇事,导致被害人身体受伤及财产损失,被害人固得请求损害赔偿。但其同时造成多人无法准时上班及准时赴约,因而薪资被扣减及丧失重要商业机会,被害人虽仍属被告可得预见而直接受害之人,但被害人并不得请求赔偿。据此意旨,英国法院随后将"邻人原则"限于人身受害及财产受损之情形,始得适用[14]。

再者,在 Donoghue 一案,法院虽然依据邻人原则,超越商品制造人的契约责任,而扩大其侵权责任;但何者为"合理可预见"之损害,何者为合理可预见之原告,实属抽象标准,对具体案件,并未提供确切答案[15]。因而英国法院在"邻人原则"后,又于 Anns v. Merton London Borough Council 一案[16],揭示判断注意义务成立的二阶段原则。

本案某建筑公司建造公寓,因地基缺陷,造成墙壁剥裂、地板

---

[12] Id. at 599.

[13] B. S. Markesinis & S. F. Deakin, Tort Law, 72 (Oxford: Clarendon Press, 4th ed., 1999).

[14] Markesinis, supra note 13, at 75, 80—81.

[15] Joanne Conaghan, The Wrongs of Tort, 13—14 (London: Pluto Press, 1999).

[16] [1978] AC 728, 751—752.

倾斜。原告为该屋承租人,主张被告市政主管机关未妥适行使其检查地基之法律上权力,造成该屋有瑕疵而无法居住。法院判断被告对原告有否注意义务时,分二阶段判断:首先,法院需探究在被害人与加害人之间,是否具有紧密关联性(relationship of proximity or neighborhood),足以认定加害人得合理预期,其不注意足以导致被害人发生损害。若有该项紧密关联性,即可初步确认注意义务存在(prima facie duty of care)。其次,在当事人间具有上述紧密关联性时,法院应审酌有否其他考虑,足以排除、减少或限制注意义务之范围、保护之当事人或可得请求损害之种类[17]。换言之,原则上当事人间是否具有注意义务,应依被告对于损害之合理预见可能性判断。但为避免合理预见可能性推演出不符合一般社会观念之结果,因而以法政策考虑作为限制的因素。依据此项原则,法院肯认本案地方政府对于房屋占有人负有注意义务。

上述二阶段判断注意义务之原则,仍以预见可能性作为主要判断标准。此项见解,为 Yuen Kunyun v. Attorney General of Hong Kong 一案所否认[18]。该案被告为香港之银行主管官署,负责存款银行之核准及登记事宜。原告依据该主管官署之登记资料,在某银行存入大量钱款后,该银行倒闭清算,造成原告重大损失。原告主张被告对于登记与核发执照等事宜,未尽合理之注意义务。

本案之争执为,被告对原告是否负有注意义务?本案法官强调,单纯对于损害的预见可能性,不足以认定注意义务是否存在。必须当事人间具有密切关联性,始足当之。所谓密切关联性系指,足以发生注意义务之紧密与直接的关系,至于该关系,则需考虑各种因素决定之。在本案,被告对于银行核准及登记事项,若不为应为之注意,对于银行存款户将造成损害,固属合理可预见。但银行主管机关对于原告之投资绝未承担任何责任,且原告依赖银行主管机关之登记事项,作为其投资之保证,亦非合理。亦即被告对于

---

[17] See Markesinis, *supra* note 13, at 81; Cooke, *supra* note 1, at 50.
[18] [1988] AC 175.

投资大众,并无担保其财务上利益的注意义务。易言之,两造并无"紧密而直接"的关联性,足以认定注意义务存在[19]。

在 Anns 一案,法院认为,应以密切关联性,观察被告对于损害发生是否具有合理可预见,其次再检讨是否具有否认注意义务存在之其他因素。在 Yuen Kunyun 一案,法院则认为,密切关联性应与合理可预见性区分,二者概念有所不同,具备后者,未必同时具备前者。英国法院试图建立新的注意义务概念,最后在 Caparo v. Dickman 一案[20],发展出所谓"三阶段"模式,以决定注意义务之存否。

该案 A 公司委请被告会计师制作财务报表,并以该报表为基础,制定股票承销价格。原告信赖被告之稽核,大量购买 A 公司股票,而持有该公司 90% 之股份。事后原告遭受严重亏损,而向被告请求赔偿损失。

本案法院认为,注意义务存否之认定,首应探讨损害是否合理可预见(foreseeability);其次应探究原告与被告之关系是否足够紧密关联(proximity);最后应考虑,在具体案例情况,为保护一方之利益,而对他方课予注意义务,是否合理公平而符合正义要求(just and reasonable)。最后一项合理公平与正义的考量,十足展现法政策对于注意义务认定的重要性,而几乎成为争议案件中,注意义务的最后决定标准[21]。在 Caparo v. Dickman 一案,法院最后认为,会计师对不特定多数人负担注意义务,将导致不公平与不合理之结果,而判决被告胜诉。

如前所述,注意义务在于决定,何时应将被害人之损害,重新分配由加害人负担。法院所探求者,即为何时得以合理、公平而符合正义地,将原告之损害,归由被告负担。因而决定注意义务之存否,依据上述英国法院之判决发展,最后即以法律政策作为决定标

---

[19] Id. at 712—714.

[20] Caparo Industries Plc. v. Dickman [1990] 2 AC 605; 2 W. L. R. 358 (H. L.).

[21] Markesinis, *supra* note 13, at 83, 35; Cogaghan, *supra* note 1, at 15, 21.

准。但一般英国法之操作方式为,以当事人之间有否密切关联性,决定是否具有注意义务;在当事人具备密切关联性而存在注意义务时,再考量法律政策,是否应排除该注意义务,以符合公平与正义之要求。换言之,法律政策系作为排除既存注意义务之方法。

美国法院之案件,亦有以法律政策之理由,而否定被告之注意义务者。例如在 Srauss v. Belle Realty Co. 一案[22],原告承租公寓,因被告电力公司之重大过失而停电 48 小时。原告因缺电缺水,需自地下室撤离。但因地下室楼梯缺电,原告撤离时跌倒受伤,乃起诉请求出租人及被告电力公司赔偿。电力公司抗辩其与原告无契约关系,不负注意义务。

就预见可能性而言,电力公司提供电力,系为提供房屋使用人日常需要与安全,因而对于电力使用人,应有注意义务。其因重大过失缺电,应可合理预见,无法符合用电人之需要,并危及用电人之安全。但本案法院判决被告电力公司对原告并无注意义务。盖纽约市在当时有数以百万计之个人与企业停电 48 小时,果被告应负本案之损害赔偿责任,将负担无法估计之损失,其负担显然过巨而难以承受,因而被告无须负责[23]。本案法院之理由,显然系基于政策考量,而排除电力公司之注意义务。

有疑问者系所谓当事人之"密切关联性",并非十分明确,无法提供精确之标准。诚如英国法院所说:"密切关联性之概念,可视为一把伞,涵盖着不同情境,在此情境下,当事人之间存在着紧密关系,使侵权行为损害赔偿责任成立,符合正义与合理性。"[24] 换言之,所谓密切关联性,无非系当事人间在损害事故发生前,具有某种关系,使被告负担损害赔偿,符合公平与正义要求之谓。某种

---

[22]　482 N. E. 2d 34 (N. Y. 1985).

[23]　*Id.* at 35—37. See John C. P. Goldberg & Benjamin Zipursky, *The Restatement (Third) and The Place of Duty in Negligence*, 54 Vand. L. Rev. 657, 719.

[24]　Canadian National Railway v. Norsk Pacific Steamship Co. (1992) 91 DLR (4th) 289, 368—369.

意义而言,密切关联性之判断,亦决之于法律政策之考量,与注意义务二阶段论或三阶段论的最后阶段,并无不同。因而在英国法,逐渐放弃所谓判断注意义务之"原则"(无论其为二阶段论或三阶段论),而以具体个案认定之。亦即首先寻找成立注意义务之个案,再基于类推适用、法律政策及公平正义之考量,斟酌是否应将已成立注意义务之个案,延伸至新的案例,而认定注意义务存在[25]。

二、美国法

美国法关于注意义务(duty of care)的概念,来自于英国法。美国法院早期最常引用关于注意义务的案件为1883年的英国 Heaven v. Pender 一案[26],该案法院宣示:"依据情况显示,原告与被告处在某种情况,依据每一个通常理性人的想像,可以立刻承认,在该等情况下,若被告对其行为未使用通常注意与技术,即对他人之人身或财产具有损害之危险。此时即发生一项使用通常注意与技术,以防范损害发生之义务。"[27]

在美国法上关于注意义务早期争议之案件,为英国的 Winterbottom v. Wright 一案[28]。该案被告与英国邮政大臣订约,提供马车载送邮件。原告之雇主则与邮政大臣订约,提供车夫载送邮件。运送途中,原告因马车翻覆而受伤残废。原告起诉主张,被告未妥适维护马车,应负赔偿责任。

本案法院认为,被告仅对邮政大臣具有维护马车安全之义务,对于原告则无此义务。因被告并未对原告直接提供服务,双方并无侵权行为法上之其他义务,原告欲请求被告赔偿,必须基于契约,而非侵权行为。但本案原告和被告之间并无契约关系(privi-

---

[25] Stovin v. Wise [1996] AC 923, 949.
[26] 11 O. B. D. 503 (Eng. C. A. 1883).
[27] Id. at 509. Cited in John Goldberg, *The Moral of MacPherson*, 146 U. Pa. L. Rev. 1733, 1749 (1998).
[28] [1932] A. C. 562 (Scot.).

ty),被告并未自愿对原告承担任何注意义务,因而原告之请求无理由[29]。

依据 Winterbottom 一案之判决意旨,任何消费者,因商品制造人之过失行为造成商品或服务瑕疵,导致损害,均不得请求损害赔偿,盖商品制造人与消费者并无契约关系。此项原则在美国维持75年之久,直到1916年的 MacPherson v. Buick Motor Co. 一案[30],始予放弃。

在 MacPherson 一案,原告向诉外人经销商购买被告制造之汽车,因轮胎具有瑕疵,裂为碎片,汽车翻覆,原告受伤。经查,该轮胎非被告生产,而系购自他人。但该瑕疵若为适当检查,应可发现,被告却未适当检查。

本案法官 Cardozo 认为,依据先前案例,若被告出售本质上具有危险性之物品(如枪支、毒药),被害人受有损害,即可请求赔偿,无须与被告具有契约关系。在本案,可以时速55英里行驶之汽车,业已该当"本质上具危险性"之商品。其制造人对于最终消费者,应有注意义务。被告虽抗辩,汽车与枪支、毒药不同,非属本质上危险商品。但法官认为,对于商品之类型区分,并非绝对重要。任何过失制造之商品,有危害生命或手足之合理确定性者,均属危险物品。从而任何制造商知悉或可得而知,消费者将不经检查而使用其商品,且其过失制造之商品可能伤害消费者,即应负担注意义务。Cardozo 法官在本案宣示,只要过失之结果可得预见,维护生命与手足安全之义务,非仅限于来自契约。该等义务之来源,必须自法律中寻求[31]。

MacPherson 一案被誉为"击垮契约相对性城堡"之名案,超越以契约关系作为侵权责任依据之见解,而建立"普遍性的义务"

---

[29] See Goldberg, *supra* note 27, at 1750.
[30] 217 N.Y. 382, 111 N.E. 1050 (1916).
[31] 111 N.E. 1052—1053. 本案被誉为"击垮契约相对性城堡"之名案,参见 William Prosser, The Assault Upon the Citadal, 68 Yale L. J. 1009 (1960), The Fall of the Citadel, 50 Minn. L. Rev. 791 (1966).

(universal duty)概念。亦即责任成立不再取决于身份、职业或契约关系,而是一般民事责任的反映。只要具有知悉或可得预见之危险,对于知悉或可得预见之受害人,即负担警戒之义务(duty of vigilance)[32]。

美国法虽然承袭英国法,承认"注意义务"为侵权行为责任成立之要件之一,但近来一般法学教科书却逐渐不在专章专节讨论"注意义务"之概念,而逐渐代之以"注意义务之违反"。至于注意义务本身,颇类似英国法,系作为侵权责任成立后,基于政策考量,而否定责任成立之制度[33]。

关于法律政策决定注意义务存否之见解,得以美国著名侵权行为法学家 William Prosser 为代表。他认为,所谓"注意义务"系指当事人之间,为他人之利益而负担一项法律义务,就特定行为,需符合该项义务所要求之标准。亦即被告需为保护特定原告之利益,而为一定行为之义务。被告应为适当行为之义务,系一种对世义务,亦即对任何可能因被告行为而受损害之人,均应负担之义务。关于注意义务之认定,并无普遍的原则,纵使 Donoghue 一案所标示的标准,仍然模糊而无任何意义,不具作为指导判决的价值。从而"注意义务"仅是某种结论的简便表达,而非分析案件的辅助工具。换言之,注意义务仅是各种政策考虑的总体表示。该政策所要达成的结论是:原告有权受到保护[34]。

注意义务是否基于法政策的考虑,而难以提出明确之标准,兹

---

[32] Edward White, Tort Law in America: An Intellectual History, 125 (New York: Oxford University Press, 1980).

[33] 在美国侵权行为法整编第三册的草稿中,亦将"注意义务"之概念取消,不再作为侵权行为成立之要件,而仅作为责任排除之原因。但此项草稿,遭到美国法学界的严厉抨击。See Goldberg et al., *supra* note 23, at 657; David Owen, *Duty Rules*, 54 Vand. L. Rev. 767; Robert Robin, *The Duty Concept in Negligence Law*, 54 Vand. L. Rev. 787; Ernest Weinrib, *The Passing of Palsgraf*, 54 Vand. L. Rev. 803 (2001).

[34] Prosser and Keeton, *supra* note 5, at 356—359.

以二例说明之。在 1997 年的 McCarthy v. Olin Corporation 一案[35]，被告制造一种穿透力极强的子弹"黑爪子弹"，被害人在搭乘火车时，遭诉外人以枪支使用黑爪子弹，疯狂射杀。原告主张被告在广告枪支时，未尽注意义务，未将其子弹限于执法人员使用，反而使该子弹对于危险人物或疯狂人物具有诱惑力，因而引发本件枪杀事件。

法院认为，若对军火制造商课以义务，令其预防军火产品不为犯罪使用，军火产品将因毫无限制的责任负担，而被迫远离市场。惟立法者并未如此立法，其产品亦非有设计上瑕疵，且该产品得为社会上有价值的使用。被告对于原告既未有任何保护义务，以避免诉外人之疯狂行为，原告主张之赔偿责任，即无理由[36]。

本案法院认定被告对于原告是否具有注意义务，系以军火商品是否远离市场，作为判断依据，显系以法政策的考量，作为判决基础。2 年后之类似案件，即 1999 年 Hamilton v. AccuTek 一案[37]，被告手枪制造商大量出售其枪支于经销商，经销商则在枪支展示会上，廉价展售，并无须查核证件。原告主张，被告应可预见，枪展售枪，对于严格管制枪之纽约州，必将带来大量黑市枪支。原告即因为黑市枪支泛滥，遭到射杀而重伤。被告则抗辩，其无法控制第三人之行为，且其售枪方式完全合法，对于原告并无采取预防措施，以防范危险之义务。

本案法院认为，被告对于未采取更小心之行销政策，而导致黑枪泛滥，伤及无辜，应可预见。相对于被害人而言，被告处于较佳地位，足以采取小心行销策略，以避免发生原告损害之事件。换言之，被告对于原告之义务，如同产品制造者之义务，对于使用该产品之消费者或其他使用人，因该产品遭误用可预见之损害，应采取预防措施。从而本案手枪制造商对于受害人具有注意义务，被告

---

[35] 1129 F.3d 148 (1997).
[36] Id. at 152, 157.
[37] 62 F. Supp. 2d 802 (E.D.N.Y. 1999).

应负赔偿责任[38]。

在 McCarthy 一案,法院以法政策之理由,判决军火制造商对于被枪射杀之被害人无注意义务;反之,在 Hamilton 一案,法院则认为手枪制造商因行销策略不当,对于"可预期"之被害人,具有注意义务,因而应对损害结果负责。两案之案情同为关于军火制造商应否对第三人之行为负责,却出现迥然不同之结果,足见注意义务是否存在,认定之不易以及法政策考量,在判断注意义务时,扮演着重要的角色。

三、台湾法

台湾地区现行《民法》第184条第1项关于侵权行为法的基本规定,采取过失责任主义。必须行为人从事不法行为时,有故意或过失,始负赔偿责任。关于过失概念,《民法》并无明文规定。学者有依据《刑法》第14条规定,认为"侵权行为法"之过失,系指行为人虽非故意,但按其情节应注意,并能注意,而不注意;或对于构成侵权行为之事实,虽预见其能发生而确信其不发生者而言[39]。此种过失概念,系以行为人怠于为注意义务之心理状态为判断基础。然而学说亦强调,过失概念应予以客观化,过失概念在于行为人怠于为交易上所必要之注意,亦即行为人得预见其行为之侵害结果,而未避免其结果发生,即构成过失[40]。实则,过失概念无论采取"应注意并能注意而不注意",或"怠于为交易上所必要之注意",均以行为人对受害人具有注意义务为前提,且行为人违反对于受害人之注意义务,始构成过失责任。盖原则上,行为人在法律上并无对任何人负担防范损害发生的一般性注意义务。

台湾法学著作对于过失责任的注意义务论述不多,法院实务之发展,则与英美法相类似。如前所述,无论英国法之 Donoghue 一

---

[38] See Goldberg et al., *supra* note 23, at 683.
[39] 孙森焱,前揭书,注7,第238页。
[40] 王泽鉴,前揭书,注3,第294页。

案或美国法之 MacPherson 一案,均系处理商品制造人责任之问题。亦即在英美二国,早期基于契约相对性(privity)之原则,否定无契约关系之消费者向商品制造商请求损害赔偿,其后始放弃契约关系作为请求权基础,而肯认被害人之侵权行为损害赔偿请求权。

在 1971 年台上字第 1611 号民事判决(蒸气锅爆炸案),被告光宏铁工厂生产蒸气锅,因装置之螺丝钉不合规格,并擅将蒸气锅之工作压力,由 $3.97\,kg/cm^2$ 改为 $5\,kg/cm^2$,超出安全范围。该蒸气锅出售于三生鱼肝油厂公司,使用之际,发生爆炸,致厂房屋顶被撞毁,工厂女工因伤死亡。女工之父母起诉请求被告损害赔偿。法院谓:"按因侵权行为而发生损害赔偿者,乃指当事人间原无法律关系之联系,因一方之故意或过失行为,不法侵害他方权利之情形而言。本案上诉人毛〇〇(即被告光宏铁工厂)出卖蒸气锅,于交付之后,因买受人之使用操作发生爆炸,即使蒸气锅本身存有瑕疵,致使买受人或第三人蒙受损害,能否指毛〇〇为侵权行为人,命负损害赔偿责任?已非无疑问。果另有其他契约关系或法律之特别规定可资依据,其依据又如何?"据此,"最高法院"认定,原告对于被告商品制造人无请求权[41]。

本案判决作成于 1971 年,认为商品制造人对于使用商品之人,须基于契约关系或法律特别规定,始负损害赔偿责任。其责任系属契约责任,非属侵权责任,与英美法早期之见解类似。惟诚如王泽鉴教授所言,厂商制造具有瑕疵商品而出售,致买受人遭受损害者,是否会构成侵权行为,应采肯定说。"盖制作人以有瑕疵之商品,流入市场,成为交易客体,违反交易安全义务,就其所生损害,应负责任。"[42]

在 1989 年台上字第 200 号民事判决(瑕疵瓷砖龟裂案)采取上述见解。该案原告向建材行购买被告制造之丁挂瓷砖一批,贴

---

[41] 本件判决及其评释,参见王泽鉴:《商品制造人责任,民法学说与判例研究》,第一册,第 357 页以下。

[42] 王泽鉴,前揭文,注 41,第 359 页。

用于其承揽工程之别墅建筑物,不久即发生龟裂,遭客户索赔150余万元,因而起诉请求被告损害赔偿。被告则抗辩其与原告之间并无买卖契约关系,无须负担商品制造人之侵权行为责任。

"最高法院"谓:"上诉人制作系争瓷砖时,有'药釉配方不当、水量控制不良、温度处理不当'等可归责之原因。系争瓷砖制作后,系由上诉人直接送往被上诉人之工地,经上诉人之职员陈○○证实,亦见系争瓷砖自出厂至送交被上诉人,未有中途改装之情形。按商品制作人生产具有瑕疵之商品,流入市场,成为交易之客体,显已违反交易安全义务,苟因此致消费者受有损害,自应负侵权行为之损害赔偿责任。"而判决被告应负商品制造人责任。

本案"最高法院"以商品制造人对于最终消费者负有交易安全义务,而判决商品制造人应负担损害赔偿责任,对比上开蒸气锅爆炸案,甚具启示性。在蒸气锅爆炸案,法院认为,商品制造人与商品使用者之间,并无契约关系或法律特别规定,因而不生损害赔偿问题。亦即当事人之间,欠缺契约上义务或法定义务者,商品制造人不负损害赔偿之责。反之,在瑕疵瓷砖龟裂案,"最高法院"认定商品制造人应对消费者负责,乃因商品制造人对于消费者负担"交易安全义务"之故,此项义务,即为侵权行为法上"任何在自己与有责任的领域中,开启或持续特定危险源者,负有依情况采取必要的、具期待可能性的防免措施,以保护第三人免于危险之义务"[43]。亦即加害人在特定环境下,对于被害人防范危险发生的注意义务。

伍、注意义务之发生

在英国普通法上,通常承认的注意义务,一般有如下案例:被告提供原告某项服务(如提供医疗服务之医师或保管原告物品之

---

[43] 林美惠:《交易安全义务与台湾侵权行为法体系之调整(中)——以归责原则变动为中心》,载月旦法学杂志第79期,2001年,第146页。

保管人);被告从事某种活动,对使用被告服务的大众负有义务(如旅馆主人或运送人的责任);原告"邀请"被告进入一定领域(如原告为被告之客人或顾客,在被告之土地上或房屋内,被告具有防免损害发生之注意义务);依据习惯上的行为规范所生之注意义务,如财产所有人不得因使用其财产而伤害他人[44]。

惟如前所述,注意义务之认定,除由预见可能性及当事人之密切关联性认定外,多数案例或系参酌法政策的立场予以判断,或系依据个案公平正义予以决定。当事人间是否具有注意义务,经常取决于个案的个别情况,难以对各种案例提出通案之原则说明[45]。原则上,注意义务之发生,有由于契约关系者,有由于法律规定者,有出于当事人之先行行为者,不一而足。当事人间注意义务之内容,有一般防范损害发生之义务者,有通知、警告之义务者,有保护、维护安全义务者,种类繁多。无论何者,注意义务乃发生于特定当事人之间的法律关系,随着当事人间的不同关系,而发生不同之注意义务。兹就注意义务发生之原因,说明当事人间的注意义务。

一、陌生人间之关系——一般防范损害发生之义务

通说认为,在陌生人之间并无注意义务,亦即在毫无关系之当事人间,被告对于被害人原则上并无任何防止损害发生之义务。在台湾地区,通常以不作为之侵权行为请求权,以被告有"作为义务"为前提,加以说明。陌生人间无注意义务,所谓救助义务(duty

---

[44] Goldberg, *supra* note 27 (The Moral), at 1748.

[45] 英国学者 Jane Stapleton 曾对英国法院关于注意义务之判决加以整理,指出法院判断注意义务存否之论述,共有 21 种说法,不值得采取;而有其他 29 种说法,可以作为说明注意义务存在或不存在之理由。足见注意义务存否之认定,难以提出简单明了之公式,可供遵循。See Jane Stapleton, *Duty of Care Factors: a Selection from the Judicial Menus*, in Peter Cane & Jand Stapleton (eds.), The Law of Obligations: Essays in Celebration of John Fleming, 59—95 (Oxford: Clarendon Press, 1998).

to rescue)之案例,最为明显。例如:在美国的 Osterlind v. Hill 一案[46],被告出租一艘独木舟于被害人,被害人之独木舟翻覆,被告虽为游泳高手,却坐在岸边,目睹被害人溺毙。美国法院认为,基于双方当事人缔结之租赁契约,并未发生被告之作为义务。换言之,就被害人之独木舟翻覆事件,被告与被害人仍处于"陌生人"的关系,被告对于原告并无一般防范损害发生之义务。

英国的 Barrett v. Ministry of Defence 一案[47]采取相同见解,该案受害人为驻扎远方基地的海军船员,因日子烦闷,饮酒过量致死。受害人家属请求国防部损害赔偿,法院认为军方并无防止受害人饮酒致死的义务,无须负担赔偿责任。

英美法所以认定一般人对于他人并无防范危险发生之救助义务,主要在于维护个人自由。在个人主义之下,个人自由之目的在于发挥个人才能,实现自我、完成自我,而非在于造就社会福利。人类互助,属于道德范畴,不宜以道德上义务,作为法律上义务,否则为救助山区,濒临死亡边缘的儿童,所为之小额募款,对于捐助人所费甚微,对于山区儿童受益甚巨,慈善捐款,将成为法律上义务。如此,道德义务与法律意义,将难以划分[48]。

台湾地区法院基本上采取相同见解。在 1999 年度台上字第 204 号民事判决(仓库延烧案),林甲为仓库所有人,出租系争仓库于乙公司,作为堆放塑料原料之用。该仓库嗣后发生火灾,延烧至丙仓库,致承租丙仓库之丁公司,其堆放之塑料钢管等物付之一炬。丁公司起诉主张,林甲与乙公司在其仓库,未设门禁且无消防

---

[46] 160 NE 301 (1928).

[47] [1995] 3 All ER 87.

[48] Richard Epstein, *A Theory of Strict Liability*, 2 Legal Stud. 151 (1973), in Julie Davies, Lawrence Levine, & Edward Kionka (eds.), A Torts Anthology, 181 (2nd ed., 1999). See also John M. Adler, *Relying Upon The Reasonableness of Strangers: Some Observations About The Current State of Common Law Affirmative Duties To Aid Or Protect Others*, 1991 Wis. L. Rev. 867.

安全设施,违反消防法规,疏于防火,应负侵权赔偿责任。

"最高法院"谓:"按承租人应以善良管理人之注意保管租赁物。曜通公司承租火警仓库堆放塑料原料,自应负责设置消防安全设备。瑞铭公司(原告)主张林○○(被告)未设置消防安全设备,应负侵权行为之损害赔偿责任云云,自无可取。又火灾发生,林○○径自抢救自己家财,未及时报警或通知左邻右舍走避,充其量,仅属道德规范之范畴。瑞铭公司主张林○○显然违反公序良俗之作为义务而不作为,应负损害赔偿责任云云,亦非有据。"最高法院于本案认为,被告林甲出租仓库于乙公司,对于原告丁公司已无设置消防安全设备之义务。该项义务,应由承租人乙公司负担。盖乙公司以仓库堆放塑料原料,而塑料原料为易燃物品,发生火灾,极易造成重大损害,因而对于损害发生之危险,负有防范义务。至于被告林甲虽为仓库所有人,但已出租于乙公司,对于仓库之管领力,业已移转,因而无须负责。

值得注意者为,"最高法院"同时认为,本案原告主张被告林甲于火灾发生时,"径自抢救自己家财,未及时报警或通知左邻右舍走避,充其量,仅属道德规范之范畴。"按被告林甲既未事先开创危险来源,对于仓库,业已移转其管领力,对于"陌生人"之丁公司,并无任何防范损害发生之注意义务。据此,其径自抢救自己家财,未及时报警或通知左邻右舍走避,并无违反任何法律上之注意义务,因而不负损害赔偿责任。最高法院揭示者为,道德规范之义务,非可作为法律上之义务。此项见解,与英美法上之见解完全相同。

传统法律上,认为被告并无一般防范损害发生之义务,因而得不为救助他人之行为。然就作为所成立之侵权行为而言,通说认为,行为人既为一定行为,对该行为可能造成之危险,即应为防范损害发生之注意。例如在德国鼓风炉事件,被告操作鼓风炉,产生烟尘,虽未超过法定许可之极限值,但原告停放于邻近停车场之车辆烤漆、玻璃等遭受损害。原告主张该损害系因被告鼓风炉排放有害氧化铁所致,而请求赔偿。德国法院认为,被告对于任何人负有不散布有害物质之义务,基于交易安全义务,被告应采取相当防范措施,避免或减少有害物质可能产生之侵害[49]。

在1999年度台上字第1827号民事判决(机车夜间肇事案),被告驾驶轻型机车,违规行驶于快车道,不慎撞及原告。被告抗辩,车祸发生系因原告违规穿越快车道,于雨夜视线不良下,身着黑衣所致。"最高法院"谓:"查上诉人驾驶轻型机车行经上开路段时,理应注意在慢车道行驶,因天雨致视线不清时,应减速慢行,作随时停车之准备,及注意车前状况,随时采取必要之安全措施,以预防危险之发生,竟未减速慢行,反以时速约30公里之速度行驶于快车道上,且于发现右前方穿越之被上诉人时,距离已不及1米,刹车不及,致车祸肇事,自有过失。"

对于被告部分,法院亦谓:"本件肇事当时,昏暗无照明,且下雨视线不清,被上诉人在禁止行人穿越路段穿越道路,为图一时方便,穿越车道,致遭上诉人机车撞及受伤,为被上诉人所不争,是被上诉人就本件车祸之发生有重大过失。"

行驶机车,开创交通往来之危险,对于使用道路之人,应负维持交通安全之义务,以防范损害发生。被告之驾车行为,"应减速慢行,作随时停车之准备,及注意车前状况,随时采取必要之安全措施,以预防危险之发生",此即被告对路人之注意义务。此项注意义务系因行为人为一定作为后,对于一般人所负担之预防损害发生之义务。在本案,纵使被害人于夜间无照明时,身穿黑衣,违规穿越道路,为本件事故发生之重要原因,法院认定被害人应负担十分之八的责任,但仍无解于被告之侵权行为责任。

应注意者为2002年度台上字第168号民事判决(机车侵入来车道案)。本案原告主张,被告在郊外慢车道(限速40公里),以时速60公里超速行驶,并与其女友聊天,致撞及迎面由被害人驾驶之重型机车,人车倒地后,被害人不治死亡。被告则抗辩,被害人

---

[49] BGHZ 92, 143ff. BGH, Url. v. 18.9.1984; MGH, NJW 1985, 47; JuS 1985, 312. 本案采自林美惠,前揭文,注43,第315—316页。

不仅酒后驾车,又未依规定戴安全帽,甚至逆向行驶,被告并无肇事责任。

最高法院认为:"本件车祸之发生全系因李〇〇(被害人)于饮酒至中度酩酊之茫醉状态,仍未戴安全帽驾驶重型机车在禁止超车路段,以时速60公里之超速'突然'侵入来车道所致。"至于被告对于肇事是否具有过失,法院谓:"按参与交通之人,可信赖其他参与交通之对方能遵守交通规则,同时为必要之注意,谨慎采取适当之行动,而对于不可知之对方违规行为并无预防之义务,此即所谓信赖原则。本件被害人李甲驾驶重型机车在禁止超车路段,突然超速侵入李乙(被告)车道内,已非李乙所能预见。况依汽车行驶距离与反应距离一览表所示……李乙至多仅于两车相距5米多时,始得开始采取避让措施,而斯时李甲所驾驶之机车仍在行进中,显见事起仓促间,加之,李乙车道右侧有电线杆,依一般人本能反应,自会将车向左闪避,李甲将其车左闪至跨中心线后,仍不免李〇〇所驾驶之机车头撞及自用小客车之右前车头,再碰撞右侧电线杆,设李乙当时将其车向右闪避,更会撞及。可见李乙向左闪避,并无不当。亦即李乙以时速60公里超速行驶,及在车内与其女友聊天之违反'道路交通安全规则'第93条第1项第2款后段所规定之违规事由,与本案车祸之发生尚无相当因果关系,应无过失责任可言。"

本案同为汽车交通事故,被告开车对于其他使用道路之人,应提高注意,防范损害发生,具有一般预防危害发生之义务,并无疑义。被告驾车之际,超速行驶,并与女友聊天,于损害事故发生时,显然违反其注意义务。惟此项注意义务,则因被害人突然侵入来车道,为被告所无法预见,依据"信赖原则","对于不可知之对方违规行为并无预防之义务",而予以免除。易言之,行为人于行为时,固然对于一般人负有预防损害发生之注意义务,但基于特定情况,行为人之一般注意义务可得因而排除。就本案例而言,被告对于一般使用道路之人,原本负有防范损害发生之注意义务,但对于侵入来车道、逆向行驶之被害人,依据"信赖原则",被告对于该被害人并无注意义务[50]。预防损害发生之义务既已不存在,即无违反注意义务而负担过失侵权责任之可言[51]。

关于交通安全之往来注意义务,在英美法最著名者,为"滑倒"案例(slip-and-fall case)。在 Hopping v. College Block Partners 一案[52],被告为建筑物所有人,该建筑之冰雪融化,滴到公有人行道上,致人行道滑溜,原告跌倒受伤。本案争议者为,被告对冰雪融化致人行道滑溜之事,是否有警告义务。爱荷华州最高法院判决,被告对于引发本件损害之不幸事件,可得控制。被告有义务采取

---

[50] 美国著名法官 Cardozo 在美国法关于过失概念的著名案例 Palsgraf v. Long Island R. R. CO.一案,主张过失概念与注意义务之概念,具有相对性。被告对其他人负有注意义务,不必然对原告亦负担相同义务。被告负责之范围,必须以其不法行为可能造成之危险为限。若被告仅对其他人负有注意义务,但对于原告不负注意义务时,原告纵使受有损害,被告对原告仍不负担损害赔偿责任(参见本文柒、二之说明)。

以台湾"机车侵入来车道案"而言,被告对于其他使用道路之人,负有预防损害发生之注意义务,但对于侵入来车道、逆向行驶之被害人,则无注意义务。盖被告于道路上行驶车辆,对于一般使用道路者,可能造成危险,具有防免损害发生之义务。但对于侵入来车道,因而引发之危险,不在被告通常行驶车辆可能发生之危险范围内。

[51] 本案台北地方法院不仅以"信赖原则",认为被告无预防损害发生之义务,且认为被告以时速60公里的速度行驶车辆,且在车内与其女友聊天,与本件车祸发生并无相当因果关系,而不负过失责任。换言之,本案法院之判决理由,不仅否认预防义务存在,且认为因果关系亦非相当。此项论点,涉及行为人注意义务与因果关系是否存在的交错问题。某项争议,究应归入行为人注意义务之问题,或属因果关系判断之范畴,以及注意义务之判断与因果关系之判断,两者标准有何不同,在理论上非无争议。

前注关于 Palsgraf v. Long Island R. R. CO.一案,对于同一事实,提出多数意见的 Cardozo 法官,系以过失的概念,认为被告对于原告并无过失责任。反之,提出反对意见的 Andrews 法官,则认为该案为因果关系之问题,而认为被告之行为系原告受害之直接原因及实质因素,而具有法律上因果关系。关于该案之讨论,参见陈聪富,前揭文,注6,第264—265、285、287页。

[52] Hopping v. College Block Partners, 599 N. W. 2d 703 (Iowa 1999).

合理的注意措施,避免此类不幸事件发生而导致原告损害[53]。本案自被告房屋滴下之冰雪,导致人行道滑溜,对于行人开创一项危险,非被告所无法控制,被告应采取预防损害发生之适当措施,以防免损害发生,否则对于路过行人,即应负担损害赔偿责任。

二、从事一定营业

从事一定营业之人,对于使用该营业设施或服务之"大众",就该营业可能预见之损害范围内,具有防范损害发生之义务,此为英美法自古以来肯认之见解。其理由系,基于当事人间之特定关系,原告处于较为脆弱之地位,有必要依赖具有强势地位之被告,对于原告利益加以保护与照顾。被告通常因此关系而获得经济上利益,基于公平要求,原告可期待被告应使用其优势地位,保护其安全。例如:旅店主人对于房客住宿时造成之损害,应负损害赔偿责任[54]。

在 1998 年台上字第 826 号民事判决(跌落温泉池案),被告黎甲于山区开设神驹谷,与另一被告杰宝公司为临。杰宝公司之温泉蓄水池位于神驹谷露营区之旁(河床相连)。被告黎甲受雇挖除该温泉蓄水池之土石,完工后,土石松动,但未设置警告或禁止标志。被害人付费进入神驹谷游玩,不慎掉入该蓄水池烫伤并窒息死亡。

"最高法院"谓:"傅○○(被害人)付费进入神驹谷游玩,而黎○○(被告)经营神驹谷,自有防范进入之游客发生危险之义务,却未对收费进入之游客,就可能发生之危险,善尽警告、防范之义务。且黎○○先受委请挖除温泉蓄水池之砂石,明知未回复之前有危险,显能注意,而未注意,其有过失甚明。……黎○○予以挖除堆在四周,因砂石松动,人行走其上极易滑落洞内,自应善尽防护措施,而仅以简易木板覆盖,自属未尽防范义务。况黎○○于农历初

---

[53] Id. at 704—705.
[54] Prosser and Keeton, supra note 5, at 374.

二(即傅〇〇溺毙日)已发现(木板盖)被打开,犹不再加防范,益见其有过失。又该温泉蓄水池虽属杰宝公司所有,而不在神驹谷游乐场内,但其近在咫尺(如上开勘验笔录记载),已如前述,又无明显区隔、标示、阻隔,黎〇〇自有防范之义务,不得以该温泉蓄水池已让与杰宝公司,挖除砂石后已移交警光山庄为由,推诿自己之过失责任。"

本案被害人系付费进入被告经营之神驹谷,双方具有契约关系。被告经营一定事业,对于使用其设施或服务之人,应承担一定注意义务,以防免损害之发生。被告对于旅客易于发生损害之危险,应为警告、防范之义务。本案温泉蓄水池虽为杰宝公司所有,但被告黎甲未加区隔,对于温泉池可能发生之损害,仍负担防范之义务。

最具争议者为1969年台上字第1064号民事判决(应召女郎丧生旅馆案)一案。该案上诉人因家贫以其女周女为娼,艰苦维持生计,周女某晚在新台北饭店应召陪宿于7楼706号房。当晚发生火灾,走避无路,从7楼坠楼至4楼阳台,呼救无人,遂从4楼跳下,重伤致死,该7楼服务生不遵服务规则,擅自入睡。起火时,未挨房通知房客逃生,电话总机值班未以电话通知发生火警,上诉人因而主张新台北饭店应负连带损害赔偿责任。

"最高法院"认为:"按不作为应负责侵权行为责任者,以依法律或契约对于受损害人负有作为义务者为限,原审上诉人之女周〇〇是日系应房客之召前来陪宿之私娼,而非报名登记之住客,已为上诉人所自承,显与饭店无任何关系。该饭店服务生以及电话总机值班于起火之际,无论曾挨房叩门,及以电话通知7楼而接不通,纵令无此作为,对于周〇〇亦不负业务上之过失责任。"[55]

按注意义务之发生,不以依法律或契约对于受害人具有作为义务为限。饭店为从事一定事业之经营,对于进出旅馆,利用其设施之人,应承担防范危险发生之义务。在旅馆之内,相对于房客,

---

〔55〕 本案例,参见王泽鉴,前揭书,注3,第106页。

经营者对于危险之防范,具有较佳之地位。基于旅馆与房客之关系,房客应可期待,旅馆对于火灾发生,应有保护房客之义务。旅馆对于房客防范损害发生之义务,其保护对象,包括所有可期待使用旅馆设施服务之人,不以登记住宿者为限。住宿旅客之来访友人,甚至应召女郎,均应为保护对象[56]。本案"最高法院"认为旅馆与应召女郎无任何关系,因而不负任何赔偿责任,对于当事人关系之界定,过于狭隘,尚非足取。

应附言者为,行为人对于他人虽无一般的预防损害发生之义务。但若行为人自愿承担一定责任,虽非从事一定营业,亦得发生防范危险发生之义务。此在无因管理之情形,可得而知。在未受委任,并无义务之情形,任何人无从事无因管理之义务。但于自愿从事无因管理后,对于管理不慎,因而引起本人之损害,应负侵权行为之损害赔偿责任[57]。

三、专门职业人员

专门职业人员,如律师、医师及心理治疗师等,与当事人具有信赖关系,基于契约上之义务,专门职业人员对于相对人具有保护、照顾或防范损害发生之注意义务,应无疑义。有疑问者系,律师、医师或心理治疗师等,对于契约以外之第三人,是否具有防范损害发生之义务。

关于律师责任,著名之案例为遗嘱案件。例如英国之 White v. Jones 一案[58],原告之父亲与原告发生争吵后,将原告自其遗嘱中

---

[56] 同说,参见王泽鉴,前揭书,注3,第107页;林美惠:《论台湾法上交易安全义务之建立》,收录于民法研究会,民法研究,第二册,学林出版社,1999年,第318页。

[57] 参见1966年台上字第228号判例:"无因管理成立后,管理人因故意或过失不法侵害本人之权利者,侵权行为仍可成立,非谓成立无因管理后,即可排斥侵权行为之成立。"参见王泽鉴,债法原理第一册,基本理论、债之发生,三民书局,1999年,第387—388页。

[58] [1995] 2 AC 207.

除名。其后父女言归于好,父亲多次指示被告律师修改遗嘱,使原告得以继承价值9000英镑之遗产。被告未遵照指示修改,原告之父去世。原告乃主张被告律师应负损害赔偿责任。

  本案原告与被告之间无契约关系,无契约上之请求权。至于是否构成过失侵权行为责任,事实审法院认为,原告对于律师并未有任何信赖关系,而判决原告败诉。但贵族院认为,本案律师对于当事人承担之责任,应延伸及于律师可合理预见之遗嘱受益人。盖订定遗嘱之主要目的,即在于对受益第三人赋予某种利益[59]。

  关于医师责任,可以"不法使人怀孕"(wrongful conception)案件为例。在英国之 Goodwill v. British Pregnancy Advisory Service 一案[60],被告医师对诉外人某甲施行输精管切除术,并向某甲表示手术成功。原告与某甲发生性行为时,因而不采取避孕措施。但结果原告怀孕,生下婴儿。原告主张,其养育子女之费用,系属损害,请求医师赔偿。法院认为,原告与某甲之关系,系发生在被告医师对某甲施行手术之后,被告对原告并无注意义务,盖"原告与医师之关系,与手术3年半后再与某甲发生性行为之任何人无异。可能成为原告之当事人,显然过于庞大而难以确定[61]。"

  本案否定医师对于原告之注意义务,系因被告对某甲施行输精管切除术时,原告与某甲尚未认识。反之,设若某甲与原告已

---

[59] *Id.* at 268. 关于遗嘱无效案件,德国法院采取相同见解。德国联邦最高法院在 BGH, HJW 1965, 1955 一案中认为,在遗嘱无效案件,原告与被告之间并无契约关系,但因被告明显可知被继承人和被告缔约之目的,在于为原告之利益。原告属于被继承人与律师之契约关系保护之范围,在被告违反对于债权人应尽之注意,导致原告受有损害时,原告纵非直接缔约当事人,仍得请求损害赔偿。参见林美惠:《侵权行为法上交易安全义务的保护客体——以纯粹经济上损失为主》,载《政大法学评论》,第70期,2002年,第71—72页。

[60] [1996] 1 WLR 1397.

[61] *Id.* at 1406. 学者认为,本件医师对原告无须负担注意义务之理由,依据 White v. Jones 一案,系因医师施行输精管切除术之主要目的,不在于防止原告发生怀孕。See Markesinis, *supra* note 13, at 104.

婚,某甲施行手术之主要目的,即在于防止其妻怀孕生子,则应认为医师对某甲之妻具有注意义务。医师手术失败,应负损害赔偿责任[62]。

关于心理治疗师的责任,美国引起广泛注意之案例为 Tarasoff v. Regents of the University of California 一案[63]。本案被告医院之心理治疗师为一位印度籍精神病患治疗精神病。治疗中,发现该病患具有暴力倾向,甚具危险性,因而依法通报警局拘留该病患。警局侦讯后,发现印度病患并无异状,因而未予拘禁。其后被告医院之精神科医师认为,心理治疗师反应过度,基于医师保密义务之规定,要求警局销毁该病患纪录,无需再为拘禁之行为。约2个月后,该印度病患至其女友(即被害人)住处,以枪射击并刺杀被害人致死。被害人父母主张,心理治疗师知悉其患者具有暴力危险性后,应警告其女儿,以免发生危险,其未为警告,应负损害赔偿责任[64]。

加州最高法院认为,基于心理治疗师与病患间的特别关系,前者负有义务,依照合理注意,保护第三者免受其患者可能造成之危险。此项保护义务,依据个案,可能是警告义务、通报警察之义务或其他形式之义务。在本案,原告可主张者,为警告义务形式的保护义务。被告未善尽警告义务,致生损害,应负赔偿责任[65]。

---

[62] 德国实务,有认为因过失结扎失败,致怀孕生子,系侵害原告身体,被害人得请求非财产上损害赔偿者。参见王泽鉴,前揭书,注3,第165页。法国法院认为,对于因避孕手术失败所诞生之婴儿,并非一种损害。在没有发生母亲养育婴儿所生负担外,另有其他特别损害时,婴儿母亲不得请求损害赔偿。参见陈忠五:《法国侵权责任法上损害之概念》,载《台大法学论丛》,第30卷第4期,2001年,第124—125页。另参见侯英泠:《计划外生命与计划外生育之民事上赔偿责任之争议》,载《成大法学》,第4期,第181—220页。

[63] 551 P. 2d 334 (Cal. 1976).

[64] 本件详细事实与判决评释,参见 Alan A Stone, *The Tarasoff Decisions: Suing Psychotherapists to Safeguard Society*, 90 Harv. L. Rev. 358 (1976), in Davies et., (eds.), *supra* note 48, at 153—163。

[65] See Stone, *supra* note 64, at 155.

本案判决涉及心理治疗师执业上之保密义务、病患隐私权之保护、及公共安全三者的冲突与协调,如何调整,在美国法学界及医界引起甚多争论。肯定之见解认为,本案判决可提升病患的治疗及复原程度,避免可能发生之民刑事纠纷,且从事警告,可以强化治疗网,而促进病患之治疗效果。批评之见解则认为,对心理治疗师课以对第三人警告之保护义务,将破坏心理治疗师与病患之相互信赖关系,使病患不愿真心吐露病情;心理治疗师需面临职业上保密义务与对于第三人警告义务之冲突,将不愿诊治具有暴力危险性之病患,致使此类病患更形严重,不仅不利于精神病患,且不利于法院所希望达成维护公共安全的目的[66]。

四、契约上义务

由于契约关系发生之防范危险之注意义务,在理论上较无争执。盖基于契约关系,当事人间产生信赖、通知、照顾、保管、协力、保密等义务,甚为常见[67]。债务人违反上开义务,可能构成债务不履行之赔偿责任。在违反上开义务,导致被害人生命、身体健康受损,或财产受有损害时,亦可能同时构成侵权行为责任。

例如,在台湾士林地方法院2002年度诉字第1314号民事判决(保姆之子侵权案),原告为2岁儿童,受托于被告保姆照顾,被告疏于注意,于被告之子出门准备驾车之际,原告尾随而出,为被告之子倒车时不慎撞倒,发生严重伤害。本案法院认为:"原告当时年仅2岁1个月,虽已学会走路,惟显无独自外出及照顾自己之能力,是被告张○○依前开委任契约,自有随时紧锁家中门户,并注意原告举止,以免原告独自外出遭致意外之义务存在……被告张○○显有怠于紧锁门户及注意不让原告独自出门之过失。……侵

---

[66] Stone, *supra* note 64, at 156—162; Michael L. Perlin, *Tarasoff and the Dilemma of the Dangerous Patient: New Directions for the* 1990's, 16 Law & Psychol. Rev. 29 (1992), in Davies et., (eds.), *supra* note 48, at 165.

[67] 王泽鉴:《债法原理》第一册,前揭书,注57,第42—43页。

权行为之成立，须有加害行为，而所谓加害行为，包括作为及不作为，以作为侵害他人之权利，固无疑问，以不作为侵害他人之权利者，原则上应以法律上有作为义务为前提，至于所谓作为义务，包括依法律、契约或公序良俗所负之作为义务。本案原告确系因被告刘〇〇违反注意义务之过失作为及被告张〇〇违反注意义务之过失不作为而受伤……被告二人均应对原告负损害赔偿责任。"

本案法院系以被告与原告之父母间具有委任契约关系，作为判断基础。应注意者为，本案被告与原告本身，并无契约关系，被告违反照顾原告，防止原告发生意外之义务，性质上属于对于原告父母之债务不履行责任。惟本案保姆照顾契约之主要目的，在于被告对于原告之保护与照顾，从而产生被告对原告防范损害发生之注意义务。被告违反此项注意义务，致原告受有损害，自应负担侵权责任。

反之，在当事人间无契约关系时，被告对于原告即无任何防范损害之注意义务。例如：在 1996 年度台上字第 1038 号民事判决（纤维板雨水浸湿案）一案，上诉人主张，其承运自新西兰进口之纤维板，货物品质完好，被上诉人为码头仓储业者，对于上开货物未尽保管义务，致有纤维板 2970 片遭雨水浸湿，受有损害，请求赔偿。经调查后，法院发现，系争货物卸载后，因被上诉人之仓库已满，无法再接受寄仓，乃二度拒绝诉外人建中公司（代理公司）之申请进储，嗣因建中公司出具切结书表明自负责任，始将该空地准予堆放，并由建中公司自行购买帆布，雇请工人覆盖保管。系争货物既系建中公司向被上诉人租借空地堆放，与被上诉人间并无寄托关系，则被上诉人对系争货物即无保管义务，亦无不作为之加害行为可言。

如上开"仓库延烧案"之判决所示[68]，土地或建筑所有人，将土地或建筑出租他人后，对于该他人行为造成之危险，并无损害预防之注意义务。盖系争土地或建筑之管领权限业已移转，出租人

---

[68] 参见本文第伍节、一（前注 48 以下之本文说明）。

或贷与人与第三受害人之间,系属"陌生人"之关系。本案被上诉人出借码头空地于诉外人,存放上诉人之货物,当事人之间并无任何契约关系,被上诉人对于上诉人并无预防损害发生之注意义务,因而法院判决其不负损害赔偿责任,应属可采。

五、法令上义务

基于法令规定,行为人于作为时,应为一定之安全防护措施,以免损害发生;行为人亦可能基于法令规定,应为一定作为,以排除发生危险。凡此法令上之义务,系立法者基于特定情事,就当事人间之特定关系考查,认为有课予行为人作为或不作为义务之必要,以避免特定危险发生,因而形成行为人对于特定人之注意义务。基于当事人间之特定关系,行为人可能相对于被害人,对于损害发生较具有控制能力;或因行为人对于采取特定行为,具有一定利益,因而应负担防范危险发生之注意义务。

就行为人之作为的侵权行为而言,可以1999年度台上字第3510号民事判决(电动栅门触电案)为例。该案原告三重市公所委托承揽人业新公司,设计承作体操馆电动栅门工程,业新公司与次承揽人吴甲订立契约,由吴甲承作安装该工程电动马达及开关工程,该工程由吴甲之受雇人吴乙施作完成,但疏未安装接地线及漏电断路器,致路过行人3人,因碰触铁栏杆而遭电击,2人死亡,1人成为植物人。原告依《国家赔偿法》赔偿被害人后,依法向被告3人求偿。原审法院判决:"本案定作人为上诉人,原承揽人为业新公司,吴甲为次承揽人,吴乙为吴甲之受雇人,原定作人即上诉人与次承揽人即吴甲、吴乙间不生权利义务关系,上诉人无论基于何种法律关系请求吴甲、吴乙负连带赔偿责任,于法尚非有据。是上诉人主张吴甲、吴乙应依《民法》第188条第1项规定,负连带损害赔偿责任,即无可采。"

原审法院基本上系以原告与次承揽人吴甲及其受雇人吴乙并无契约关系,而判决被告2人不负侵权责任。惟本件市公所系行使求偿权,应斟酌者,非市公所与次承揽人间有无契约关系,而系次承揽人之行为对被害人是否构成侵权行为。又侵权责任之发生,不以当事人间有契约关系为限,尤其当事人在侵权行为法上之注意义务,并非以契约关系所生之义务为限。行为人从事一定行为,致有发生损害之危险者,即有预防危险发生之注意义务。次承揽人及其受雇人于安装电动马达之际,果疏于防范危险之发生,仍应负侵权责任之损害赔偿。

本案"最高法院"认为:"依《屋内线路装置规则》第24条、第26条、第59条规定,被上诉人在系争电动栅门应装置漏电断路器及接地线。漏电断路器之功能,在于用电设备有漏电之虞时能将电流切断,以避免人畜之伤亡或其他危险产生。电气设备之接地功能,在于电气设备漏电等情况时,将电流导引至地面,以降低电流过大致人畜伤亡。被上诉人未依法装置漏电断路器及接地线,乃依法令有作为义务而未作为,被上诉人若有作为,则可将电流切断,不致造成张○○、廖○○之死亡及郭○○成植物人,被上诉人因过失不法侵害他人致伤亡,显有因果关系,并有台湾省电机技师公会鉴定函可稽,依《民法》第184条、第185条规定,应负共同侵权行为之连带赔偿责任。"

"最高法院"依据屋内线路装置规则之规定,认为被告与原告虽无契约关系,但依据法令规定而有作为义务,其不作为而致人伤亡,应负过失责任。实则,本案被告负责安装电动马达及开关工程,疏未安装接地线及漏电断路器,致被害人路过触电受伤死亡,应属被告之"作为"不当,致人死伤,而非未安装之不作为侵权行为。基于被告安装电动马达及开关工程之"作为",依据法令规定,应装置漏电断路器及接地线,以避免电动栅门导致他人伤亡。其未装置漏电断路器及接地线,即为违反安装电动马达及开关后,应防范他人发生损害之危险的注意义务。"最高法院"认为,本案次承揽人及其受雇人应负共同侵权行为责任,固值赞同,但其理由,应予补充[69]。

　　关于行为人之不作为的侵权行为,可以台北地方法院2001年度简上字第35号民事判决(捷运电扶梯案)为例。该案原告住台北市南昌路,为至古亭市场购物,而穿越捷运站地下信道至古亭市场,并未搭乘捷运电联车。但搭乘捷运电扶梯时,因电扶梯速度过快,重心不稳而跌落受伤。原告主张被告捷运公司对于电扶梯速度过快,不适合年长者搭乘,未于明显处为警告标示及紧急处理危险之方法,且电扶梯手扶输送带未检查,仍有左右晃动现象,致上诉人重心不稳自该电扶梯上滚落受伤,应负损害赔偿责任。

　　捷运公司营运捷运系统,设置电扶梯,对于非乘客之使用人,是否具有防范危险发生之注意义务?如前所述,从事一定营业者,对于使用其设备或服务之人,具有防范损害发生之义务[70]。本案法院则依据大众《捷运法》第44条第1项规定,大众捷运系统营运机构,应于适当处所标示安全规定,旅客乘车时应遵守车站人员之指导,而认为台北捷运公司有于适当处所标示安全规定之义务。

　　至于捷运公司是否于适当处所标示安全标志,台北地方法院认为:"上开捷运站第11号电扶梯,每分钟39米速度在30米以上之坡度运行,因脚踏空或重心不稳则将跌跤而受伤,如同登大厦楼梯自2楼跌至1楼一般,较之直线运行电梯危险性高,是故台北捷运公司应按上开规定,在适当处标示年长或弱小者应改搭危险性较低之电梯,惟被上诉人台北捷运公司并未在电扶梯入口前之明显处所,标示因电扶梯行进速度高达每3分钟39米年长者应改搭电梯之警告标志,仅于'出口3'进入地下车站大道后右侧墙面,贴有40公分乘20公分见方之年长者请搭电梯之标示,此经原审履勘现场,制有勘验笔录在卷,并有照片附卷可按,依照片显示,警告标志在电梯行经坡处表示'禁止攀爬',在电扶梯侧面标志之标题系

---

[69] 本案"最高法院"以被告未有所作为,违反法令上之作为义务,而认定被告之行为与被害人死亡,具有"因果关系",不无混淆过失概念之注意义务与因果关系之虞。

[70] 参见前注54所附之本文。

'使用电扶梯须知',内容为'(1)紧握扶手;(2)踏于框内;(3)靠右站稳;(4)照顾孩童'等语,依社会通念观之,看此须知并无法了解该电扶梯系每分钟39米可能会有跌落之危险性,尤其对行动较缓慢之老弱妇孺,无足够之警示作用;又踏入电扶梯后已无法实时改搭电梯,故警告标示置于电扶梯入口处,其警示效果最为直接有效,始符大众捷运法第44条第1项所定'适当处所'之意义,然本案电扶梯入口处除前开'使用电扶梯须知'外,无其他警告标志,难谓已标示安全规定使一般老人知悉而为防免危险发生之情形,因此,本案被上诉人台北捷运公司未能在本案第11号电扶梯前,或站内其他处所设置适当且明显之警告标志,有违大众捷运法第44条第1项应于适当处所设置安全标示之规定。"

宜注意者为,被告捷运公司虽已为"使用电扶梯须知"之标志,惟台北地方法院认为,该标志既非置于适当处所,且其标志文字,亦不足以警告该电扶梯系每分钟39米可能会有跌落之危险性,亦即本案被告虽曾为警告标志,但警告必须足以排除客观危险之程度,始为善尽警告义务[71]。本案之警告标志既无法使电扶梯使用人认识其速度行进之危险性,即为不充分之警告。其未善尽警告义务,应对因此所生之损害负责。

六、危险之先行行为

诚如前揭"冥纸烧船案"所述:"侵权行为损害赔偿责任规范之目的乃在防范危险,凡因自己之行为致有发生一定损害之危险时,即负有防范危险发生之义务。如因防范危险之发生,依当时情况,应有所作为,即得防止危险之发生者,则因其不作为,致他人之权利受损害,其不作为与损害之间即有因果关系,应负不作为侵权损害赔偿责任。"行为人既因其行为,肇致一定损害发生之危险,即应依据客观情事,于其可得预期之范围内,从事防范危险发生之行为,否则即应负担其危险行为造成之损害结果。

---

[71] 林美惠,前揭文,注56,第311页。

在美国 Missivand v. David 一案[72]，原告之妻与被告有染，被告传染性病给原告之妻，继而传染给原告。被告虽知自己得病，但未告知原告之妻。原告起诉请求被告负过失侵权行为之损害赔偿责任。被告则抗辩，其对原告并无注意义务。俄亥俄州最高法院驳回被告之抗辩，认为被告未采取防范性病传染之方法，应可预期其情人之配偶将陷于性病传染之危险，从而被告对于原告负有注意义务，避免性病传染于原告。因而在被告知悉或可得知悉原告之妻罹患性病时，即有防止性病传染于原告之义务[73]。

应注意者为，被告并非对于一般大众负有防免性病传染之注意义务，而仅系对其可得预见之原告（情人之配偶）负有该项义务，此即注意义务之相对性原则。换言之，若原告之妻罹患性病后，传染于其他第三人而非其配偶，则被告得主张，对其他第三人不负防范损害发生之注意义务。

在台北地方法院 2001 年度诉字第 4229 号民事判决（捷运门槛绊倒案），原告主张其于捷运中山站第 1 号出口，因走道门槛突出地面部分高约 8 公分，被告亦未设置任何标示，致原告遭门槛绊倒受伤，请求被告捷运公司负损害赔偿责任。被告抗辩，其为防洪之需要，于捷运地下车站出入口之门槛设置防洪门，有其必要性。但法院判决："被告亦自承门槛突出地面部分高约 8 公分，站外部分则铺设斜坡盖板贴止滑条，然站内部分仅以 45 度斜角不锈钢面板铺设宽度 5 公分，而未与站外部分为相同铺设斜坡盖板贴止滑条之措施。再者，门槛距离电扶梯踏板前方之缓冲空间并非宽敞，而一般旅客搭乘电扶梯走出捷运站时，其注意重点在于离开移动电扶梯时前方踏板固定处之位置，待旅客站立于电扶梯前方踏板固定处欲往前继续行进时已接近门槛，旅客能够及时反应时间相当短，稍有迟延或不注意已到门槛，被告复未设置标示以提醒旅客注意。"被告对于捷运车站设施其管理维护既有缺失，应负损害赔

---

[72] Missivand v. David, 544 N.E.2d 265 (Ohio 1989).
[73] Id. at 272—273.

偿责任。

　　本案被告因在捷运出口走道上设置突出地面8公分的门槛,非一般走道通常具有之措施,极可能绊倒行人,致其受伤,甚为显然。此项损害发生之危险,非被告所无法预见,且该损害发生之客观条件,亦属被告得予控制之范围。据此,被告对于行人即有预防损害发生之注意义务,被告应为适当警告之标示,以防免损害发生。被告未采取预防损害发生之措施,应负损害赔偿责任。

陆、注意义务之种类

　　侵权行为法系规范陌生人间之损害赔偿责任。如前所述,原则上,在陌生人间,行为人对于陌生人并无负担一般预防损害发生之义务。必须行为人采取一定行为,有所作为,并因而开创社会生活之危险时,行为人始有防范危险之义务(例如机车肇事案)。至于不作为之侵权行为,则需基于当事人间之特定关系,因从事一定营业、契约关系、法令规定或危险前行为等,发生行为人防范特定相对人发生损害之义务,行为人因违反该项义务,始应负损害赔偿责任。

　　行为人之注意义务种类为何,依据当事人间之特定关系而有不同。基于行为人之作为,被告对于他人负有一般的预防损害发生之义务(机车肇事案、机车侵入来车道案)。基于从事一定营业,被告对于使用设施或服务之人,具有设置安全措施或通知、告知之保护义务(跌落温泉池案、应召女郎案)。被告为专门职业人员时,在可预见之范围内,或委任契约之目的范围内,对于其客户以外之第三人,负有通知、警告或保护之义务(遗嘱无效案、心理治疗师案)。基于当事人间之契约关系,被告对于被害人负有照顾保护之义务(保姆之子侵权案)。基于法令规定所生之义务,包括设置安全设施或适当警告标志之义务(电动栅门触电案、捷运电扶梯案)。

　　据此可知,侵权行为当事人间之义务型态,种类繁多,不一而足,无法一一罗列。然应注意者为,行为人注意义务之种类或范围,足以影响被告行为是否成立侵权行为责任。举例言之,在2001年度台上字第2167号民事判决("中科院"油漆工触电案)一案,被上诉人东君行承揽上诉人"中科院"龙园变电所之油漆工程,于1993年间率领员工至该所工作。"中科院"之员工疏于注意,未告知施工地点611 ABS变电处子上端为带电之危险区域,致工作员工身触带电区域而感电,造成脸部、颈部、前胸、腹部、右背、两臂、两腿等处第二及第三度烧伤,达体表面积45%,而请求损害赔偿。

原审法院认为,依据劳工安全卫生法之规定,事业单位以其事业之全部或一部分交付承揽时,应于事前告知该承揽人有关其事业工作环境、危害因素暨本法及有关安全卫生规定应采取之措施。又告知之对象应为承揽人或代表承揽人之工地负责人。被上诉人系东君行所雇用之工作人员,上诉人于施工前已将龙园变电所带电之范围及停电情形告知东君行负责人及工地负责人,应认上诉人已尽上开法条所规定之告知义务。但原审法院认为,依劳工安全卫生法第17条第1项规定,上诉人"中科院"除有上开告知之义务外,并应依该法及有关安全卫生规定采取必要之安全卫生措施。上诉人应于该带电区域及不带电区域之交接处设置警告危险标示,以防止被上诉人进入带电区域工作,发生危险。其设置警告危险标示旗之位置,有欠允当,仍应负损害赔偿责任。

"最高法院"则认为,事业单位依《劳工安全卫生法》第17条第1项规定:"事业单位以其事业之全部或一部分交付承揽时,应于事前告知该承揽人有关其事业工作环境,危害因素暨本法及有关安全卫生规定应采取之措施。"因而被告"中科院"仅负告知义务,即为已足。乃原审竟仍认上诉人"中科院"依该规定,尚应采取必要之安全卫生措施,进而以"中科院"未于适当位置设置警告危险标示旗,而为不利于上诉人之判决,不无可议,而发回更审。

本案之争议,在于被告"中科院"对于被害人所负之注意义务,究为告知义务,或包括采取必要安全卫生措施之义务。"中科院"所负之注意义务,若仅为告知义务,因其业已依法告知承揽人,善尽告知义务,即无违反注意义务之可言。反之,若"中科院"负担者,包括告知义务及采取必要安全卫生措施之义务,则因"中科院"未设置适当警告危险之标志,仍属注意义务之违反,应负损害赔偿责任。

按劳工安全卫生法之立法目的在于防止职业灾害,保障劳工安全与健康,其规范之客体,均属雇主,亦即原则上仅有雇主对于劳工负担安全卫生设施及管理之义务。劳工安全卫生法第16条特别规定,事业单位以其事业招人承揽时,其承揽人就承揽部分负本法所定雇主之责任。至于事业单位本身,依据同法第17条规定,则仅有告知工作环境及危害因素之义务。从而在事业单位交付承揽工作时,依据该法规定,应由承揽人负担雇主有关安全卫生设施及管理之义务。"最高法院"就事业单位负担责任之见解,尚属可采。

惟劳工安全卫生法所称事业单位,依同法第2条规定,系指"本法适用范围内雇用劳工从事工作之机构"。从而本案之被告"中科院"交付工作由被害人之雇主承揽,"中科院"实为定作人,而非劳工安全卫生法所称之事业单位。至于定作人是否应对职业灾害负责,应采否定说。盖定作人非劳工之雇主,对于劳工,应无设置安全卫生设施或管理之义务。

柒、注意义务之判断

基于注意义务相对性之原则,注意义务仅成立于特定当事人之间。从而关于注意义务之判断,应注意二项问题:第一,何人需负担注意义务?第二,被告负担注意义务之相对人为何人?

一、负担注意义务之人

注意义务为基于特定当事人间之关系,被告对原告应负担防范危险发生之注意义务。在个案判断时,首须究明者为,负担注意义务之人为何人,始可接续讨论行为人是否违反注意义务。

在2002年度台上字第570号民事判决(后车注意义务案),被害人主张被告司机驾驶的大客车,与被害人之机车并行,未注意保持安全间隔,致擦撞被害人倒地受伤。刑事庭判决被告应负过失伤害罪。但"最高法院"于本案民事判决中认为,依据道路交通安全规则规定:"汽车行驶时,驾驶人应注意车前状况及两车并行之间隔,则并行之二车对于保持安全间隔,均有注意义务。"本案被害人驾驶之机车,系在被告所驾驶之营业大客车后方,"所谓'驾驶人应注意车前状况及两车并行之间隔',顾名思义自系指后车应注意其前方之路况,并注意与前车保持两车并行之间隔,是其注意车前状况及两车并行之间隔,为后车应注意之义务而非前车。尤其汽车在同一车道行驶时,后车与前车之间应保持随时可以煞停之距离,为道路交通安全规则第94条第1项所明定。本案上诉人所骑机车及被上诉人张○○所驾驶之公车,均在同一车道行驶,有现场图可稽,则上诉人所骑乘之机车自应与被上诉人张○○所驾驶之前车应保持随时可以煞停之距离,不得驶入被上诉人张○○所驾驶公车之右侧,竟又未注意保持两车并行之间隔,上诉人违反道路交通安全规则,至为明显,难谓被上诉人张○○有违反注意义务。"

"后车注意义务案"所涉及者,为原告与被告之间,何人负有注意义务之问题。本案法院认为道路交通安全规则规定:"驾驶人应注意车前状况及两车并行之间隔",系指后车应注意其前方之路况,并注意与前车保持两车并行之间隔,是其注意车前状况及两车并行之间隔,为后车应注意之义务而非前车。惟查所谓"驾驶人应注意车前状况",固属后车应注意之义务。但所谓"驾驶人应注意两车并行之间隔",诚如本判决前半段所述,系指并行之二车均有保持安全间隔之注意义务,而非仅后车之注意义务。本判决后半段之认定,与前半段不同,应非妥适。从而本案后车违反之注意义务,应系未注意车前状况,及未与前车保持煞停之距离。

至于被告驾驶大客车,虽为前车,但依法仍应注意保持并行二车间隔之注意义务。被告是否违反此项注意义务,应依事实认定之。本案被告之大客车系向左侧行驶中,对于后车可能靠近或超越前车,自应提高注意程度,以预防损害发生。从而,本案被告之大客车对于"驾驶人应注意车前状况"及"与前车保持煞停之距离"固无注意义务,但对于"驾驶人应注意两车并行之间隔",应认为仍负有注意义务,较为妥当。

二、注意义务之相对人

注意义务之发生,系基于当事人间之特定关系,注意义务具有相对性。此项见解,为美国著名法官 Cardozo 在纽约州关于 Palsgraf v. Long Island R. R. 一案所强调[74]。本案游客二人在被告火车业已开动之际,跳上火车,一人安全上车,另一人携带行李一件,跳车后,尚未站稳,有掉落车下之虞。车上管理员趋前帮忙拉上车,月台管理员则自后面往上推。在推拉之际,旅客之行李松动,掉落车下。该行李以报纸包住,体积甚小,但内含火药,自外观无从得知。在行李掉落后,火药随即爆炸,月台另一端之碎屑掉落,多人纷纷逃离,碎屑击伤原告,原告起诉请求火车公司赔偿其损害。

本案之争执在于,被告月台管理员之行为引起之危险,在合理期待下,系掉落行李之旅客及其行李(财产权),但实际受害者,则为站立于月台远方之原告。应探究者为,被告对于原告是否负有注意义务?Cardozo 法官认为本案被告火车公司对于原告并无过失责任。氏认为,过失责任并非被告之不法行为对任何人均需负损害赔偿责任。原告必须证明,行为人之不法行为,对被害人具有危险可能性,基于该危险发生可能性,法律需保护被害人之权益,以免发生损害。Cardozo 法官强调,过失概念具有相对性,仅对可预见发生损害之被害人始属存在。原告仅可主张,被告系因违反对原告之注意义务,而负担过失责任;不得主张被告对他人负有注意义

---

[74] 162 N.E. 99 (N.Y. 1928).

务,而以被告违反对他人之注意义务致生原告损害,而请求赔偿[75]。本案车站管理员之过失行为仅对爆炸行李之旅客存在,对于站在远方之原告,并无任何过失可言。对于报纸包住的小行李,竟为爆裂物,足以伤害所有月台上之旅客,亦非一般人可得预见,从而被告应无过失责任[76]。

Palsgraf 一案揭示一项原则:注意义务具有相对性,被告过失行为之责任,仅对其危险范围内合理可预见之被害人始得成立。质言之,必须被告对原告负有防范危险发生之义务,始负侵权行为责任。此项见解,为其后法院加以采取。

例如,在 Parmely v. Hilderbrand 一案[77],被告兴建一幢房屋,供自己及其家人居住。多年后,出售于原告。原告发现房屋有瑕疵,除主张被告诈欺外,并主张被告建筑该屋具有过失,应负侵权行为责任。后一项主张之依据为本案发生地之南达科他州法规定,房屋之建造者即为出卖人时,对于买受人应负适当注意之义务。但被告抗辩,其建筑房屋纯为自己使用,不适用上开州法之规定。南达科他州最高法院判决被告胜诉,认为被告对于自己房屋应采取的处置,应以房屋所有人的身份,而非意图出售房屋之建造人的身份予以决定。在出售前 6 年被告兴建房屋时,被告与原告

---

[75] 本案 Andrews 法官反对 Cardozo 之见解,认为注意义务系每一个人对于社会任何人负担之义务,不得对任何人发生不合理的危险。只需行为人之行为对他人发生损害,行为人与被害人之关系,即足以说明行为人对被害人负有防止损害发生之义务。盖任何人对于整个世界,均负有一项义务,即应避免其行为,对他人安全发生不合理危害。(参见下注)

[76] See Epstein, Torts, *supra* note 52, at 512—517; Prossor, Wade and Schwartz's Torts, *supra* note 78, at 304—308; 30 Dobbs et al., Torts, *supra* note 200, at 210—211; Franklin et al., Tort Law, *supra* note 44, at 366—3670; Henderson et al., Torts, *supra* note 260, at 365—368; Vandall et al, Torts, *supra* note 260, at 300—3002; Phillips et al., Tort Law, *supra* note 146, at 868—871; Robertson et al, Torts, *supra* note 196, at 199—202; Vetri, Tort Law, *supra* note 207, at 359—361; Grady, Torts, *supra* note 200, at 742—746.

[77] Parmely v. Hilderbrand, 1999 SD 157, 603 N.W.2d 713.

之间并无任何关系,可以使被告负担任何注意义务[78]。

本案被告房屋出卖人于建筑房屋时,纵使因过失而致建筑房屋有瑕疵,但建筑当时系为自己使用,与他人并无关系,因而对于他人不负任何注意义务。反之,若被告兴建房屋时即为出售之用,则依据上开南达科他州之规定,对于买受人即应负担妥为兴建之义务,违反上开义务时,即应负担过失侵权行为之赔偿责任。

基于注意义务之相对性,判断行为人是否违反注意义务,应考虑注意义务之相对人。此项见解,在台湾地区法院实务,亦可见其端倪。例如在前述"中科院"油漆工触电案,被告"中科院"依据劳工安全卫生法,应于事前告知承揽人有关其事业工作环境、危害因素及其他安全卫生上应采取之措施。原审法院认为,被告应告知之对象,为承揽人或代表承揽人之工地负责人。因被告确已告知上述人等关于安全卫生事项,因而已尽法令规定之告知义务。

换言之,原审法院认为,被告"中科院"对于工地安全卫生之措施,其告知对象并不包含实际工作人员。从而纵使被告对实际工作人员未为告知,致工作人员发生损害,亦不负担损害赔偿责任,此即注意义务相对性之表现。反之,若被告"中科院"违反对承揽人或工地负责人之告知义务,亦即违反注意义务,致工作人员受伤时,即得以被告违反告知义务,而请求损害赔偿。

再如前述之捷运电扶梯案,该案原告并未搭乘捷运电联车,非属被告捷运公司之乘客,与捷运公司并无契约关系。原告利用捷运公司之电扶梯,被告并未受有利益。关于捷运公司对于非旅客之被害人,是否负担防范危险发生之注意义务。本案台北地方法院依据大众捷运法第46条第1项、第2项规定:"大众捷运系统营运机构,因行车及其他事故致旅客死亡或伤害,或财物毁损丧失时,应负损害赔偿责任。前项事故之发生,非因大众捷运系统营运机构之过失,对于非旅客之被害人死亡或伤害,仍应酌给恤金或医疗补助费,但事故之发生系出于被害人之故意行为者,不予给付。"

---

[78] 603 N.W.2d 714—715, 718.

而认为大众捷运法所保障之范围,非以旅客为限,尚包括非旅客部分,因而被告捷运公司对于非旅客之原告具有防范危险发生之注意义务。反之,若无上开大众捷运法之规定,且捷运电扶梯之设置,仅供捷运乘客使用者,则捷运公司对于一般行人并无防范损害发生之义务,行人自行搭乘电扶梯受损害,捷运公司无庸负赔偿之责。

捌、注意义务之违反

过失概念包含二项因素:注意义务之存在及注意义务之违反。首须究明二者之区别,再者应检讨行为人之行为何时构成注意义务之违反。

一、注意义务存否与注意义务之违反

过失责任之成立,除须行为人对被害人负有注意义务外,并须行为人违反其注意义务而生损害于被害人。行为人何时违反其注意义务,而负担过失责任,应考查行为人是否适度运用其注意能力,以避免或防止可预见之损害结果发生。关于行为人之注意能力,"最高法院"采取善良管理人之注意程度,作为判断行为人是否违反注意义务之标准[79]。所谓善良管理人之注意程度,系以一般具有相当专业知识经验且勤勉负责之人,在相同之情况下是否能预见并避免或防止损害结果之发生为准[80]。认定过程,系将具体加害人之"现实行为",衡诸善良管理人在同一情况的"当为行为",

---

[79] 最高法院19年上字第2746号判决;26年鄂字第3号判例。
[80] 陈忠五:《校园学生事故中应负损害赔偿责任之人》,载台湾本土《法学杂志》,创刊号,1999年,第81—82页。同说,参见邱聪智:"过失之概念,乃逐渐由预见可能走向防止损害而发展,亦即以行为人是否尽善良管理人所应防止损害发生之标准而防止损害之发生,作为判断过失是否成立之标准。"(氏著:《新订民法债编通则》(上),第174页)。

若有差距，即加害人之行为低于其注意标准时，即属有过失[81]。

　　注意义务是否存在，以及注意义务之违反，系属不同之概念，应予区辨。例如在台湾士林地方法院1998年重诉字第345号民事判决（进香团鞭炮案），被告驾驶车窗未关之小客车自碧山岩下山途中，因同案被告苏○○担任玄明宫义工，当日负责施放鞭炮迎接正义宫之信徒前来，疏未注意下山方向有被告车辆正在行驶，苏○○抛出之鞭炮，适落入被告之驾驶座内，并在车内爆开，被告因受惊吓，冲撞左侧山崖边正步行上山之正义宫进香团团员及行人，随即将车转向而冲向右侧山壁，造成李朱○○死亡，原告洪曾○○、李欧○○均受有伤害，因而请求损害赔偿。

　　本案刑事责任部分，台湾高等法院以被告于第一次冲撞山崖后，尚能导正车身往前滑行30几米，推论被告当时已能控制方向盘，其注意能力应已恢复，其应将车辆煞停，且能注意而未注意，致造成第二次冲撞山壁而伤害被害人，应负过失责任。

　　但民事法院认为，被告受惊吓后冲撞左侧山崖之行为与随即导正车身往右侧滑行30余米之行为，均系在其遭受鞭炮爆开受惊状态下之同一行为，尚非得将被告导正车身后之驾驶行为另外评价为非受到急性惊吓反应后之正常驾驶行为。"被告就其应注意能注意而不注意所为之不法侵权行为，始应负侵权行为责任，因此被告是否应负侵权行为责任，不只在于结果发生之原因，而且尚在于此结果乃基于违反注意要求或注意义务所造成。此等注意之要求乃法规范对于一个有良知与理智而谨慎之人，在特定行为情状下所要求应该保持之注意。简言之，过失行为之不法乃在于注意义务之违反，一个并非由于注意违反行为所造成之死亡或伤害，系属一不幸事件，而无过失行为之不法可言。"

　　"衡以一个具有良知与理智而小心谨慎之人，处在与行为人同一之客观具体情状下，实无从期待在此特定情状下，驾驶人负有避免突遭他人任意丢掷鞭炮进入驾驶座之注意义务，以及他人任意

---

[81] 王泽鉴，前揭书，注3，第295页。

丢掷之鞭炮突然在驾驶座爆开时,驾驶人负有应立即煞停,避免撞及行人之注意义务。……由于苏〇〇将点燃之鞭炮抛出,突然落入被告所驾车辆之驾驶座内,被告受到鞭炮在车内爆开之惊吓而失控冲向山崖,复转向山壁之同一行为,虽未及时煞停,并无违反注意义务之可言,自不得认其就本件事故应负过失责任。"

本案士林法院强调:"注意之要求乃法规范对于一个有良知与理智而谨慎之人,在特定行为情状下所要求应该保持之注意。"从而"以一个具有良知与理智而小心谨慎之人,处在与行为人同一之客观具体情状下,实无从期待在此特定情状下,驾驶人负有避免突遭他人任意丢掷鞭炮进入驾驶座之注意义务,及他人任意丢掷之鞭炮突然在驾驶座爆开时,驾驶人负有应立即煞停,避免撞及行人之注意义务。"亦即依据法规范,行为人并无上述二项注意义务,从而并无违反注意义务之问题。

实则,本案驾驶人于山崖边驾驶车辆,对于路上行人,负有防止车祸发生之危险,亦即驾驶人因其驾车行为,对于路上行人,开创一定危险状态,而负有一般的预防损害发生之注意义务。但因进香团之团员突然丢掷鞭炮进入车内,鞭炮爆炸,依据一般具有良知与理智而谨慎之人,在相同情境下,亦将丧失汽车控制能力,而发生肇事伤人事件。从而本案被告之行为符合一个有良知与理智而谨慎之人,在相同行为情状下所要求应该保持之注意程度,而无注意义务违反之问题。换言之,本案似非被告无注意义务,而系未违反驾驶人之注意义务。本案法院虽就注意义务之存否立论,而认定被告并无注意义务,但结论上则认为被告"未实时煞停,并无违反注意义务之可言",可资赞同。

二、违反注意义务之判定

台湾地区学说及实务上,认为过失概念,系行为人违反善良管理人之注意义务或具有相当专业知识经验且勤勉负责之人,可预见而未避免或防止损害结果发生。所谓"善良管理人"或"具有相当专业知识经验且勤勉负责之人",在英美法称为"理性之人"(a reasonabe person)，即一般具有良知与理性，而小心谨慎之人。在个案判断时，若行为人从事理性谨慎之人在相同情况下，所不会从事之行为；或行为人不为谨慎理性之人在相同情况下，所应为之行为，即构成注意义务之违反，而有过失[82]。

注意义务是否违反，涉及二项问题，一者为判断违反注意义务之对象，究为被告之行为，或为被告之心理状态。再者为，若以行为人之行为作为判断对象，则应以行为人自己之能力或以外在客观标准，作为判断注意义务是否违反之标准。传统见解认为，过失责任乃基于行为人之"过咎"，基于道德观念，应予以纠正，从而行为人应负赔偿责任。行为人之"过咎"，意味着行为人之心理状态，具有可非难性。基于道德上之要求，应借由损害赔偿责任，而纠正行为人之"过咎"。据此，过失概念，毋宁系属主观的概念。

惟依据目前学界通说，行为人是否具有过失，应探讨者系行为人之行为，而非行为人之心理状态。行为人是否违反注意义务，应自客观上具有良知与理性之人，所可能具有之注意能力，加以判断[83]。换言之，过失概念采取客观化之标准，与传统行为人主观之"过咎"概念，有所不同[84]。

有疑问者系，何谓"理性谨慎之人"？有人认为系"一般公民"，有人喻为"街上之人"，有人批评是"一个从不会犯错、令人讨厌的人"[85]。亦即被告应具有，在通常情形下，对于特定事务，具有经验之人，所应具备之技术程度。此项注意程度，应依据个案之特殊情事，而为个别判断[86]。实际运作时，如何判断行为人违反注意义务，并非易事。

---

[82] Hazell v. British Transport Commission, [1958] 1 WLR 169, 171. See Markesinis, at 155.
[83] 孙森炎，前揭书，注7，第237页；王泽鉴，前揭书，注3，第294页。
[84] Marc Franklin & Robert Rabin, Tort Law and Alternatives: Cases and Materials, 41 (New York: The Foundation Press, Inc., 1996).
[85] See Conaghan, *supra* note 15, at 52.
[86] Markesinis, *supra* note 13, at 155—156.

首先以英美法的发展为例说明。在美国的 Adams v. Bullock 一案[87]，原告 12 岁，某日经过桥上，挥舞约 8 英尺长的电线，突然触及被告电车公司安装于桥下的电车缆线，原告因触电而受伤，请求被告赔偿。法院判决被告无过失，主要理由有二：(1) 系争电车缆线所在之位置，任何桥上行人，甚至自桥上弯腰，亦无法触摸系争缆线，且类似意外，在以往未曾发生，足见本案纯属特殊意外事件，被告并无采取预防措施之必要。(2) 电车缆线与一般电线不同，无法安装绝缘体，若要求被告避免类似损害，被告必须放弃空中缆线装置，而全部改为地下缆线。原告并无权利要求被告如此改变其设施[88]。

依据 Adams 一案，法院判决被告是否违反注意义务，应考量损害结果发生之可能性，及被告为避免损害所应承受之负担是否过巨等问题。关于损害危险发生的可能性，作为衡量被告是否违反注意义务之见解，在英国法之 Bolton v. Stone 一案[89]，最为显著。本案诉外人某甲为板球队球员，于被告球场中击球，该球飞出球场，击中球场外站立于自家门口马路之原告，原告受伤，请求被告球场赔偿损害。经查该球场地处偏僻，外围马路行人稀少，且 28 年间，仅有 6 颗球飞出场外，未曾有人被击中。法院认为，损害发生之危险，过于微小，被告予以忽视，尚称合理。

法院强调，若单纯自预见可能性而言，无论系争球场外之马路系属繁忙街道或乡间小路，任何危险均属可预见。从而预见可能性不足以作为认定违反注意义务之依据，重要的是危险的程度。在现代繁忙的社会，最为小心之人，亦无法避免引发危险或遭遇危险。小心之人所不得从事者，乃不应引发实质的危险。系争案件所生之损害危险甚微，理性之人均可能不采取任何防范危险发生之行为。此外，行为人是否违反注意义务，应予考虑者，不仅为被

---

[87] 227 N.Y. 208, 125 N.E. 93 (1919).
[88] See Franklin et al., *supra* note 84, at 31—32.
[89] [1951] A.C. 850.

害人被害之机会多寡,亦应考虑被害人受害时,损害结果之严重性[90]。

基于上述,英美法院认为,判断行为人是否违反注意义务,应考量损害发生的可能性、损害结果的严重性及被告避免损害发生应承受之负担等三项因素。此三项因素构成著名的"汉德公式"(Hand Formula)。在 United States v. Carroll Towing Co. 一案[91],原告所属之船舶停靠于纽约港。被告拖曳船为拖曳其他船只出港,重新调整原告船舶系港绳索时,因过失致该船绳索松开,系争船舶撞及油船,底部受损,系争船舶入水而沉船。经查,发生本件事故时,若原告船员在系争船舶上,将可避免沉船事件。因而被告抗辩,由于原告船员未在系争船舶上,因而发生损害,应减轻赔偿责任。

本案法官 Learned Hand 提出判断船舶所有人是否有避免发生损害之注意义务,应斟酌三项因素:(1)系争船舶绳索松开、离开码头的可能性;(2)损害结果的严重性;(3)采取适当防范措施的负担。损害发生的可能性为 P;损害为 L;负担为 B。若被告防范损害的负担小于损害数额乘以损害发生之几率(亦即 $B < P \times L$),则被告应负过失责任。此即判断行为人是否违反注意义务的"汉德公式"[92]。

汉德公式提出多年后,美国学者 Richard Posner 认为该公式系属法律经济分析的代表,亦即行为人是否违反注意义务,应考量其防范损害发生之"成本",是否高于意外事故发生的几率乘以损害结果的数额。若意外事故之成本低于预防损害之成本,采取利益极大化的理性生意人将愿意赔偿受害人损害,而非采取更大的成本去预防损害发生。盖花费较高的预防损害发生的成本,以避免意外事故的低成本,整体经济价值或福利将因而降低,而非增加。

---

[90] See Franklin et al., *supra* note 84, at 39—40.
[91] 159 F.2d 169 (1947).
[92] See Franklin et al., *supra* note 84, at 35.

反之,若意外事故的成本,高于避免损害发生之成本,则花费避免损害之成本,以防止损害发生,社会全体将因而受益。此时生意人未采取损害预防措施,以避免成本较大的意外事故,即应负担赔偿责任[93]。

汉德公式提出后,引起广泛注意与引用。对于汉德公式的主要批评在于:意外事故发生时,很难将损害几率、损害数额及预防损害的负担予以量化。且汉德公式隐含的法律经济分析,认为"有效率"(efficiency)为法律追求之目的,与一般法律见解并非完全相符。法律应考虑者,除经济上之效率外,尚有伦理道德及社会政治发展情况,非经济学上之效率所可涵盖[94]。实者,汉德公式纯数学式的计算方式,虽未必获得全部学说赞同,但该公式使三种考量因素的相互关系简易化,非无贡献。至于汉德公式是否为法律经济分析的应用,学说尚有争议[95]。

所宜注意者为,英国学者认为,除前三项因素外,被告引发危险之行为,对于社会的有益性,亦属应予考虑之因素[96]。同样地,依据美国侵权行为法整编第一版规定[97],过失行为乃理性人所不会从事之行为,果行为人之行为,低于法律要求,避免对第三人发生不合理之危险的标准,即构成过失。对于第三人不合理之危险,为理性之人应予防范之危险。至于危险是否合理,则取决于不法

---

[93] Richard Posner, A Theory of Negligence, 1 J. Legal Studies 29, 32—33 (1972).
[94] Cognaghan, *supra* note 15, at 61.
[95] Hand 法官在另一案件 Conway v. O'Brien 一案(111 F. 2d 611, 1940)自己宣称:"行为人在特定案件的注意程度,取决于三项因素:不法行为伤害他人的可能性与损害结果的严重性,与行为人避免危险所牺牲的利益相比较。所有三项因素均无法以数额予以估算,后二者在实际上与理论上尤其如此。据此,解决之道,通常包含着偏好、选择,尽可能与通常被接受的标准相符合。无论该标准是真实的或虚幻的。"
[96] Gonaghan, *supra* note 15, at 60.
[97] 美国侵权行为法整编第一版及第二版,对于违反注意义务之判断,并无不同,故本文以第一版之规定论述之。

行为之危险程度,是否逾越该行为之有用性。亦即危险之合理与否,应考虑不法行为之危险程度(即损害发生的可能性)、损害的范围及受害利益之社会价值[98]。此外,美国学者 Henry Terry 曾提出 5 项因素,作为考量行为人是否违反注意义务的因素:损害发生的几率、损害的价值、行为人从事行为之目的的价值、行为人为达成该目的所采取行为的有益性、行为人对达成该目的所采取行为的必要性[99]。

综合言之,考量行为人是否违反注意义务,应考虑不法行为引发损害发生的可能性与损害结果的大小,比较预防损害发生的负担,以及所受损害的社会价值与行为人不法行为的社会价值,综合考量之。此项判断,包括危险发生几率、损害事件的成本、预防损害的负担、不法行为与受害利益的社会价值,涉及价值衡量、利益选择、法官个人偏好,并无一成不变的标准。美国侵权行为法整编规定,对于社会价值的判断,取决于"公众意见"(public opinion)[100]。英国法院认为,判断危险程度,并无绝对标准,注意程度,随着危险涉及之所有直接因素而不同[101]。学者认为,理性之人所代表者,无非系特定法官之主观见解,法官的阶级、种族、性别及其他个人经验与特质,均可能影响判决之作成[102]。

举例言之,在英美法,损害发生之可能性一直为法院考量行为人是否违反注意义务之重要因素。在前述 Adams 及 Bolton 二案,受害人虽受有损害,但法院因损害发生几率甚微,而判决被告未违反注意义务。然而在 Overseas Tankship (UK) Ltd v. The Miller

---

[98] Stephen Gilles, *On Determining Negligence: Hand Formula Balancing, the Reasonable Person Standard, and the Jury*, 54 Vand. L. Rev. 813, 822—827 (2001).

[99] Henry Terry, *Negligence*, 29 Harv. L. Rev. 40, 41 (1915).

[100] Gilles, *supra* note 98, at 829—830.

[101] Glasgow Corporation v. Muir [1951] AC 367.

[102] Conaghan, *supra* note 15, at 53.

Steamship Co Pty Ltd.（The Wagon Mound No.2）一案[103]，却采取不同见解。

本案原告于澳洲经营一座造船与修船码头，被告所有之Wagon Mound货轮停留于600英尺外，因过失泄漏大量火炉用油，覆盖于海上，延伸至港湾，污染原告码头，并阻碍该码头正常运作。原告码头监工原本担心被告之石油可能造成危险，命令工人不得从事焊接或燃烧等工作。基于经验判断及经询问码头经理人后，原告监工认为，被告之火炉用油不具可燃性，而命令工人开始焊接工作。二天半后，因原告工人焊接之铁片飞下码头，引燃棉花废弃物，使被告浮油着火燃烧，焚毁原告码头与停靠于码头之船舶。

本案引发火灾之火炉用油，依其种类及浮于水面之事实，在水面上引发火灾之可能性微乎其微。惟本案法院认为，Bolton一案并未改变一项原则，即任何人对于知悉或可得知悉之危险，若该危险发生之可能性，对于理性谨慎之人而言，无法视而不见，则行为人即应采取防范措施，以去除该危险。本案浮油引发火灾之危险固然甚微，但理性之人应该且必须采取防范措施以避免危险发生[104]。

关于判断是否违反注意义务之此间案例，可以前述"捷运电扶梯案"为例。该案被害人于搭乘捷运电扶梯跌倒受伤时，除主张捷运公司未为警告标志，应负损害赔偿外，并主张承装该电扶梯之大同奥的斯公司赔偿，盖该公司设定每分钟电扶梯行走39米之速度，显然过快，不适合老人搭乘。

判断本案被告是否违反注意义务，首先应考虑，电扶梯每分钟行走39米，造成使用电扶梯之人发生危险的几率，同时应考虑电扶梯速度，设计为每分钟39米对于捷运营运之利益及使用者之方便性。其次应考虑，电扶梯快速运转造成行人损害时，其损害结果的严重性。例如行人将因而受伤，其伤害严重性以及是否发生死

---

[103] ［1967］AC 617.
[104] Id. at 642—643.

亡之危险。最后应考虑,被告为避免损害发生,采取之防范措施,造成被告本身及社会承受的负担。例如捷运公司为避免损害发生,可能必须减低电扶梯速度或在所有捷运站雇请医护人员,随时准备急救,以降低危险。

本文认为,电扶梯速度每分钟行走 39 米之速度,对于使用之人造成损害之机会甚微,其运送行人之功用、对于捷运之营运以及社会大众获得便捷之交通工具,甚为重要。电扶梯以较快速度行驶,固可预见损害发生之危险,但对于行人造成之损害,可能为身体之伤害,除非特殊案例,否则造成行人死亡之机会,似为微小。果要求被告采取防范措施,被告必将降低电扶梯速度,以避免损害发生,对于社会大众利用便捷之交通工具,造成重大不利影响。据此,本案被告设置电扶梯每分钟行走 39 米,应认为尚未违反防范危险发生之注意义务,因而过失责任尚未成立。本案法院认为,电扶梯速度每分钟行走 39 米,符合标准,被告无须负担损害赔偿责任,结论可资赞同,但理由可予补充。

再如,1960 年台上字第 406 号民事判决(爆竹工厂爆炸案),被告工厂制造爆竹及五色球攒炮等玩具,某日天将降雨,被告工厂之管理人员发动工厂童工,将曝晒于烈日下之五色球攒炮半成品抢搬至附近砖造浴室。因互相冲撞,引起全部爆炸,使受雇于该厂之童幼工人惨遭炸毙。法院判决,依据工厂法规定,童工不得处理有爆发性引火性之物品,"上诉人身为厂主,平日就此漫不经意,临事又任听毫无经验之雇员林○○发动童幼工人,抢搬已经曝晒性极危险之攒炮半成品,以致全部爆炸,死亡多人,此种损害之发生,自系由于上诉人过失之所致",而判决被告应负损害赔偿责任。

本案五色球攒炮曝晒于烈日下,发生爆炸之危险,几率甚高。一旦发生爆炸,可能导致人员伤亡,损害情节甚为严重。反之,若不抢搬系争爆竹,其受害仅为财产上损害,比较人员伤亡,诚属轻微,因而被告抢救爆竹之行为,其利益低于损害结果之不利益。本案受害人均为童工,其抢搬爆竹,容易互相冲撞,一般理性之人,应可预见。易言之,本案损害发生之危险性甚高,且损害结果之严重性甚巨。反之,被告为防范该损害发生,或放弃爆竹之抢救,或雇用成年劳工代替年幼劳工,其成本负担显然低于其损害结果之严重性。从而被告未采取防卫措施,违反其对于年幼劳工之保护安全的注意义务,应负过失之损害赔偿责任。

玖、结　论

一、本案判决评析

关于冥纸烧船案,争执重点有三:(1)被告引发渔船焚烧之行为,究为冥纸灰烬倒入海中之"作为",或系被告未注意熄灭冥纸灰烬之"不作为"?(2)被告是否有防范危险发生之注意义务?(3)若有注意义务,被告是否违反其注意义务?

就加害行为而言,如前所述,若被告甲夫与乙妻当日系在距离被烧毁船只码头10米处烧香,则被上诉人单纯焚烧纸钱之行为,对于远在10米外之被害人渔船,似未造成损害发生之危险。若此项认定属实,则本案被告焚烧冥纸之行为尚非属危险前行为,从而被告即无任何作为之注意义务,而无采取防范危险发生之作为义务。其不作为,即不生侵权责任之问题。至于将尚有火星之冥纸灰烬倒入海中,对于停靠码头之渔船具有引发损害之危险性,应可认定。据此,被告甲夫将灰烬倒入海中之行为,系属加害行为(作为)。其因作为而引发损害发生之危险,对于任何人均负有一般的防范损害发生之义务,因而应负损害赔偿责任。至于被告乙妻,并未为冥纸灰烬倒入海中之加害行为,其焚烧冥纸之行为,果无危险性,则对于被害人并无任何防范损害发生之注意义务,其未为彻底熄灭冥纸灰烬之不作为,即未违反任何注意义务,而无须负担损害赔偿责任。

反之,若认为本案损害之发生,系因被告未熄灭冥纸灰烬之不作为,则须探讨被告甲夫与乙妻之不作为,是否违反其对被害人之注意义务。"最高法院"认为,被告甲夫及乙妻在港区内焚烧纸钱,对于渔港内之设备及港内之其他船舶已造成一定程度之危险,依危险前行为之理论暨公序良俗之要求,被告本应注意确认该灰烬倾倒时(不论由谁倾倒)是否已经完全熄灭,倘发现尚未完全熄灭,亦应立刻使其熄灭,此为被告应尽之作为义务。"最高法院"依据危险前行为理论,认定被告对于"渔港内之设备及船舶"负有注意义务,而非对任何第三人负担防范危险之注意义务,应属可采。

最后关于行为人是否违反注意义务,若本案系被告甲夫倾倒灰烬之行为为加害行为,依据一般具有良知与理性而谨慎小心之人,渔港区内停留船舶,为渔港居民所明知,倾倒未完全熄灭之冥纸灰烬于海中,可能引发火烧船之危险,行为人应可预见,且危险发生之可能性甚高,其可能造成火烧船之损害结果,对于被害人财产权之侵害甚为严重。反之,被告采取预防损害发生之措施,亦即尽力熄灭冥纸灰烬,或冥纸灰烬不倒入海中,负担甚微。被告甲夫于焚烧冥纸后,倾倒灰烬于海中,得轻易防范危险而未适当防范其发生,应认为违反一般的防范危险发生的注意义务,而负担过失的侵权责任。

反之,若本件系甲夫与乙妻焚烧冥纸之行为开创火烧船之危险,此时被告对于渔港内之设施及船舶即负有防范危险发生之义务。被告是否违反注意义务,应斟酌本案焚烧冥纸造成火烧船之危险几率。纵使火烧船之危险几率甚微,因火烧船之损害结果甚为严重,因而被告应提高其注意义务,以避免损害发生。被告避免损害发生之方法,仅为尽力熄灭冥纸灰烬,负担甚微,其未为该行为,致损害结果发生,应认为违反注意义务,而负担损害赔偿责任。

本案法院认为:"被上诉人竟未尽此应尽之作为义务,甚至经人制止后,仍不听劝,致使倾倒之未熄灭余烬引燃海上油污,致生损害于他人,被上诉人之不作为与损害之发生间确有因果关系。"被告(即被上诉人)既经人制止,显见其对于危险之发生,知悉甚详,对于损害结果有所预见。任何具有良知与理性而谨慎小心之人,在此情形,均可合理预见损害发生之可能性。诚如英国法院在Vaughan v. Menlove 所言,当被告可以不顾危险是否发生,而表示

"我可以冒险一下",显见被告是在保险办公室里谈论他的利益,对于因而发生之任何损害,均属可得预期,而应负担违反注意义务之损害赔偿责任[105]。"最高法院"以其"经人制止后,仍不听劝"为认定因果关系存在之原因。实者,此项判断,应为注意义务是否违反之问题,与因果关系尚属无涉。

二、过失概念之总结

台湾地区学说对于侵权行为法之过失概念,论述较少,多数引用刑法的规定,作为过失认定之基础。惟民事责任与刑事责任之目的不同,过失责任之认定,未必一致。过失概念所谓"应注意"者,系指行为人之注意义务;所谓"能注意而不注意"者,系指注意义务之违反。

无论行为人系因作为或不作为而生之侵权责任,均以行为人具有注意义务为前提。一般而言,行为人依其行为而有发生损害之危险者,固有防范损害发生之义务,但若非当事人间具有特殊关系,行为人对于他人并无一般的防范损害发生之注意义务。就行为人应作为之注意义务而言,无论基于从事一定营业、执行专门职业、契约上义务、法令上义务或危险先行为,均需当事人间具有一定特殊关系,行为人始具有防范对特定人发生危险之注意义务。

关于注意义务之违反,通说以具有良知与理性而谨慎之人,在同一环境情况下,是否从事相同行为为判断基础。在实际案例判断,则需就个案情况,探讨损害事故发生的可能性、损害结果之严重性、被告防范损害发生之负担,以及行为人之行为与被害人之损害在社会上的价值或有益性。基于个案事实,就上述因素互为参

---

[105] 132 Eng. Rep. 490 (G. P. 1837). See Richard Epstein, Cases and Materials on Torts, 168—171 (US: Aspen Law & Business, 6th ed., 1995). 本案系英美法宣告过失认定,应采取客观上理性谨慎之人的标准,而非行为人主观上是否善尽其自己的注意义务。诚如该案主审法官 Tindal 所言:若注意程度依据个人之个别判断,则注意程度将如每个人的脚长,有长有短。

酌比较，以作成妥适的判断。

行为人是否负担注意义务，有认为应以行为人之预见可能性判断者，有认为应以当事人间之密切关联性为标准者。但实际案例判断时，均不免法政策判断的色彩。行为人是否违反注意义务，应斟酌者涉及危险之程度、损害之多寡、预防损害之负担、行为人行为与被害人损害的社会价值与损失等综合判断，实际上经常涉及价值判断与利益衡量，而以符合一般人共同接受之价值与评价，作为最终的决定因素。

本文曾发表于《台大法学论丛》第 33 卷第 4 期，第 145—203 页（2004）

第二章 论违反保护他人法律之侵权行为

壹、前　言

《民法》第 184 条第 2 项规定："违反保护他人之法律，致生损害于他人者，负赔偿责任。但能证明其行为无过失者，不在此限。"在 1999 年民法债编修订前，关于《民法》第 184 条第 2 项规定"违反保护他人之法律者，推定其有过失"，究属单纯举证责任之倒置，或属独立侵权行为类型，学说与实务均有争议[1]，《民法》修订理由明示："现行条文第二项究为举证责任之规定，抑为独立之侵权行为类型？尚有争议，为明确计，爰将其修正为独立之侵权行为类型。"从而违反保护他人之法律，构成独立侵权行为类型，殆无疑义。

《民法》第 184 条第 1 项前段已就侵权行为之成立设有基本规范，其所以另设第 2 项，就违反保护他人之法律，侵害他人权益者，规定构成侵权行为，主要原因在于该条第一项前段系就"权利"之侵害所为之规定，而不及于一般法益之保护。为扩大侵权行为之保护客体及于权利以外之利益，尤其是纯粹财产上损害（纯粹财产

---

[1] 关于该争议之综合说明，参见王泽鉴，《违反保护他人法律之侵权责任》，《民法学说与判例研究》第二册，第 186—187 页（1983 年版）。

上损失),乃以第 184 条第 2 项之规定,加以保护[2]。

英美侵权行为法亦承认违反保护他人之法规足以构成侵权行为,其法制史上的原因在于,19 世纪时期,关于人身伤害之侵权行为损害赔偿案件,被告经常得主张:侵害行为之发生系经被害人同意(consent)、被害人对于损害发生有过失(contributory negligence)或被害人与加害人同属被告之受雇人(fellow servants)而免责。为减少被告主张免责之机会,法院乃认为,在被害人主张被告违反法律规定而侵害其权益时,被告不得以上述三项事由主张免责[3]。

违反保护他人之法律,构成侵权行为,依据《民法》规定,系采推定过失责任。有疑问者系,其所谓"过失"究何所指?在被告违反保护他人之法律时,是否仍须被告对于被害人权益之侵害未尽注意义务,始需负责?纵使违反保护他人之法律,被告可否主张对

---

[2] 王泽鉴,前揭文(注 2),第 195 页;王泽鉴,《侵权行为法》第一册:基本理论、一般侵权行为,第 345 页(1998 年版); Klaus Vieweg, The Law of Torts, in Werner F. Ebke and Matthew W. Finkin(eds.), Introduction to German Law, 197, 210 (The Hague: Kluwer Law International, 1996);黄立:《民法债编总论》,第 277 页(元照:1999 年版);邱聪智:《新订民法债编通则(上)》,第 180—181 页(2000 年版)。在 1997 年台上字第 2102 号判决,违反"公平交易法"第 24 条所为之欺罔行为及显失公平,而从事预售屋销售,擅自变更设计,系属违反保护他人法律之行为。1997 年台上字第 3760 号判决,认为预售房屋,从事不实广告,违反保护消费者权益之公平交易法,应推定其有过失。二则案例,均系对购买预售屋造成金钱上损害请求损害赔偿。当事人之请求并非"权利"受害,而系纯粹财产上损失,不得依民法第 184 条第 1 项前段请求赔偿,而只能依据该条第二项请求之。

[3] 例如,在英国 Groves v. Lord Wimborne ([1898] 2 QB 402)一案,法院认为在雇主未依工厂法,对危险机器设置防护围墙,致人受害时,雇主不得主张被害人系因其他共同受雇人之加害行为而免责。在 Wheeler v. New Merton Board Mills Ltd. ([1933] 2 KB 669)一案,法院认为,就国会课以被告之义务,任何人不得"同意"被告违反该法律义务。因而在违反法律规定之侵权行为,被告不得以被害人业经"同意"而免责。参见 B. S. Markesinis & S. F. Deakin, Tort Law, 340 (Oxford: Clarendon Press, 1999)。

于"法律之违反"系属无过失,或对于"权益之侵害",已尽注意义务而免责?

此外,台湾地区现行《侵权行为法》基本上采取过失责任主义。在权利受害时,依据《民法》第184条第1项前段规定,需加害人具有故意、过失,始负赔偿责任。反之,在违反保护他人之法律时,纵使侵害者为一般法益,加害人亦应负"推定过失"责任。换言之,在违反保护他人之法律时,被害人较一般侵权行为易于获得损害赔偿之救济。尤有进者,在现代社会,几乎所有问题,均有法令加以规范,若将所有法令均认为系属"保护他人之法律",致使《民法》第184条第2项之适用无限扩大,将发生过失推定责任掩盖过失责任之现象。尤其若推定过失责任在实务运作上,无异于无过失责任时,将使侵权行为过失责任体系,随之瓦解。从而,如何妥为适用《民法》第184条第2项之规定,即有检讨之必要。

综合言之,关于《民法》第184条第2项值得研究者为:(1)该条所称"保护他人之法律"系何所指?实务上是否过度扩大"保护他人之法律"概念,而消蚀过失责任主义之原则?(2)依据该条推定之过失,与一般过失概念是否相同?该条规定之过失,系指法律违反之过失,或兼指对于权益侵害之过失?(3)"推定过失"理论上固可举证推翻,惟实务运作时,该条之"过失推定"是否已成为"过失"本身,使被告无法举证免责,而类似"无过失责任"?

本文以台湾法院判决为基础,参酌英美法院实务见解,对于上述问题,予以检讨。本文指出,保护他人之法律需就该法律目的予以观察,必须该法律课予行为人特定义务,且以保护特定个人之权益为目的,而非专为保护地区社会利益或大众利益者为限。又依据本条推定之过失,兼指法律违反之过失与权益侵害之过失。该条过失之概念应与一般过失之概念一致,行为人得举证对于法律之违反,或权益之侵害,已尽适当之注意义务而免责。最后,本文指出可得推翻违反法律推定过失之事由。

贰、"保护他人法律"之概念

一、违反保护他人之法律

《民法》第 184 条第 2 项侵权行为类型之规定,在构成要件上,最为困难者为关于"保护他人之法律"的解释。该要件之解释宽严,涉及该条文适用范围之大小,以及该条规定与第 184 条第 1 项前段规定之互动关系。

依据英国法之发展,早期判决,例如 Monk v. Warbey 一案[4],被告将所有之汽车,交由加害人驾驶,该加害人未依道路交通法令规定投保汽车保险。加害人驾车不慎,撞伤原告。加害人因未保险,无资力足以赔偿原告。原告主张被告违反道路交通法令之规定,应负赔偿责任。法院认为,任何人因他人违反法令之行为而受害,即有权请求损害赔偿,除非该法令有意拒绝赋予原告请求之权利[5]。

上述判决,赋予受害人广泛之请求权。但在英国著名案例 Cutler v. Wandsworth Stadium 一案[6],改变上开判决之见解。该案原告为经营赌马业者,被告为赌马会场之占有人。被告不许原告进场参加赌马。依据赌马相关法律规定,赌马场地之占有人于赌马赛进行中,不得拒绝赌马业者进场。原告乃依此规定请求损害赔偿。本案法院驳回原告之请求,理由为:该法之目的不在于保护赌马业者之生计,而在于防止赌马业者形成独占市场,以保护大众之权益。

---

[4] [1935] 1 KB 75.
[5] 该判决受到多数学者批评。但有学者认为,该交通法规对汽车所有人课以一项特定义务,且该法规之目的,在于使交通事故受害人可得获得适当之损害赔偿,本案判决适足以达成上述目的。See R. A. Buckley, *Liability in Tort For Breach of Statutory Duty*, 100 L. Q. R 204, 209 (1984).
[6] [1949] AC 398.

第二章 论违反保护他人法律之侵权行为

Culter 一案之判决,适度限缩违反保护他人法令,构成侵权责任的适用范围。其后英国法院更进一步限缩违反法律构成侵权行为赔偿责任之适用。英国法院在 Lonrho Ltd. v. Shell Petroleum Co Ltd.(No.2)一案[7],明白宣示:在法律以刑事制裁作为强制行为人履行义务之方法时,应排除民事责任之请求权[8]。惟一之二项例外为:(1)依据法律之解释,该法律课以行为人法律义务或禁止其为一定行为,系为保护特定群体之个人(a class of persons),或为特定个人之利益。(2)法律创造一项公众权利,且该公众中之特定成员,遭受与其他一般大众不同之"特殊、直接且实质的损害"[9]。

Lonrho 一案之原告为汽油公司,因被告违反石油禁运法规,供应罗德西亚石油与天然气,致原本供应罗德西亚石油与天然气之原告,因未供油而遭受商业损失。本案法院认为,石油禁令之颁布,不在于保护原告作为成员之任何团体,亦非给予一般大众获得利益,而仅对于原本合法之行为加以禁止而已,原告不得以此作为损害赔偿请求权之依据[10]。

适度限制违反保护他人法律,构成侵权行为责任,在于避免发

---

[7] [1982] AC 173, 182.

[8] 早在 Doe d. Bishop of Rochester v. Bridges ((1831) 1 B. & Adol. 847, 859)一案,法院即宣示:当法令规定行为人某项义务,且以某项特定方式强制行为人履行该义务时,即不得以其他方式强制行为人履行。换言之,此时被害人无民事上之损害赔偿请求权。反之,在法律对当事人履行义务,未特别规定其强制方式时,被害人始有民事上之赔偿请求权。此项见解,为 Buckley 所不采。See Buckley, *supra* note 5, at 214—217.

[9] 在 Gouriet v. Union of Post Office Workers ([1978] A.C. 435, 518E)一案,法官宣示,违反法律构成侵权责任的一般原则为,行为人不仅侵害公众权利,且私权亦同时受害;或在侵害公众权利时,造成私人特殊损害。应予注意者为,后者所谓造成私人特殊损害之案件,一般仅在公害事件造成私人损害时(private nuisance),始适用之。See Markesinis, *supra* note 3, at 343—344; Buckley, *supra* note 5, at 230.

[10] See Markesinis, *supra* note 3, at 343—344; Buckley, *supra* note 5, at 227.

生,行为人之行为在刑事上仅处罚金 1 元,而在民事上却需支付巨额赔偿金额之不合理现象[11]。因而英国法院实务发展,逐渐限缩违反保护他人法律,构成损害赔偿责任之成立。仅在违反劳动场所之人身健康与安全法规,英国法院始采较为宽松之态度[12]。依据学者 Buckley 之见解,违法保护他人之法律,构成侵权行为,需该法律规定,课与行为人"特定义务"。法规课与之义务愈特定,愈可能成立侵权责任。例如,在上述 Culter 一案,法律仅课与赌马会场之占有人,得允许一定数量之赌马业者进场。此为一般性义务,尚不足以构成特定义务之程度,因而不成立侵权责任[13]。

在美国,典型案例为 Osborne v. McMasters 一案[14],被告出售剧毒毒药于被害人,但该毒药药瓶未贴上"毒药"标志,被害人未加注意,饮用毒药致死。本案法院谓:当法规命令为保护他人,或为他人之利益,而对行为人课以特别义务时,若行为人因过失而未尽该项义务,对于法令所保护之人,需赔偿因该事件所引起,而为该法令所欲避免之损害。法令既已规定一定注意义务,则行为人一经违反,即应成立过失责任[15]。

Osborne 一案确立美国法认定违反法律规定,对于法规保护之人,构成侵权行为责任之原则。但该法令必须是"为保护他人,或为他人之利益"而制订之法律。美国法院在酒店主人贩售酒类给酗酒者之违法案件,对违反保护他人法律之问题,论述更为明显。

---

[11] 英国 Atkinson v. Newcastle and Gateshead Waterworks Co. ((1877) LR 2 Ex. D. 441)一案,被告水公司违反法令,未维持适当水压。在火警发生时,救火人员无法获得足够水量灭火,以致原告房屋被焚毁。本案法院谓:法令规定之 10 镑罚金,乃作为惟一的救济方式。原告不得依据该法令请求赔偿。

[12] Markesinis, *supra* note 3, at 341.

[13] Buckley, *supra* note 5, at 221—222.

[14] Supreme Court of Minnesota, 40 Minn. 103, 41 N. W. 543 (1889).

[15] See John Wade, Victor E. Schwartz, Kathryn Kelly, and David Partlett, Prosser, Wade and Schwartz's Torts, 205—206; 252—253 (New York, The Foundation Press, Inc., 1994).

依据美国多数州法律规定,酒类贩售者不得出售或提供酒类于酗酒者或任何显然已经酒醉之人,违反者应负轻罪之责任。在酒店主人出售酒类于显然已经酒醉之人,其后酒醉者在酒店殴打被害人,或驾车途中,因酒醉驾车,不慎撞伤被害人时,被害人可否主张酒店主人违反上开法律规定,应负过失损害赔偿责任?

此类案件,美国普通法原本认为系属因果关系之问题,认为被害人之被害,系因酒醉者之"饮酒",而非因酒店主人之"贩卖"行为。盖若仅有酒店主人之"贩卖",而无酒醉者之"饮酒",当不发生被害人受害之结果。因而酒店主人之"贩卖"行为与损害发生之间无因果关系。其后法院认为,只需行为人之过失构成损害发生之实质因素,即应负责。若第三人之行为系行为人于从事违法行为时可预见者,其因果关系不因第三人行为之介入而中断,因果关系仍然成立。

法院认为,此类案件之关键不在于因果关系,而在于行为人是否已尽注意义务。该注意义务或由法院认定,或由法律规定。在法律规定时,若违反之法律目的在于保护特定群体之个人,且违反法律确实导致受该法律保护之人受害,而引发该法律所欲避免之损害,即应推定行为人具有过失[16]。

归纳上述英美法院之见解,所谓"保护他人之法律",无论是法律或命令,均足当之。但需该法令对行为人可以"特定义务",且系针对特定群体之个人利益,或为保护该特定个人而订定,而非专为保护国家社会利益或大众之利益者[17]。孙森炎大法官认为:所谓

---

[16] Vesely v. Sager (486 P. 2d 151 (Cal. 1971), Stachniewicz v. Mar-Cam Corp. (Supreme Court of Oregon, 259 Or. 583, 488 P. 2d 436, 1971). See Richard Epstein, Cases and Materials on Torts (6th ed.), 270—273 (US: Aspen Publishers, Inc., 1995); Wade et al., *supra* note 15, at 207—209. 应予注意者系,加州立法机关废弃法院对于酒类贩售者对于第三受害人应负赔偿责任之判决,认为应依据普通法之见解,即认为酒类之饮用而非酒类之贩卖,始为第三受害人受害之最近原因(proximate cause)。

[17] See also the Restatement (Second) of Torts, sections 287 & 288.

保护他人为目的之法律，系指一般防止危害权益，或禁止侵害权益之法律。凡直接或间接以保护个人之权益为目的者，均属之。至于专以社会之秩序为保护之对象者，则不在此范围之内[18]。王泽鉴大法官谓：保护他人之法律，指法规范而言，除狭义之法律外，尚包括习惯法、命令、规章等，而以其是否以保护个人的权益为判断标准。专以维护国家社会秩序的法律不属之[19]。此等见解与英美法院之判决，甚为一致。

台湾地区"最高法院"关于道路交通安全规则之规定，认为汽车在夜间行车应燃亮灯火；汽车行驶时，驾驶人应注意车前状况；以及汽车行近行人穿越道前，应减速慢行等规定，"旨在保障公众之安全"，应属保护他人之法律[20]。关于劳工安全之法规，"最高法院"认为劳工保险条例在于"保障劳工生活"，劳工安全卫生法在于"防止职业灾害，保护劳工安全与健康"，均属保护他人之法律[21]。

1988 年台上字第 1582 号判决谓："《民法》第 184 条第 2 项所谓保护他人之法律，系指保护他人为目的之法律，亦即一般防止危害他人权益或禁止侵害他人权益之法律。前述限制出租车以出租或其他方式交与他人驾驶营业之规定，纯系基于对出租车业者行政管理之考虑，而非着眼于乘客安全之保障，尚难指为《民法》第 184 条第 2 项所谓保护他人之法律。"同院 1995 年台上字第 1142 号判决谓："《民法》第 184 条第 2 项所谓保护他人之法律，系指保护他人为目的之法律，即指任何以保护个人或特定范围之人为目的之法律而言，如专以保护公益或社会秩序为目的之法律则不包

---

[18] 孙森焱：《民法债编总论》，第 244 页（1999 年版）。
[19] 王泽鉴：前揭书（注 2），第 349 页；王泽鉴：前揭文（注 1），第 196 页。同说，参见梅仲协：《民法要义》，第 141 页（1954 年版）。
[20] 1977 年台上字第 1015 号判决、1989 年台上字第 2512 号判决、2000 年台上字第 219 号判决。关于汽、机车肇事事件，《民法》第 191 条之 2 另有推定过失之规定，请参照。
[21] 1996 年台上字第 3111 号判决、1998 年台上字第 457 号判决。

括在内。"《公有财产法》第42条关于非公用财产出租之规定,"纯系基于管理、使用及受益公有财产考虑而设,而非着眼人民权利之保障,自难指为《民法》第184条第2项所谓保护他人之法律。"前者判决着眼于防止危害他人权益,后者判决强调保护个人或特定范围之人为目的,均属违反保护他人法律之重要特征。

惟何时构成保护他人之法律,经常涉及法律规定目的之解释,有时并非易事。例如在1997年台上字第2151号民事判决,认为被告未依建筑法规申请建造执照,加盖违章建筑,致与该屋毗邻之原告房屋受损,系违反保护他人之法律,应负过失赔偿责任。但1997年台上字第3076号民事判决则认为,建筑法关于未经申请执照,不得擅自建筑之规定,充其量仅其建筑物为违章建筑,违反行政管理之规定,尚难谓为保护他人之法律[22]。

按未依建筑法规申请建造执照,加盖违章建筑,该建筑行为,是否可能导致与该屋毗邻之房屋受损,与是否获得建照执照无关。换言之,依法律申请建筑执照进行之建筑工作,若因未尽适当注意义务,导致他人损害,应认为行为人具有过失,尚非可因获得建筑执照而免责[23]。反之,未依法律申请建筑执照进行之建筑工作,若已尽适当之注意义务,纵使导致他人损害,仍不得认为行为人具有过失。从而是否依法申请建筑执照,与致人损害与否,并无关连。法律规定申请建筑执照之目的既与防止危害他人之权益无关,即不得作为过失与否之判断基础。"最高法院"第二次判决认为,依法规申请建造执照,仅属行政管理之规定,应足赞同。

---

[22] 此项见解,与前述1988年台上字第1582号判决认为,基于对出租车业者行政管理之考虑所为之法律规定,非属保护他人之法律者同。

[23] "最高法院"采此见解。参见1999年台上字第2549号判决谓:"兴建房屋纵已依建筑法第69条之规定,将防护措施之设计图及说明书,在申请建造执照送审,并经审核通过,取得建筑执照,然其后施工中仍负有应防止周围地盘沉陷之义务,并非一经取得建筑执照,即可不再为必要之防护措施。"

二、成立要件

在确定系争法律为保护他人之法律后,违反保护他人法律之侵权责任成立要件,应注意者有三:首先,被告之行为必须确实违反法律规定之注意标准;第二,原告必须为该法规所欲保护之特定范围之个人;第三,原告遭受之损害必须为系争法律目的所欲避免者。诚如1999年台上字第1862号民事判决所称:"《民法》第184条第2项所保护之客体,需权益所遭受之侵害为保护他人之法律所欲防止者,换言之,违反保护他人之法律而构成侵权行为损害赔偿义务,必须具备二个要件,一为被害人需属于法律所欲保护之人之范围,一为请求赔偿之损害,其发生需系法律所欲防止者。"

首先,就法规之违反而言,在雇主未依劳工保险条例规定,为劳工投保,致劳工退职或受害时,无法获得劳保给付者,因劳工保险条例在于保障劳工生活,属于保护他人之法律,违反该规定者,应推定有过失[24]。但若被告因免办营业登记,无法依该条例施行细则规定,提出营利事业登记或营业登记证,为原告申请投保者,即无违反劳工保险条例之可言,非违反保护他人之法律[25]。

关于消防法及"内政部"公布之各类场所消防安全设备标准等规定,其制订之目的系为防止公共危险之发生,以避免他人生命财产遭受损害,自属保护他人之法律[26]。但若被告经施行消防安全检查,均符合规定,而无未依规定设置消防设备之情形,即无违反保护他人之法律,推定其有过失之适用[27]。

值得注意者为,关于被告依据法律规定之义务范围如何认定。盖被告仅在其违反法律规定之义务范围内,始负过失侵权责任。

---

[24] 1996年台上字第3111号判决。
[25] 1998年台上字第1730号判决。
[26] 1999年台上字第204号判决。
[27] 1999年台上字第1862号判决。

在2000年台上字第2338号判决[28],原告承揽被告之变电所油漆工程,主张其于工作中,因被告职员未告知变电所带电范围及停电情形,致触电遭受重大伤害,认为被告违反《劳工安全卫生法》之相关规定,应推定有过失。

依《劳工安全卫生法》第17条第1项规定,事业单位以其事业之全部或一部分交付承揽时,应于事前告知该承揽人有关其事业工作环境、危害因素暨本法及有关安全卫生规定应采取之措施。本案高等法院认为,被告职员于施工前已将变电所带电范围及停电情形告知承揽人之负责人及工地负责人,已尽上开法条所规定之告知义务。但依该条规定,被告除应于事前告知承揽人有关其事业工作环境及危害因素外,并应依该法及有关安全卫生规定采取必要之安全卫生措施。因上诉人职员未于适当处所设置警告标志,仍难解免违反保护他人法律之侵权责任。

"最高法院"废弃原审法院之判决,其理由为:依据《劳工安全卫生法》第17条第1项规定,"事业单位依该规定仅负告知义务,即为已足。原审认上诉人中科院依该规定,尚应采取必要之安全卫生措施,进而依前揭理由为不利于上诉人之判决,不无可议。"

"最高法院"在本案判决明确指出,被告依据《劳工安全卫生法》之法律上义务,仅为通知义务,而非采取必要安全卫生措施之义务,而依原审认定之事实,被告已尽通知义务,因而应无违反保护他人法律之可言。

其次,就法律所保护之人的范围而言,在一般关于健康、安全之法规,其目的在于保护大众之健康或安全,因而被害人受害,即可认为其属于法律所欲保护之特定范围之人。例如在道路交通安全之法规,"最高法院"即以保障公众之安全,认为汽车驾驶人违反交通法规致人受害者,应推定有过失[29]。

---

[28] 该判决全文,参见台湾本土法学杂志,第21期,第206—208页(April, 2001)。

[29] 1977年台上字第1015号判决、1989年台上字第2512号判决、2000年台上字第219号判决。

在关于劳工安全卫生之法规，保护之对象为劳工权益，因而劳工因工作而引发职业病或职业灾害[30]，或雇主未为劳工投保，致退职时所领取之金额短少[31]，均属违反保护他人之法律，而推定雇主有过失责任。1999年台上字第1862号判决谓，劳工安全卫生法之立法目的乃为防止职业灾害，保障劳工安全与健康。且依同法第2条第4项规定，需引起劳工疾病、伤害、残废或死亡之结果，始有劳工安全卫生法之适用，洵属的论。但本案原告开设之工厂厂房，与被告开设的弹簧床加工所毗邻，因被告之加工所火灾，延烧至原告厂房，导致原告受损。原审法院以原告无法举证证明被告经营之加工所内有堆置大量易燃物品，非属高危险工作场所为理由，认为原告非属上开法律欲保护之人之范围。

实者，劳工安全卫生法之立法目的既在于防止职业灾害，保障劳工安全与健康，则该法所欲保护之个人仅为劳工。本案之原告，为毗邻之厂房，并非本法所欲保护之对象。纵被告违反劳工安全卫生法之规定，原告亦不得依据被告违反该法令，请求损害赔偿。至于原告可否举证证明，被告经营之加工所内有堆置大量易燃物品，属于高危险工作场所，则无关紧要。

此外，在1997年台上字第2131号判决一案，原告主张其非被告信用合作社之社员，依法不得向信用合作社借款。从而被告信用合作社违反法令，贷款于原告，系属违反保护他人之法律，致生原告损害，应负赔偿责任。"最高法院"认为：信用合作社管理办法规定信用合作社对其社员，非依信用合作社法第14条之规定完成入社手续一个月，不得放款；同办法第5条第1项，信用合作社社员以加入一社为限，同条第2项并课信用合作社有查明之义务。惟此规定仅是行政命令，并非法律规定，且此规定系对信用合作社之拘束，使之不得有滥行放款之行为，其旨在保护合法社员，并非保

---

[30] 1996年台上字第1194号判决、1998年台上字第241号判决、1998年台上字第457号判决、2001年台上字第1014号判决。

[31] 1996年台上字第3111号判决。

护非社员之放款。从而,纵被告违反上开规定,贷款给非社员,亦难认有违反保护他人之法律。

在英国,有一则案例足供参考。在 Knapp v. Railway Executive 一案[32],法律规定,坑道岔路关闭之大门需十分牢固,足以抵挡外界撞击。系争坑道岔路关闭之大门被汽车撞开,门板摇摆,撞击轨道上行驶之矿坑车辆,致该车驾驶员受伤。驾驶员起诉主张铁道公司违反保护他人之法律,应负赔偿责任。本案法院认为,本案之法律规定,在于保护马路上使用人之安全,而非使用轨道之人的安全。因而本案纵使该大门确为引起原告受害之原因,但原告不得依据该法律规定请求损害赔偿[33]。

最后,就法律所保护之法益或损害种类而言,在英美法上最著名之案例为 Gorris v. Scott 一案[34]。依据英国法律,从外国运送至英国之牛只,运送途中,须以围栏区隔。被告以船舶运送牛只至英国,但未以围栏区隔,以至于风雨中,牛只跌落海中死亡。牛只所有人请求损害赔偿,主张被告违法运送,具有过失。但法院认为,虽然未以围栏区隔与牛只跌落海中死亡,具有事实上因果关系。但该法规之目的在于预防动物疾病之散布,而非避免牛只被冲入海中,因而原告所受之损害,非属系争法律所欲保护之范围[35]。

在台湾地区,关于法律所欲保护之法益或损害范围,"最高法院"有时采取广义解释。例如在机车驾驶人因交通事故受害事件,被害人未依道路交通管理处罚条例规定戴安全帽者,系属"违反保护他人之法律",应推定被害人对于损害之发生或扩大,与有过失[36]。此外,在汽车碰撞事件,驾驶人因未系安全带,致损害扩大时,"最高法院"认为,道路交通安全规则规定小客车前座人员应系

---

[32] [1949] 2 All E. R. 508.
[33] See Buckley, *supra* note 5, at 211—212.
[34] (1874) LR 9 Exch. 125.
[35] See Markesinis et al., *supra* note 3, at 349; Richard Epstein, Torts, 150 (New York: Aspen Law & Business, 1999).
[36] 2000 年台上字第 490 号判决、1998 年台上字第 1075 号判决。

妥安全带之规定,因"搭乘汽车之前座人员如系安全带,其身体受伤程度较之未系安全带者为轻,并系众所周知之常识。"因而被告未依规定系妥安全带,违反保护他人之法律,推定有过失,应负有过失责任[37]。

就骑机车应戴安全帽之立法目的而言,机车骑士戴安全帽,在于保护机车骑士,于发生碰撞时,避免头部遭受重大伤害。同理,汽车驾驶人应系安全带,目的亦在于保护驾驶人,避免其车祸发生时,遭遇身体上之重大伤害。精确言之,道路交通管理处罚条例与道路交通安全规则之上述规定,其目的在于保护机车骑士或汽车驾驶人本身之安全,就机车骑士与汽车驾驶人而言,系属"保护自己之法律"。对于相对人被告而言,应无保护其减低赔偿责任之目的,亦即该法令本质上并非"保护他人(加害人)之法律"。惟因机车骑士未戴安全帽或汽车驾驶人未系安全带,对于损害之发生或扩大,与有原因力,应认为被害人有过失,减轻加害人之赔偿责任。此为依据一般有过失原则之判断,与保护他人之法律无涉。

叁、违反保护他人法律之过失概念

一、学说争论

《民法》第184条第2项规定:"违反保护他人之法律,致生损害于他人者,负赔偿责任。但能证明其行为无过失者,不在此限。"在构成要件上,其侵权行为之成立,仍须加害人对不法行为具有过失。关于过失之概念,一般系指"应注意能注意而不注意"或"急于交易上为必要之注意",对于侵害结果的预见性及可避免性,构成必要注意的条件。至于行为人之注意义务,则以善良管理人之注意为准[38]。英美法上,认为过失系属欠缺一般谨慎理性之人,在相同情况下,所应为之注意程度。

---

[37] 1997年台上字第3529号判决。
[38] 王泽鉴:前揭书(注2),第294,295页。

本条规定,推定违反保护他人法律之加害人具有过失,此之过失,系指"法律之违反"的过失,或对于他人权益造成侵害之过失,学说上甚有争论。德国通说认为系对保护他人之法律而言,亦即违反保护他人法律之过失。易言之,行为人之故意过失系针对法律之违反而言,至于行为人对其行为之结果,例如权利或法益之侵害,是否预见,或已尽适当注意予以预见,在所不问[39]。学者史尚宽氏采此见解,认为"如以被保护利益之侵害,为故意过失之所在,则与一般权利之侵害并无不同,有失特设保护他人法律之旨意。盖被保护之利益,有如一物之外皮与中核。例如汽车违反警察法,超过规定速力急驶,而撞损他人之店铺。……此时汽车超过法定速力,因而侵害他人所有权者,就该所有权之侵害虽无过失,仅以违反保护法律规定之理由,即应负责。如工厂违反工厂法使妊妇劳动(而流产),就其流产虽无故意或过失,因保护法律规定之违反,仍应负赔偿之责。……此时对于所保护利益之故意过失,应不在其违反之结果,而在其法益之外衣之保护规定。前例,行为人如就违反法律规定之汽车疾驶或使妇女劳动,有故意或过失,为已足。其破坏店铺或流产之结果,只需与行为有相当因果关系[40]。"

王泽鉴大法官则认为:"加害人之过失非仅系对法规之违反而言,原则上尚应兼及侵害行为及结果损害(固有意义侵权行为过失),因此需加害人对权益之侵害及损害之发生,按其情节得预见其发生时,始具有过失可言[41]。"

以上二说之争议,非仅为理论上之争执,而系对个案判断具有重要实益。依据前说之见解,加害人只需对于违反保护他人之法律具有过失,即需负责。至于对于权益之侵害,是否具有过失,在所不问。从而加害人依据《民法》第184条第2项但书举证免责

---

[39] 王泽鉴:前揭文(注1),第207,208页;王泽鉴:前揭书(注2),第347,348页。

[40] 史尚宽:《债法总论》,第114—115页。

[41] 王泽鉴:前揭文(注1),第208页。邱聪智似采同说,前揭书(注2),第187页。

时,仅得举证对于保护他人法律之违反并无过失,若对于保护他人法律之违反具有过失,即不得就权益之侵害,举证其无过失而免责。换言之,行为人就权益之侵害部分,系属无过失责任[42]。

反之,依据后说,加害人因违反保护他人之法律而构成侵权责任时,需具有双重过失。亦即加害人不仅对于保护他人法律之违反具有过失,且对于权益之侵害,亦应具有过失,始得成立侵权责任。反面言之,行为人对于保护他人法律之违反纵使具有故意过失,但仍得举证其对于被害人权益之侵害并无过失而免责[43]。

二、外国法例

关于上述争议,在英国法上,亦有二说。通说认为,违反法律规定之侵权行为与一般过失侵权行为不同。例如在 London Passenger Transport Board v. Upson 一案[44],法院认为,违反法令之侵权行为系特殊之普通法,在本质上不得与过失责任相混淆。被告之权利虽基于法规而来,但为实现被告应尽之法律上义务,普通法乃为受害人之利益,赋予损害赔偿之特别救济途径,以迫使被害人履行其责任。因而,严格言之,基于违反法令之侵权责任,并非基于过失之请求权[45]。

反之,依据另一说"法令上过失说"(statutory negligence),认为基于违反法律之侵权责任仍保留一般过失责任之基本特征。惟一与一般过失责任不同者在于,注意标准并非由普通法上的"理性之人"(reasonable man)予以判定,而系由特定法规确定行为之特定标准。例如雇用人对于受雇人之健康与安全具有一般注意义务,而工厂法规则确定该义务之具体内容(如对于危险机器设置围栏

---

[42] 参见马维麟:《民法债编注释书》(一),第 283 页(五南,1997 年版)。
[43] 学说上多认为,以上二说之争执,并无重大差异,盖"任何人故意过失违反保护他人之法律者,实难证明其并未计及侵害之发生也。"参见王泽鉴:前揭文(注 1),第 208 页;黄立,前揭书(注 2),第 281 页。
[44] [1949] AC 155, 176.
[45] See Markensinis et al., *supra* note 3, at 336—337.

等)。依据此说,一般过失责任之原则,于违反法律之侵权责任仍有适用。被告得举证其违反法律并非由于过失而免责[46]。

英国法上之第一说,将违反保护他人法律之侵权责任认为,只要违反法律,即应负侵权责任,类似于严格责任。第二说则主张被告得举证免责,至于其举证事项,则为对于法律违反并无过失,类似于台湾的第一种见解。例如,在 Scott v. Green & Son 一案[47],原告因人行道上之地下室覆盖板陷落而受伤,主张地下室之所有人违反公路法之相关规定,请求损害赔偿。经查被告之地下室覆盖板系事件发生不久前,由第三者的货车碾过而破坏,被告尚无知悉之机会,更无从事修复之可能,法院因而认为被告无可归责而免除其责任[48]。其所采取者,系属第二说之见解。

美国法关于违反保护他人法律之侵权责任型态,实务上有三种见解。传统见解以 E. R. Thayer 为代表。他认为,违反法律规定构成侵权责任,乃因被告依据过失侵权责任原则对于原告具有注意义务,而法律规定即为决定行为人未尽注意义务之标准。从而违反法律时,被告即不得主张其行为系属合理,而不负过失责任。亦即违反保护他人之法律本身即为过失(negligence per se),只需违反法律,侵害他人权益,即认定构成过失,性质上类似于严格责任。盖法律既已明文规定行为人应遵守之规范,一般谨慎理性之人应不会违反该法律规定。从而违反法律,本身即构成过失[49]。

Thayer 所举例子如下:设法律规定,任何人不得使未拴绳索之马匹在公路上行走。被告违反该法律规定,使未拴绳索之马匹奔驰于公路上,撞伤原告。若无法律规定,被告之行为是否构成过失责任,应由法院依案件事实认定之。但若法律业已为上述规定,则可直接认为,使未拴绳索之马匹行走于公路上,即构成违反注意义

---

[46] Markensinis et al., *supra* note 3, at 337—338.
[47] [1969] 1 WLR 301.
[48] See Markensinis et al., *supra* note 3, at 348.
[49] Ezra Ripley Thayer, Public Wrong and Private Action, 27 Harv. L. Rev. 317, 321—323 (1914).

务之不合理行为(unreasonable conduct)[50]。

传统见解的名案为著名法官 Cardozo 所判决的 Martin v. Herzog 一案[51]。该案被告驾车转弯时,未保持马路右侧,因而撞击被害人之马车,致被害人死亡。但被害人之马车则因夜间行驶未燃灯,被告主张其有过失。法院判决:被害人欠缺法律要求之点燃车灯,不仅为具有过失之证明而已,其本身即为过失。车灯乃为指导与保护使用马路之人之用。无论因故意或不注意,未为法律上为保护他人利益,避免他人生命或身体健康受害,所为之安全设施,即为欠缺在有组织的社会中,一般人应予遵守的注意标准。法律既已要求设置车灯,其不作为,即为具有过失之错误行为[52]。

第二种见解认为,违反保护他人之法律,仅可作为过失存在之一项证据。原告仍须就被害人之行为具有一般过失责任所需具有之注意义务之违反,予以举证证明,始得对被告课以过失责任。此项见解仅为少数法院所采,兹不赘。

第三种见解为美国通说,认为违反保护他人之法律,不应直接认为被告具有过失,但亦非仅为过失存在之一项证据,而应赋予过失推定(prima facie negligence)之效力。例如在 Barnum v. Williams 一案[53],原告驾车左转弯时,对向之被告来车发现将撞击原告车辆,急踩煞车,打滑驶入原告车道,因而撞及原告汽车。原告主张被告汽车驶入来车道撞及原告汽车,违反交通法规,应负赔偿责任。

本案法院认为,违反法律或命令本身即构成过失(negligence per se),为一般过失责任应依理性谨慎之人判断过失存否的例外。在"违反法律本身即为过失"的理论下,行为人是否如同理性谨慎之人而为一定行为,并非重要。所应探究者,仅为行为人是否违反法律。

---

[50] Id. at 319—324.
[51] 228 N.Y. 164, 126 N.E. 814 (1920).
[52] See Wade et al., *supra* note 15, at 220.
[53] Supreme Court of Oregon, 264 Or. 71, 504 P.2d 122 (1972).

本案法院固然认为"违反法律本身即为过失"系属法院一向采取之见解,但强调,侵权行为责任之基础在于过失存在,乃根深蒂固之传统。违反交通法规,并非排除过失责任原则的适用。在行为人驾车驶入对向车道肇事事件,违反法律本身即为过失。但若行为人面临紧急情况,而一般理性谨慎之人面临相同情况,亦会将汽车驶入对向车道时,行为人即无过失可言。

本案法院强调,所谓紧急情况,仅为行为人可能将汽车驶入对向车道的合理情况之一。若行为人业已合理面对事实情况,单纯违反法律,不应认为被告应负过失责任。因而本案法院明确采取"过失推定"之原则(presumption of negligence),亦即在违反交通法规时,被告若无法证明,其行为与一般理性谨慎之人在相同情况下所为者相同,即应认定被告具有过失。换言之,在违反交通法规时,被告具有举证其行为合理性之义务,否则即应认定具有过失[54]。

自本案判决可知,违反法律本身,固可推定行为人具有过失,但若行为人对于违反法律,已尽一般理性谨慎之人,在相同情况下所应为之注意义务者,不应认定过失成立。

三、"最高法院"判决

台湾地区法院类似案例为1980年台上字第2927号民事判决。该案原告主张被告之曳引车违反货柜作业场地行车规定,反其方向并靠右行驶,疏未注意,撞伤原告。法院判决,本案被害人受伤,系因"适逢天雨视线不清,(被害人)于行至货柜尽头之际,疏未停车察看左右有无来车,竟贸然穿越中央控制塔信道,当发现右方被上诉人(即被告)车时,已闪避不及,骑脚踏车撞上被上诉人车左后轮,人车倒地所致,为其自己之过失。斯时,被上诉人车经过该处,与堆置二十三号码头之货柜,有保持1米之间隔,行车速度并甚缓

---

[54] See George C. Christie, Cases and Materials on the Law of Torts (3rd ed.), 168—171 (St. Paul, Minn.: West Publishing Co., 1997).

慢,不能谓有过失。"

本案"最高法院"虽认定被告违反货柜作业场地行车规定,反其方向并靠右行驶,但因被告车经过该处,有保持1米之间隔,行车速度并甚缓慢,不能认定具有过失。显然认为行为人对于违反法律本身固然具有过失,但被告得举证对于损害之发生,已尽适当之注意义务而无过失,无须负担赔偿责任。

对于法律之违反,具有故意过失,但对于权益之侵害,已尽一般理性谨慎之人所应为之注意义务者,仍不成立过失责任,为美国法一再强调之立场。例如,在著名之 Brown v. Shyne 一案[55],被告无医师执照,违反大众健康法,为原告诊断并为脊椎指压治疗。经9次治疗后,原告陷于瘫痪。原告主张被告违反法律规定,足以证明其行为具有过失。

本案法院固然认为,该法禁止无执照者不得执行医疗行为,系以事前训练与考试,确保执业者具有适当知识,足以膺任其职。立法目的在于保护大众,避免技术欠佳或学识不精之执业者,造成人身伤害。惟被告法规之违反需与原告受害具有因果关系,原告始得基于被告违反法律之事实,请求赔偿。

本案法院强调,获取执业执照并未提高执业者之技术能力,且在执业者因未尽注意义务而使人身受害时,获取执照亦未能免除被告责任。法律所企图保护者,为技术不佳或未尽注意义务而引发损害之危险。除非原告之损害乃因被告技术欠缺或未尽注意义务而引起,否则被告未获取执照,实与损害之发生无关。本案被告提供诊断与指压治疗,必须符合合法执业者所应具有的职业技术水准与注意标准。仅被告未符合上述标准,始应负责。

依本案法院见解,大众健康法之规定固可避免不适任之人执行医疗业务。未领执照而技术纯熟与学识丰富之人固然对国家构成侵害,但未取得执照之过失对病人并未构成伤害。原告基于被告违反法律规定请求赔偿,需证明被告之治疗未尽合法执业人员

---

[55] Court of Appeals of New York, 242 N.Y. 176, 151 N.E. 197 (1926).

应尽之注意义务与应有之技术,且该技术与注意之欠缺与损害之间具有因果关系。

有人主张,纵使违反法律本身不构成过失,至少足证损害系由医疗技术与注意义务之欠缺而引起。本案法院对此说法表示,上述说法成立的前提是:被告未取得执照,将导致其欠缺一般诊断与治疗所需之技术与学识,且导致其欠缺对于特定被害人从事治疗所需之技术与学识。被告所受之训练、学识、技术与本案之治疗方法,固可作为判断被告是否已尽注意义务之依据。但欠缺执照并不能强化上述判断的基础。原告请求之基础既然在于过失责任或医疗过失,则仅在违反法律与过失之间具有逻辑上关连时,违反法律始得作为过失判断之依据[56]。

在台湾地区实务,关于无照驾驶交通事件,"最高法院"首先认为"无驾驶执照不得驾车"系属保护他人之法律。1996年台上字第2140号判决谓:"按驾驶人未领有驾驶执照者禁止其驾驶,道路交通安全管理处罚条例第21条第1项第1款定有明文,无照驾驶因而致人受伤或死亡者,依法应负刑事责任,并有加重其刑责之规定,故驾驶执照不仅是交通监理单位对驾驶人之必要行政管理,且系驾驶技术合格之检证,汽车驾驶人驾驶技术经检验合格取得驾驶执照,始准驾驶机动车辆等规定,不得谓非保护他人之法律,违反保护他人之法律即应推定有过失。本件被上诉人无照驾驶,对本件肇事自有过失。"

其次,"最高法院"曾于许多案件,直接认定无照驾驶之违反法律本身,即具有过失。例如1996年台上字第749号民事判决谓:"查黄瑞杰肇事时年仅16岁,依法不得考领驾驶执照,为无驾驶执照之人,为其所不争执,竟违反保护他人之法律即前揭道路交通安全规则"无驾驶执照不得驾车"之规定,驾车撞倒黄水龙之人车,揆

---

[56] Christie, *supra* note 54, at 158—160; Wade et al, *supra* note 15, at 217—218; Epstein, *supra* note 16, at 262—265.

诸首揭说明，其有过失，即甚灼然。"[57] 显系认为，无驾驶执照本身即构成过失[58]。揆诸上开美国法院关于未取得医师执照进行医疗行为，未必即构成过失之论证，未取得驾驶执照本身，至多推定行为人具有过失，行为人若能证明其驾驶技术符合合法驾驶人之驾车技术，且已尽一般理性谨慎之人应有之注意义务，仍得主张免责。从而直接认定未取得执照本身构成过失，尚非妥适。1994年台上字第2944号民事判决谓："被上诉人无照驾驶机车，未谙道路交通安全规则，致违规肇事，能否谓被上诉人无照驾驶部分，仅违犯行政责任，与本案车祸之发生无因果关系，即有斟酌之余地。"虽系对于违反法律与事件发生因果关系之讨论，但其所谓被上诉人"未谙道路交通安全规则，致违规肇事"，实即说明无照驾驶导致损害发生之真正原因在于"未谙道路交通安全规则"，而非无照驾驶本身。

综合"最高法院"关于汽车逆向行驶及无照驾驶之交通事件案例可知，"最高法院"对于逆向行驶之案件，认为虽违反法律，但行为人得举证其对于损害发生，已尽适当之注意义务，而免除过失责任。对于无照驾驶案件，"最高法院"通常认为违反法律本身，即构成过失，尚无行为人举证其虽然违反法律，但对于损害事件之发生，已尽适当注意义务，而免除责任之案例。"最高法院"判决被告违反法律，却无庸负损害赔偿责任者，系以违反法律与损害发生不具因果关系为论证理由。换言之，在台湾地区实务上，违反保护他人之法律，对于违反法律之推定过失，尚无举证免责之例；对于权益侵害之事实，在逆向行驶之案件，法院认为可以举证免责。但在无照驾驶案件，则尚无类似案例。简言之，台湾地区违反保护他人法律之规定，致侵害他人者，几乎为无过失责任，而非仅为过失推定而已。

---

[57] 类似见解，参见1997年台上字第3393号判决、1998年台上1887号判决、1991年台上219号判决。
[58] 本案法院进一步认定，黄瑞杰驾驶机车行经肇事处之无号志交叉路口时，并未减速慢行，系违反道路交通安全规则之另一条规定。

再者,因果关系之判定与行为人是否具有过失,在理论上应严予区分。在行为人违反保护他人之法律时,既仅推定具有过失,行为人当得主张其违反法律本身,并无过失;或虽违反法律本身具有故意过失,但对于权益侵害之事实,已善尽注意义务,而无过失,以免除责任。果行为人已能举证推翻过失之成立,即无进一步探讨违反法律与损害发生之间是否具有因果关系之必要。

肆、过失推定之排除

如上所述,违反保护他人之法律,侵害他人之权益,构成侵权行为责任者,依据《民法》规定,其推定之过失,应包含"法律之违反"本身之过失,及权益侵害事实之过失。反面言之,加害人得举证对于"法律之违反"或权益侵害已尽适当注意义务,推翻法律关于过失之推定,而免除赔偿责任。加害人欲举证对于权益侵害事实,并无过失而免责,与一般推定过失侵权责任之举证免责并无不同,加害人只需证明对于损害之发生,已尽一般理性谨慎之人所应为之注意义务即可。有疑问者系对于"法律之违反"本身,如何举证免责?

一、美国法

关于违反法律或行政法规,何时不应成立过失,美国侵权行为法整编第二版第288A段之规定可供参考:(1)因行为人丧失行为能力,致其违法为合理;(2)行为人不知,亦非可得而知需遵守法律之事实情境;(3)行为人经合理之勤勉与注意,仍无法遵守法律;(4)行为人面临非其不当行为引起的紧急状况;(5)遵守法律将为行为人自己或他人造成更大损害之危险。兹分述如下:

1. 因行为人丧失行为能力,致其违法为合理。

2. 行为人不知,亦非可得而知需遵守法律之事实情境。例如,法律规定,夜间行车需点亮前后灯。当行为人夜间行车途中,后车灯灯泡突然故障。行为人业已尽其合理谨慎之检查义务,而不知其灯泡故障。且在行为人得合理发现该灯泡故障前,由于夜间行车未燃灯,而使原告汽车自后追撞该车,原告因而受伤。在此情形,原告尚非得以被告违反法律为理由,请求被告赔偿损害[59]。

3. 行为人经合理之勤勉与注意,仍无法遵守法律。在美国Freud v. Debuse 一案[60],被告驾驶小货车与原告汽车相撞,原告因而受伤。原告主张被告违反驾驶人应保持其煞车器可有效使用之法律规定。经查被告于肇事前8个月购买该小货车,且该事件发生前,其煞车器未曾发生问题,被告并于事件发生前3周,对于该煞车器需踩满,始发生煞车效果之不佳状况,进行调整。

本案法院认为,被告对于汽车煞车器之维护,已符合理性谨慎之人所应为之注意。其理由为:在煞车器事前并无发生瑕疵的警示时,具有理性的驾驶人并无拆解汽车车轮,进行瑕疵检查之义务[61]。

4. 行为人面临非其不当行为引起的紧急状况。在 Walker v. Missouri Pacific Railway 一案[62],法令规定,火车不得阻挡道路交通逾10分钟,且经过主要街道时,不得暂停。本案被告火车因煞车设备故障,停留于主要街道超过10分钟,从事修理工作。原告主张,该火车停留使救火队迟延3、4分钟到达火警现场,无法及时灭火,致其房屋烧毁,因而请求火车公司损害赔偿。

下级法院认为,火车阻挡街道交通,系属违反法令之行为,无论该火车之暂停,系属合理与否,系出于故意或意外事件,均无不同,因而判决原告胜诉。上诉后,法院驳回下级法院之见解,认为本案之法令规定应解读为,火车为避免意外事件发生时,得暂停于

---

[59] Cited in Gore v. People's Savings Bank (235 Conn. 360, 665 A.2d 1341, 1995). See Robert Keeton, Lewis Sargentich, & Gregory Keating, Tort and Accident Law, 232 (ST. Paul, Minn, West Publishing Co., 1998).

[60] 264 Or. 447, 506 P.2d 491 (1973).

[61] See Mark Grady, Torts, 458—459 (ST. Paul, Minn, West Publishing Co., 1994).

[62] 95 Kan. 702, 149 P. 677 (1915).

任何地方。至于火车有无停车以避免意外事件发生之需要,则由陪审团认定之[63]。

本案被告火车之煞车器故障,是否为被告行为所引起,固应由陪审团认定之。但可得确定者为,紧急状况,足使被告有理由于违反法律规定时,主张免负侵权赔偿责任。

5. 遵守法律将为行为人自己或他人造成更大损害之危险。在美国 Tedla v. Ellman 一案[64],原告于周日黄昏时,推幼儿车沿着马路右侧行走,被告驾车不慎,撞伤原告。原告请求损害赔偿时,被告主张原告违反"行人行走于马路上,应靠马路左侧行走"之法律规定,对于损害发生有过失,被告无庸负责。经查,周日黄昏时,左侧车道交通繁忙,而右侧车道则车辆稀少。一般谨慎小心之行人,皆选择危险较低的右侧道路行走。

本案法院认为,系争法律规定行人与车辆应遵守之道路规则,使道路使用者得知在通常情况下,他人应为如何之行为。道路规则为一般行为规范,在通常条件下,足以达成其企图实现之目的。但在异常情况时,严格遵守法律,反而足使规范目的无法达成,且造成严重之结果。

所谓过失,系未遵守法律规定之注意义务。在法令规定特定注意义务时,行为人固应遵守该义务。但一般行为规范并未特定注意义务之标准。当法律规定之行为规范在衡量权利与义务之冲突后,其规定目的在于企图促进公共便利与安全时,法院应得依据一般法律原则,对其加以限制与做成例外。从而当遵守法令可能引发意外事件时,不应认为该法令所规定者为固定不移之标准而予以遵守。

就本案而言,法规要求行人靠道路左侧行走,在于行人得以面对前方来车,以注意自身安全,避免车辆自后方驶近行人,造成危险。该法规之目的在于保护行人之人身安全。因而当行人遵守该

---

[63] Keeton, *supra* note 59, at 223—224.
[64] Court of Appeals of New York, 280 N.Y. 124, 19 N.E.2d 987 (1939).

法律,将导致其面临更为急迫之危险时,实不应令其遵守该法规。换言之,在紧急状况或类似状况存在时,行为人未依法令规定行事,应认为具有正当性。不遵守法律规定,适足以避免法令规定所欲避免之意外事件时,其不遵守,不应认为违法。从而本案原告之违法,不构成有过失,被告应负赔偿责任[65]。

本案法院揭示一项原则系:当守法造成危险,未遵守法令反而符合法规之立法目的时,其不遵守法令,不应认为行为人之行为成立过失责任。

二、"最高法院"判决

在台湾,所值讨论者为 2000 年台上字第 2092 号民事判决(以下简称"高血压车祸事件")。该案原告主张被告患有高血压症,随时有发生病变之可能,却驾驶车辆,因高血压病变出血,所驾驶车辆失控,冲向东海九楼骑楼,撞倒原告等人。且由于该车疏于定期检查,旋即起火燃烧,致原告多处烧伤,因而请求损害赔偿。被告则辩称,伊因高血压症自发性脑出血至神志不清,无法掌控车辆,显系无意识之动作,伊并无过失,不负损害赔偿责任。

原审法院判决:"汽车驾驶人有患病影响安全驾驶者,不得驾车。领以牌照之汽车,其出厂年份 6 年以上者,每年至少检验 2 次,为保护他人之法律。患有高血压症状之患者,随时有发生脑血管病变之可能,由于行车途中,常因车速、路况之变化而影响身体之状况,对于行车之安全不能谓无影响,以上诉人(被告)任中华日报社之要职,及其教育知识之程度,应有所认识,竟于 1997 年 3 月 28 日下午 6 时 30 分许驾驶其所有已逾出厂 8 年之小客车,因其高血压症状发生脑血管病变自发性脑出血,而在右揭地肇事,其有违反保护他人之法律之过失行为至明,上诉人以其自发性脑出血为不可预防之病症,抗辩其无过失,自无可采。"

"最高法院"对于原审有关被告罹患高血压症,仍驾驶汽车肇

---

[65] See Keeton, *supra* note 59, at 220—223; Grady, *supra* note, at 454—457.

事,属违反保护他人之法律,应认定具有过失之判决,并未表示驳回意见。仅就肇事汽车未依法律规定定期检查,表示:"领有牌照之自用小客车,其出厂年份,6年以上者,每年至少检验2次,违反者应予处罚,固属保护他人之法律。惟本件上诉人所驾驶之小客车,有无违反上开法律规定?如有,其违反规定与本案车祸之发生有无关系?原审均未调查审酌,遽以上诉人驾驶其所有已逾出厂年份8年之小客车发生本案车祸,即认上诉人系违反保护他人之法律,推定其有过失,未免速断。"

查"最高法院"在1994年台上字第2342号交通事件民事判决中[66],曾谓:"上开车祸之发生,系因林圣翔驾车行经行人穿越道,未暂停让行人林胡玉英先行通过,为肇事原因。……足征该损害发生之结果,并非由于林圣祥所驾上开小货车之机件因素所致。则该小货车未依规定参加定期检验,既非造成本案车祸之原因,是被上诉人未为定期检查该小货车与林圣祥之肇事及被害人林胡玉英之死亡间,即无相当因果关系存在,被上诉人自不负共同侵权行为责任。"本案经提起再审之诉后,"最高法院"1995年台再字第9号判决强调:行为人就其行为须有故意或过失,以及该行为与损害间须有相当因果关系,系属不同概念,不能以加害人就其行为有故意或过失,即谓该行为与损害间有相当因果关系。从而纵使被告未依规定定期检验汽车,推定有过失,亦未可即谓过失行为与被害人之死亡间有相当因果关系。

"最高法院"一再强调行为人对于违反保护他人之法律,纵使具有过失,但若该法律之违反,与损害发生,不具因果关系时,行为人仍无庸负责。对于过失之成立与因果关系之构成,严予区分,应

---

[66] 该案事实为,被告为林圣翔之兄,明知该车未依规定检验,而交由林圣翔驾驶,林圣翔林驾车不慎撞死原告之母。原告请求被告应与林圣祥连带负赔偿责任。

值赞同[67]。在高血压车祸案件,"最高法院"亦以"未为车辆定期检查与损害发生是否具有关系",质疑原审判决。换言之,就"最高法院"之立场,在被告因故意或过失违反法律,致侵害他人权益时,被告得举证法律之违反与损害发生之间,无因果关系而免责。

所可讨论者系,被告可否举证其违反法律无过失而免责?如何举证?在高血压车祸案件,被告虽辩称,伊因高血压症自发性脑出血致神志不清,无法掌控车辆,显系无意识之动作,并无过失。但原审法院则以被告任中华日报社之要职,及其教育知识之程度,对于患有高血压可能发生行车肇事之危险,应有认识,而认定被告违反法律具有过失。反面言之,若本案被告能举证其对于高血压可能发生脑血管病变,并因而引发肇事之危险已尽一般理性谨慎之人所应为之注意义务,而无过失者,则得推翻《民法》第 184 条第 2 项关于过失之推定。就此而言,台湾地区法院并不排除被告就法律之违反,举证免责之可能。

本案争执者为,罹患高血压,驾驶汽车,是否具有过失?在美国 Breunig v. American Family Insurance Co. 一案[68],原告汽车为加害人汽车撞击,原告受伤,起诉请求被告保险公司赔偿其损害。被告主张加害人在汽车互撞前,突然无预警地精神妄想病症发作,无法有意识地驾车,因而撞击原告汽车,系属无过失。

本案加害人女士患有精神幻想症,相信上帝即将在世界末日派遣她拯救世界。在行车期间,发现前车车后有一道白光,加害人认为上帝将助其飞翔,并操控其车。在起飞的念头发生时,加害人撞击原告汽车。

本案法院认为,对于行为人无法避免之行为,且事件发生前,行为人无法知悉其无法避免该行为,不应令行为人对该行为负责。

---

[67] 就"最高法院"1994 年台上字第 2342 号民事判决关于因果关系之讨论,参见陈聪富:《论侵权行为法上之因果关系》,载《台大法学论丛》第十期,第 195—196、253、305 页(2000 年)。

[68] Supreme Court of Wisconsin, 45 Wis. 2d 536, 173 N. W. 2d 619, 49 A. L. R. 3d 179 (1970).

"突然的心神丧失,其效果有如生理上的心脏病突发、癫痫症病发、中风或昏迷",所应考虑者为,行为人是否在事件发生前,有警示或知识,可以合理知悉,其会发生精神错乱,而影响汽车之驾驶。其情形有如行为人知悉其心脏可能发生心脏病突发一般,对于其病情以及病发之可能性是否知悉,为判断之重点[69]。本案因加害人事前已知悉患有精神妄想症,因而对其造成之损害,纵于事件发生时陷于无意识,仍应负赔偿责任。

在 Goldman v. New York Railways 一案[70],加害人驾驶电车途中,感觉数次昏眩。其后因昏眩再度发作,眼前突然变黑而昏迷,汽车失控,撞击另一辆汽车,导致该车乘客(原告)受伤。经查,在事件发生时,加害人陷入短暂昏迷,无法有意识驾车。

本案法院判决:电车驾驶人在陷入无意识状态后,当然无法善尽注意义务。但在本案,驾驶人具有昏眩发作之警示,且该昏眩事后导致其陷入无意识状态。此时,驾驶人继续驾驶汽车,是否已尽合理之注意义务,应由陪审团加以判断[71]。

综合上述二则美国法院关于汽车行驶中,陷入无意识状态,以至于无法控制汽车而发生肇事事件,行为人于事件发生前,对于可能陷入无意识之病症,并导致意外事件发生,是否知悉或具有警示情况,为判断行为人对于损害发生,是否已善尽注意义务的重要判断标准。在 Breunig 一案,加害人事前知悉其具有精神幻想症,认为上帝将操控其汽车之驾驶。在 Goldman 一案,加害人于肇事前,已数度产生昏眩发作,未停止驾驶,最后陷入短暂昏迷而肇事。二案之加害人应可认为"事前知悉其病情或事前获得警示"意外事件可能发生。

在台湾地区之"高血压车祸事件",高等法院以"患有高血压症

---

[69] Epstein, *supra* note 16, at 182—185. 关于精神错乱发作之案例,另参见 Jolley v. Powell, 299 So. 2d 647（Fla. App. , 2d Dist. , 1974）, certiorari denied, 309 So. 2d 7（Fla. 1975）. Keeton, *supra* note 59, at 193。

[70] 185 A. D. 739, 173 N. Y. S. 737 (1919).

[71] Grady, *supra* note 61, at 409.

状之患者,随时有发生脑血管病变之可能,由于行车途中,常因车速、路况之变化而影响身体之状况,对于行车之安全不能谓无影响,以上诉人(被告)任中华日报社之要职,及其教育知识之程度,应有所认识"作为认定被告对于违反法律具有过失之依据,其论证重点亦在于被告基于其知识程度,对于患有高血压症状,会影响行车安全,有所认识。与上述美国法院强调的事前知悉或获得警示事件可能发生,甚为类似。惟单纯以"任中华日报社之要职,及其教育知识之程度",是否即可推知被告已事前知悉或获得警示可能发生汽车肇事事件,则颇有疑问。实者,法院应可就被告罹患高血压之病史、被告对于高血压可能发生脑血管病变之认识,尤其事件发生前,被告有无因高血压致影响汽车驾驶之经验等,进一步予以检讨,始足以论断被告违反法律之过失。

"最高法院"仅于前述"高血压车祸事件"曾讨论违反法律之过失,可得举证推翻法律规定之推定过失责任(但该案被告被认定为无法推翻过失推定)。在其他认为不适用民法第184条第2项之案件(如附件所示),除系争法令本身非属保护他人之法律外[72],或因当事人或系争客体不适用系争法令规定[73],或因相当因果关系不存在[74],或因被告未违反系争之法令规定[75],尚无被告举证推翻过失推定成功者。换言之,在法院认定行为人违反法律规定,推定过失者,在实务运作上,行为人几乎不可能举证其虽违反法

---

[72] 例如,1997年台上字第3076号、1993年台上字第73号、1997年台上字第1623号、1993年台上字第1530号、1995年台上字第1229号、1993年台上字第357号、1995年台上字第1142号、1997年台上字第2131号。关于何谓保护他人之法律,见本文上述二。

[73] 例如,1999年台上字第1862号、1989年台上字第2060号、2001年台上字第837号。

[74] 例如,1980年台上字第2927号、1994年台上2342号、1995年台再字第9号。关于本三则判决之评析,参见本文前述三(三)、四(二)。

[75] 例如,1998年台上字第1730号、1980年台上4053号、1996年台上字第923号、1999年台上字第1862号、1993年台上字第29号、1996年台上字第2245号。

律,但无过失而免责。从而,在台湾,违反保护他人之法律,实际上并非推定过失,而是本身即视为成立过失,或类似于无过失责任。

伍、结 论

违反保护他人之法律,致侵害他人权利者,构成独立类型之侵权行为。因其保护之范围不仅权利,亦包括一般法益,在保护范围上较《民法》第184条第1项前段之规定广泛。且其过失推定之规定,不仅将举证责任转由加害人负担,有利于被害人主张权利,且在实务运作上,推定过失经常类似于无过失责任,因而更有利于被害人请求损害赔偿,如何妥适适用《民法》第184条第2项之规定,甚关紧要。依据本文分析,可得结论如下:

1. 所谓"保护他人之法律"系指该法律对行为人课以特定之行为义务,且该法规以保护特定群体之个人权益为目的。"最高法院"基本上同此见解,尚无不当扩大《民法》第184条第2项规定之适用范围。

2. 本条推定之过失概念,兼指法律违反之过失与权益侵害之过失二者。加害人无论举证对于法律之违反无过失,或对于权益之侵害已尽适当之注意义务,均得推翻法律关于过失推定之规定。惟在我"最高法院"之判决,对于违反法律之推定过失,尚无举证免责成功之例。关于权益侵害之事实,仅在1980年间曾就曳引车认为可以举证行为人无过失而免责,其后即无类似案例。足见在台湾,违反保护他人法律致推定过失者,几乎为无过失责任,举证免责,甚为困难。

附录　有关§184Ⅱ之"最高法院"判决整理

有关§184Ⅱ之"最高法院"判决，兹整理附表如下*：

一、适用§184Ⅱ"违反保护他人法律"（总件数：28）

编号	案件类型	法规	判决字号	法院理由	件数
1	道路交通	道路交通安全规则	77-1015	本规则§122①及§128分别规定脚踏车载物宽度不得超过车把手、慢车（包括脚踏车）在夜间行车应燃亮灯火，**其旨在保障公众之安全。**倘P违反之，难谓未违反§184Ⅱ。	6
			89-2512	本规则§94Ⅲ规定"汽车行驶时，驾驶人应注意车前状况与两车并行之间隔，并随时采取必要之安全措施"，**旨在保护公众之安全**，如有违反，难谓未违反§184Ⅱ。	
			96-749	D肇事时年仅16岁，依法不得考领驾照，为无照驾驶之人，**竟违反保护他人之法律**即前揭道路交通安全规则"无驾驶执照不得驾车"之规定，驾车撞倒P之人车，揆诸首揭说明，其有过失。	

---

* P：表原告。
　D：表被告。
　法院理由中"二审"：表三审判决中虽未论述，但从其内容可资其赞同二审见解。
　§1：表条文第一条。
　§1Ⅰ：表条文第一条第一项。
　§1Ⅱ：表条文第一条第一项第一款。

第二章　论违反保护他人法律之侵权行为　　91

（续表）

编　号	案件类型	法　规	判决字号	法院理由	件数
1	道路交通	道路交通安全规则	97-3529	二审：本规则§89前座人员应系安全带，如系安全带，其身体伤害程度较未系安全带者为轻，**此为大众周知之常识**。未依此规定系安全带，即是违反保护他人法律，应推定有过失。	
			00-2092	本规则§44I规定领有牌照之自用小客车，出厂6年以上者，每年至少检查2次，固属保护他人法律。	
			00-219	本规则§103规定："汽车行近行人穿越道前，应减速慢行。遇有行人穿越时，无论有无交通警察指挥或号志指示，均应暂停让行人先行通过"，**旨在保障公众之安全**，汽车驾驶人如有违反，即难谓未违反保护他人之法律。	
		道路交通管理处罚条例	78-2111	D明知Y无驾照，仍将该车交其驾驶，**显违反本条例§21I？B §28，亦即违反§184Ⅱ**。	10
			91-219	二审：D无照驾车，违反本条例§21I，**即系违反§184Ⅱ**。	
			94-2944	未领驾照而驾驶机车，系违反本条例§21I①，**即系违反保护他人之法律**，依民法§184Ⅱ应推定有过失。原审既认D变换车道，未注意安全距离并让直行车先行，以致擦撞，为有过失。则D无照驾车，未谙道路交通安全规则，致违规肇事，能否谓D无照驾车部分，仅是违反行政责任，与本件车祸并无因果关系，则有斟酌之余地。此攸关D过失责任比例之认定。	
			95-1532	**违反本条例§21I①B §28，亦即违反§184Ⅱ**。	

（续表）

编号	案件类型	法规	判决字号	法院理由	件数
1	道路交通	道路交通管理处罚条例	96-2140	二审：依本条例§21I①未领取驾照者禁止其驾驶，无照驾驶因而致人受伤或死亡者，依法负刑事责任，并有加重其刑之规定，故驾驶执照不仅是交通监理单位对驾驶人必要之行政管理，且是驾驶技术合格之检验，汽车驾驶人合格取得驾照后，始准驾驶汽车等规定，不得谓非保护他人之法律，违反者即应推定有过失。P无照驾驶，对本件肇事自与有过失。	
			97-3393	D无照驾车，违反本条例§21I，亦即系违反§184Ⅱ。	
			98-1239	倘D1明知加害人之驾照被吊扣，系因驾车技术不良及不懂交通规则所致，则属违反本规则§21,28保护他人法律规定，应推定其有过失。	
			98-1887	D无照驾车，显违反条例§21I，亦即系违反§184Ⅱ，应推定有过失。	
			00-2092	按本条例§17I，有牌照之自用小客车，出厂6年以上者，每年至少检查2次，违反者应与处罚，固属保护他人之法律。	
			00-490	如D之行为违反本条例§21I①，31Ⅲ之规定，即未领有驾照与机器脚踏车驾驶人未戴安全帽等违反保护他人之法律，应推定有过失。	
2	劳工安全	起重升降机具安全规则	92-117	二审：此规则系依劳工安全卫生法而订定，违反此规则，即是违反保护他人之法律，应推定有过失。	1
		劳工安全卫生设施规则	96-1194	依本规则雇主对射出成型机有危害劳工安全之虞者，应设置安全门、手操作式起动装置或其他安全装置，如雇主未依规定设置安全设施，已违反保护他人之法律。	1

第二章　论违反保护他人法律之侵权行为　93

（续表）

编号	案件类型	法　规	判决字号	法院理由	件数
2	劳工安全	劳工保险条例	96-3111	二审:**本条例在保障劳工生活,其为保护他人之法律,殆无疑义。**违反上开规定,未于P加入公会时立即为其办理劳工保险,致其退职时所领取金额短少。	1
		劳工安全卫生法、防护标准	98-1494	二审:D未依此有关保护劳工安全之规定设置安全设备,自属**违反保护他人之法律。**	4
			98-241	按雇主对防止原料、材料、气体、蒸气、粉尘、溶剂、化学物品、含毒物质等引起之危害应有符合标准之必要安全措施,劳工安全卫生法§5定有明文。**凡违反此规定者,即属违反保护他人之法律,依民法§184Ⅱ推定有过失。**本案D未依规定提供防止化学物品引起之危害必要安全设备,致于此环境下工作,造成职业病,而不法侵害P之身体,P自得依侵权行为规定请求D赔偿损害。	
			98-457	二审:劳工安全卫生法**系为防止职业灾害,保障劳工安全与健康而定**,同法§1定有明文。**违反本法规定,即违反保护他人之法律,应推定有过失。**	
			01-1014	D未提供符合标准之设备,以保护劳工安全,违反劳工安全卫生法§6之规定,**该规定又属于保护他人之法律,依民法§184Ⅱ应推定D有过失。**	
3	建筑	民法§794	83-3823	**民法§794即是§184Ⅱ所称之保护他人之法律**,D因在其所有土地兴建房屋致邻近P所有之大厦受有损害,即应推定有过失。	2
			99-2549		
		建筑法	97-2151	按违反保护他人法律,推定其有过失,民法§184Ⅱ有明文。未依建筑法令申领建筑执照,即加盖违建致P房屋受有损害,D之行为纵无故意,亦有过失。	2

(续表)

编号	案件类型	法规	判决字号	法院理由	件数
3	建筑	民法§794	99-2549	依建筑法§69规定,将防护措施之设计图与说明书,在申请建造时送审,经审核通过取得建照,然其施工中仍负有应防止周围地盘沉陷之义务,无一经取得建照后,即可不再为必要防护措施。民法§794……上开规定属于§184Ⅱ所谓之保护他人之法律,如有违反者,一推定其有过失。	2
4	证券	票据法施行细则	96-1763	D显然已知P系申报权利人,而**未依该细则§5Ⅴ规定办理**,执意由发票人领取该留存款,**即属违反保护他人之法律**,应认有过失。	1
5	教育	幼儿教育法	01-1734	本法§18规定,幼儿园儿童上下学应实施导护,确保交通安全。此规定虽未明文于托儿所设置办法,然托儿所收托之儿童年龄,较之幼儿园为小,受托儿童自我保护能力较低,其上下学更需要实施导护,以维护儿行的安全。本件事故发生时正值放学之际,D竟未有守卫门房管制出入,亦未实施导护确保幼童出入安全,**显然已违反保护儿童安全之法律**,因而致P发生车祸,亦应负过失责任。	1

二、不适用§184Ⅱ"违反保护他人法律"(总件数:26)

编号	案件类型	法规	判决字号	法院理由	件数
1	道路交通	货柜作业场地行车规定	80-2927	P因自己过失而撞上D行进中之货车,与Y违反本规定而逆向行驶之行为,并无因果关系。	1
		个人经营小客车客运业、小货车运输业管理办法	88-1582	本办法§7规定个人经营小客车客运业不得将车辆交与他人驾驶营业,**系行政机关对客运业或运输业之管理措施**,非可谓保护他人之法律。	1

第二章 论违反保护他人法律之侵权行为

（续表）

编号	案件类型	法规	判决字号	法院理由	件数
1	道路交通	道路交通安全规则、道路交通管理处罚条例	94-2342	本件损害系因行为人疏未注意车前状况及减速慢行，并非出于行为人所驾之货车之机件因素所致。D纵未依规定定期检验该车，**既与该损害无因果关系**，D自不负共同侵权行为责任。	2
			95再9	D纵未依规定定期检验该车，**既与该损害无因果关系**，D自不负共同侵权行为责任。	
2	劳工安全	劳工安全卫生法	96-2322	依本法§17"事业单位以其事业之全部或一部交付承揽时，应于事前告知该承揽人有关其事业工作环境、危险因素暨本法及有关安全卫生规定应采取之措施""承揽人就其承揽之全部或一部交付再承揽时，承揽人亦应依前项规定告知再承揽人"，本件为事业单位、D为承揽人、T为再承揽人、K为次承揽人。准此，D并未直接转包于K，能否课应负本法对K之告知义务，而谓其违反保护他人之法律，即有进一步说明之必要。	4
			96-916	本法§16中段"原事业单位就职业灾害补偿应与承揽人负连带赔偿责任"，**核系关于赔偿规定，并非行为责任规范**，P据以主张D有违反保护他人之法律，亦无可取。	
			99-1862	§184Ⅱ所保护之客体，需权益所遭受之侵害为保护他人之法律所欲防止者，换言之，违反保护他人法律而构成侵权行为赔偿义务，必须具备两个要素：① 害人需属于法律所欲保护之人之范围；② 请求赔偿之损害，其发生需系法律所欲防止者。劳工安全卫生法§1得知其立法目的为防止职业灾害、保障劳工安全与健康，但本案D所从经营之事业并非同法§4所规范之适用对象。是之，P非属本法所欲保护之人之范围内。	

(续表)

编号	案件类型	法　　规	判决字号	法院理由	件　数
2	劳工安全	劳工安全卫生法	00-2338	依本法§17I之规定,事业单位仅负告知义务,并无采取必要安全卫生措施之义务,因而被告未违反§184Ⅱ之规定	.
		劳工保险条例	98-1730	D因免办营业登记规定,而无从依本条例施行细则§16⑤提出营利事业登记或营业登记证,为P申请投保劳工保险。又依据劳工保险局函示,基于保障劳工权益,凡合于细则规定者,保险局均准予投保。是故,**D依规定无从为P投保**,既无违反有关规定,难指其违反保护他人之法律。	1
3	建筑	台湾省畸零地使用规则	80-4053	D经主管机关核准后,于其所有之土地上建筑,纵令P之畸零地无从与其合并使用,D亦无违反§184Ⅱ。	2
			96-923	D1依本规则,向D2(国有财产局)提出购买系争土地以合并使用之申请,并经核准(D2依法有裁量权)。纵D1出示之畸零地合并使用证明书后经注销,亦因除斥期间经过,D2无从撤销出售之意思。且P自始未向D2提出购买申请。D等间之买卖,实无违反法律。	
		建筑法	97-3076	§184Ⅱ系只一般防止妨害他人权益或禁止侵害他人权益之法律,D今违反建筑法§25未申领建照即擅自建造,**充其量仅是违反行政管理之规定**,尚难谓违反保护他人之法律。	1
		消防法	99-1862	D已依规定设置相关消防设备,自无违反保护他人之法律而推定过失之适用。	1
		民法§779	00-635	程序驳回	1
		民法§794	00-2090	D仅是将房屋委托K承揽兴建,又P之房屋是因K之行为而受有损害,D并无违反民法§794之客观事实存在,P据此主张应推定D之过失,显有误会。	1

(续表)

编号	案件类型	法规	判决字号	法院理由	件数
4	仓储	台湾省港区危险品装卸管理办法	89-2060	本办法既未公布危险品分类表,主管机关亦未依此办法核发危险品装卸许可证,故本案棉花装卸无须专门技术处理或派遣技术人员在场协同监视,棉花显非危险品。P主张D违反§184Ⅱ,不足采信。	1
		国际海运危险品准则	93-73	D主张:1973年国际海运危险品准则并非法规,亦不属于1960年海上人命安全国际公约之一部分,尚难谓其为公约或条约,并无拘束力。"交通部"为交通最高行政机关,不认为棉花为易燃危险品,台湾省交通处亦采同一见解,并未将棉花依易燃危险品规定予以管理,故D未依易燃危险品处理,并无违反§184Ⅱ。对此主张,原审法院未于判决理由项说明取舍意见,仅以**1973年国际海运危险品准则属条约性质**,D卸载棉花,**未依易燃物危险品处理**,即系违反保护他人之法律,而推定有过失,非无可议。	2
			97-1623	台湾地区虽加入1960年海上人命安全国际公约,然**本规则并非构成公约之附属法则之一**,P以D未遵守有关易燃品装卸之法规,为违反保护他人之法律,似有误解。	
5	担保	银行内部授信作业规则	92-3017	D之职员未依此规则办理之授信,**仅导致D不能十足受偿之危险**,亦与违反保护他人之法律有别。	1
6	所有权	民法§765	93-1530	**本条乃在明示所有权之重要作用及对所有权人权利之限制**,并非民法§184Ⅱ所称之保护他人之法律。	1
7	证券	证券交易法	93-29	D并无不法行为,自无可认定D违反保护他人之法律。	1
		票据挂失止付处理准则	95-1229	二审:此准则系为D之同业内规,并非保护他人之法律或委任立法。	1

(续表)

编号	案件类型	法规	判决字号	法院理由	件数
8	保全	民事诉讼法	93-357	二审:D是声请假扣押,**系依"民事诉讼法"所定**,并非违反保护他人之法律。	1
9	公有财产	公有财产法	95-1142	二审:如专以保护公益或社会秩序为目的法律,则非§184Ⅱ所指。公有财产法§1前段规定"公有财产之取得、保管、使用、收益及处分,依本法规定",及同法§42规定于第五章"收益"观之,**§42显然纯系基于管理、使用及收益公有财产考虑而设**,并非着眼人民财产权利之保护,自难该当§184Ⅱ	1
10	信用合作社管理办法	97-2131	此办法规定信用合作社对其社员,非依信用合作社法§14完成入社手续一个月,不得放款;同办法§5I社员以加入一社为限,同条第二项亦课信用合作社有查明义务,惟此规定仅是行政命令,并非法规定,且此规定系对信用合作社之拘束,旨在保护合法社员,并非保护非社员之放款。……难认有违反保护他人法律。	1
11	刑事诉讼	刑事诉讼法	96-2245	本法授予法官检查被告以外之人身体之权限,命法医检查P身体之时间又系行使其调查被诉强奸罪嫌职权之际,形式上自应认D所为符合法律规定,无从认其因调查犯罪必要所为职权行使,有违反保护他人之法律。……P之损害与D命其接受法医检查,并**无因果关系**。	1
12	水利	水利法	01-837	**系争整压站并非水利法§78所定之行水区**,D自无违反保护他人之法律。	1

三、部分三审法院之驳回判决,其二审曾有提及此议题者:(总件数:13)

编号	案件类型	法规	判决字号	法院理由	件数
1	建筑	公平交易法	97-2102	D 提供广告图,造成 P 之误认,又未经其同意,擅自变更设计,增加销售户数,使 P 于给付价今后不得不接受,系属公平交易法§24所称欺罔行为及显失公平,已构成§184Ⅱ。	2
			97-3760	公平交易法为维护交易秩序与消费者权益,确保公平竞争,对于破坏及扭曲市场竞争功能,亦在保护交易相对人(包括一般消费者)之选择自由与事业之公平竞争。以不实广告招徕,致 P 陷于错误而购买系争不实广告房屋,即难认其行为未违反保护消费者权益之法律(即公平交易法),应推定其有过失。	
		营造业管理规则	97-2478	D 违反"内政部"颁布的营造业管理规则,将其牌照借予共同被告 K,其违反保护他人法律。	1
		消防法	99-204	按消防法及"内政部"公布之各类场所消防安全设备标准等规定制订之目的,系为防止公共危险之发生,以避免他人生命财产遭受损害,自属保护他人之法律。D 未设置此等设备,即属违反保护他人之法律,应推定有过失。	1
2	保全	民事诉讼法	98-438	民事诉讼法并无规定声请假处分之债权人有撤销假处分之义务,其他法律亦无此项规定,……自不得谓 D 不作为(未撤销假处分)有不法侵害他人权利,或违反保护他人法律。	1
3	劳工安全	劳工安全卫生法	97-283	依劳工安全卫生法§5 所订定的化学物质危害预防标准,为保护劳工安全之法律,如雇主有违反此标准,即有该当§184Ⅱ。	4
			98-1629	依劳工安全卫生法§5 所订定的化学物质危害预防标准,为保护劳工安全之法律,如雇主有违反此标准,即有该当§184Ⅱ。	

100 侵权归责原则与损害赔偿

（续表）

编号	案件类型	法　规	判决字号	法院理由	件数
			98-1170	D未依劳工安全卫生设施规则§333③规定,于工厂内使用密封设备,以防止作业环境内空气达有害浓度,显违反此规则,亦违反劳工安全卫生法§1,D显然违反保护他人法律,应负§184赔偿责任。	
			01-432	本法§23I规定,"雇主对于劳工施以从事工作及预防灾变所必要之安全卫生教育、训练",此规定系以防止职业灾害,保障劳工安全及健康为目的,为保护他人之法律。如雇主有违反时,即该当§184Ⅱ。	
		劳工安全卫生设施规则	98-2273	本规则§102"雇主对于起重机具之作业,应规定一定之运转信号并指派人员指挥",……于作业现场,未设有专人在场指挥,致P之损害,显违反保护他人之法律,应推定有过失。	1
		劳动基准法	00-1301	PD间因无从属关系,并非属劳动基准法适用范围。D未依本法发放工资及遣散费、预告工资,并无违反保护他人法律。	1
3	道路交通	道路交通管理处罚条例、道路交通安全规则	98-1075	被害者二人均未戴安全帽,又为无照驾驶,违反此相关交通法规,显违反保护他人法律,对本件损害发生及扩大,为与有过失。	2
			00-2092	道路交通安全规则§114③汽车驾驶人有患病影响安全驾驶者,不得驾车。……本件D为罹有高血压症状之病患,随时有发生脑血管病变之可能,尤于行车途中,常因车速、路况之变化而影响身体状况,对于行车之安全不能谓无影响,又D任中华日报之要职,其教育程度应对此有所认识,仍驾车之,因高血压症状发生脑血管病变自发性脑出血,其有违反保护他人之法律之过失行为至明。	

四、其他

编　号	裁判字号	主要议题	内　容	件　数	总件数
1	81-375	与有过失	与有过失,与固有意义之过失,以违反法律上注意义务为要件者,尚属有间。	1	13
2	86台抗501	管辖	得由行为地之法院管辖。	1	
3	91-219	证据法则、诉外裁判		1	
4	96-1932	委任寄托		1	
5	98-1177 99-123 00-959	民法§189		3	
6	97-509 98-1540 00-1746	提单		3	
7	98-2540	劳工保险契约	依照劳工保险条例,以雇主为投保单位,规定劳工参加保险,系属强制规定,应解释为强行的契约法规之一种,劳工与投保单位间具有私法上委任关系,从而劳工由同条例§72对投保单位之损害赔偿债权,自不能谓非因投保单位不履行债务而生之损害赔偿请求权,依民法§125其消灭时效期间应为15年。	1	
8	00-1903	运送人之保管责任		1	
9	00-2577	劳动基准法	职业灾害法定补偿义务人:业主之认定。	1	

第三章　受雇人执行职务之行为
——1997 年台上字第 1497 号判决评析

壹、案例事实

原告 X1、X2、X3、X4 主张：渠等于被告 Y 证券公司开设账户，从事股票买卖。原告 X1 等人委托被告 Y 之助理营业员 A 于 1991 年 7 月间买进股票后，未曾卖出，但遭 A 利用职务上之行为盗卖渠等寄放于 A 处之股票，Y 并拓印其中一人之印鉴卡，盗领其银行存款，其后 A 即出国逃避。原告 X1 等人乃起诉请求被告 Y 连带负担损害赔偿责任。被告 Y 抗辩：伊并未受托保管股票、存折及印章，并严禁伊公司职员代客保管股票、存折、印章及代客操作，A 仅系助理营业员，不得接单买卖，原告私自委托 A 保管股票、存折、印章及代客操作，致被盗卖、盗领，系属 A 私人之侵权行为，与执行业务无关，伊不负担连带赔偿责任。纵伊应负连带赔偿责任，因原告也有过失，亦应减免赔偿金额。

原审法院认为，证券公司客户为自己交割方便，将股票、存折及印章交付营业员代为办理，此部分营业员之行为，系属其私自受客户委任之行为，并非执行公司职务上之行为，难认公司就此应与受雇人负连带赔偿责任。

贰、判决要旨

"最高法院"认为：查《民法》第 188 条第 1 项所谓受雇人因执行职务不法侵害他人之权利，不仅指受雇人因执行其所受命令，或委托之职务自体，或执行该职务所必要之行为，而不法侵害他人之权利者而言,即职务上予以机会之行为及与执行职务之时间或处所有密切关系之行为,在客观上足认为与其执行职务有关,而不法侵害他人之权利者,就令其系为自己利益所为,亦应包括在内。被上诉人 Y 雇用之 A 虽未受命代客保管股票、存折、印章及代客操作股票,惟其利用代客买卖股票之机会,在被上诉人营业场所及营业时间内私下代客户保管股票、存折、印章及代客操作股票,是否非属执行职务之范围,尚非无斟酌之余地。原审徒以 A 系私下从事未经被上诉人允许之行为,即认与执行被上诉人工作之职务无关,进而为不利于上诉人之认定,并难昭折服。

叁、判决评析

一、台湾地区实务见解之发展与问题

本案涉及《民法》第 188 条关于雇用人连带责任之规定,受雇人之行为何时构成"执行职务"之行为,而令雇用人与受雇人连带负损害赔偿责任。理论上有雇用人意思说、受雇人意思说与客观说之区别,通说采客观说,认为是否执行职务,应以行为之外观为标准,苟行为之外观为执行职务之范围,其范围为雇用人选任监督之范围,不问雇用人及受雇人之意思如何,均为执行职务[1]。"最高法院"判例,亦采客观说。1953 年台上字第 1224 号判例谓:"《民法》第 188 条第 1 项所谓受雇人因执行职务不法侵害他人之权利,不仅指受雇人因执行其所受命令,或委托之职务自体,或执行该职务所必要之行为,而不法侵害他人之权利而言,即受雇人之行为,在客观上足认为与其执行职务有关,而不法侵害他人之权利者,就

---

[1] 史尚宽:《债法总论》,第 183 页;郑玉波:《民法债编总论》,第 184 页;孙森焱:《民法债编总论》,第 218 页。

令其为自己利益所为,亦应包括在内。"[2]

基于客观说之见解,执行职务之方法,不论合法或非法,均为职务上之行为。例如店伙诽谤同业,招徕顾客;门房阻止生人进入而加以殴打[3]。"最高法院"更基于保护经济上弱者之立场,进一步认为,不仅受雇人职务上之行为或执行职务所必要之行为,不法侵害他人权利时,雇用人应负连带赔偿责任,就职务上予以机会之行为,亦属与执行职务相牵连之行为,雇用人亦应负责。"最高法院"1984年台上字第4580号谓:"《民法》第188条规定雇用人之责任,其立法精神重于保护经济上之弱者,增加被害人或得依法请求赔偿之第三人之求偿机会。观乎其设有举证责任转换及衡平责任之规定自明。是以受雇人之行为是否与其职务有关系,允宜从广义解释,以资符合。其所谓受雇人执行职务,不法侵害他人权利之行为,不仅指受雇人职务范围内之行为而定,即与执行职务相连之行为,不法侵害他人权利者,亦应包括在内。职务上予以机会之行为,即属于与职务相牵连之行为。"[4]据此,受雇人滥用职务之行为,例如邮政局员开拆信件,抽换内容,邮局应负赔偿责任[5]。

"最高法院"近年来,进一步扩大执行职务行为之概念,认为职务上之行为、职务上予以机会之行为,及与执行职务之时间或处所有密切关系之行为,在客观上足认为与其执行职务有关者,皆属执

---

[2] 类似之见解,参见1992年台上字第1332号。1987年台上字第839号谓:"《民法》第188条第1项前段所谓受雇人因执行职务不法侵害他人之权利,故非仅指受雇人因执行其职务,而不法侵害他人之权利者而言,即使受雇人所执行者非其职务范围内之行为,然在客观(外观)上足认为与其执行职务有关,而不法侵害他人之权利者,亦包括在内。"又1981年台上字第1663号谓:"本件上诉人所有之货车司机黄○○于回程时乘便揽货,依一般经验法则,在客观上足认为与其执行职务有关,竟不法侵害被上诉人之权利,被上诉人据以诉求其雇用人之上诉人赔偿,即无不合。"

[3] 王伯琦:《民法债编总论》,第93页;孙森焱,前揭书,注1,第219页。

[4] 类似之见解,参见1990年台上字第2136号、1990年台上字第2397号、1996年台上字第1386号。

[5] 最高法院18年上字第875号判例。

行职务之行为[6]。本案"最高法院"认为,被告 Y 雇用之助理营业员 A 虽未受命代客保管股票、存折、印章及代客操作股票,惟其利用代客买卖股票之机会,在被上诉人营业场所及营业时间内私下代客户保管股票、存折、印章及代客操作股票,应属执行职务之范围,即采此项见解。

"最高法院"对于执行职务之行为,采取广义解释,就保护被害人而言,固无可议,但"最高法院"之立场,并非一贯。在早期之案例,例如1982年台上字第63号谓:"陈○○因嫌上诉人让道太慢,停车斥骂并出手殴打上诉人成伤,复故意倒车,以大货车车尾撞毁小货车车头,显非执行职务之行为,上诉人请求合记公司负雇用人之连带赔偿责任,自属不合。"本案陈某驾驶大货车系属职务上之行为,系为雇用人之利益而为之,纵使采取受雇人意思说,雇用人亦需负责。即如采取实务上一贯之客观说,其利用职务上之机会不法侵害他人,雇用人亦应负责。

再者,就证券公司职员与客户发生侵权行为事件,"最高法院"基本上认为,证券公司职员利用代办交割之机会,致生损害客户之权益时,证券公司应负赔偿责任[7]。但客户基于私谊上之信任,借贷股票于证券公司职员,致该职员盗卖股票[8];客户从事丙种垫款之股票交易,致质押之股票为证券公司职员侵占[9];或业务人员代客户保管股票、印章[10],"最高法院"认为丙种垫款股票交易或业务人员代客户保管有价证券,均系法令禁止之行为,因而非系执行证券公司营业人员职务之行为,与职务亦无牵连关系,证券公司无庸负担雇用人之责任。本案(1997年台上字第1497号)认为被告 Y 雇用之助理营业员 A 利用代客买卖股票之机会,在被上

---

[6] 1994年台上字第844号、1995年台上字第1125号、1997年台上字第1497号判决。
[7] 1992年台上字第768号判决。
[8] 1992年台上字第2415号判决。
[9] 1997年台上字第807号判决。
[10] 1992年台上字第1398号判决、1997年台上字第1065号判决。

诉人营业场所及营业时间内私下代客户保管股票、存折、印章及代客操作股票,应属执行职务之范围,显然变更先前"最高法院"之见解。

造成"最高法院"对受雇人"执行职务之行为"认定歧异之原因,实因"最高法院"揭示的"执行职务"之标准,有欠妥当之故。亦即,仅以"职务上之行为、职务上予以机会之行为,及与执行职务之时间或处所有密切关系之行为"作为认定执行职务之行为,实有未足。"职务上之行为"固属执行职务之行为,但"职务上予以机会之行为,及与执行职务之时间或处所有密切关系之行为"则未必即为执行职务之行为。王伯琦于论述职务上予以机会之行为时,就滥用职务之行为,即认为受雇人之行为,需在善意第三人有正当理由信其为执行职务时,其行为与职务间,始认为有关系。在执行职务时间或处所之行为,则需其行为非在执行职务之时间或处所不能发生者,始可认系与职务有关[11]。换言之,并非所有职务上予以机会之行为,及与执行职务之时间或处所有密切关系之行为,雇用人均需负责,更应审究该行为是否与职务密切相关。

如何认定受雇人行为与职务具有关联性,王泽鉴教授提出"内在关联"之认定标准,认为"所谓职务范围,应指一切与雇用人所命执行之职务通常合理相关联之事项。此种事项,与雇用人所委办事务,既具有内在之关联,雇用人可得预见,事先可加防范,并得计算其损失于整个企业之内而设法分散"[12]。此说甚为类似美国法雇用人责任之见解,下面检讨之。

二、美国法上受雇人执行职务之认定

台湾地区现行《民法》第188条雇用人责任,以受雇人选任监

---

[11] 王伯琦,前揭书,注3,第94页。孙森焱,前揭书,注1,第220页同说。
[12] 王泽鉴:《雇用人无过失侵权责任的建立,民法学说与判例研究》,第一册,第19页。

督有过失为负责之要件,性质上系属推定过失责任[13]。美国法上雇用人责任系属无过失责任,不论雇用人选任或监督受雇人职务之执行,是否具有过失,受雇人不法侵害他人之行为,雇用人均须负责[14]。

雇用人"替代"受雇人负责之理由,有人认为系因雇用人有权选任及控制受雇人,因而得以防止受雇人过失不法侵害他人。使雇用人对受雇人不法行为负责,雇用人将强化对受雇人之注意程度,以免侵害他人。亦有人认为,雇用人责任乃着眼于雇用人较有资力,为保护被害人,使其得以自"深口袋"(deep pocket)获取充分补偿。较为多数之见解认为,受雇人既为执行雇用人之工作,在执行职务中发生之危险,包括因过失侵害他人之危险,均为达成雇主之商业目的,系为雇主之利益而发生,因而使雇主负责,应属公平。盖若非受雇人执行职务,该职务亦将由雇用人执行也。晚近见解则认为,受雇人责任系因雇用人得依责任保险与产品价格分散风险,将第三人受害之成本"内部化",作为市场参与者决定出售商品或服务价格之计算项目之一[15]。

关于雇用人何时须为受雇人之侵权行为负责,美国法院基本上以受雇人执行"职务范围内"(within the scope of employment)之行为,雇用人始需负责。依据美国代理人法整编(Restatement

---

[13] 但实务上因尚无雇用人依《民法》第188条第1项规定,举证免责之案例,因而实际上台湾地区雇用人对受雇人之侵权行为,实负无过失责任。参见王泽鉴:《侵权行为法》,第一册,第16页。

[14] 在美国法,若雇用人雇用有不法前科纪录之人员充当受雇人,而该职务常需与大众接触时,即被认为雇用人选任或监督受雇人具有过失,受雇人不法侵害他人之行为,即使非执行职务之行为,雇用人仍须负责。参见 Foster v. The Loft, Inc., 26 Mass. App. Ct. 289, 526 N. E. 2d 1309 (1988)。

[15] Joseph W. Glannon, The Law of Torts: Examples & Explanations, 374—375 (Aspen Publishers, Inc., 1995); Marc A. Franklin & Robert L. Rabin, Tort Law and Alternatives: Cases and Materials, 18—19 (New York: The Foundation Press, Inc., 6th ed., 1996).

(Second) of Agency)之规定,所谓"职务范围",系指:(1)受雇人受雇执行之职务;(2)受雇人之行为主要发生于执行职务之时间及地点;(3)受雇人系为雇主提供服务而从事一定行为;(4)在受雇人以故意侵害行为加害他人时,该加害行为需为雇主可预期之行为[16]。

依据美国法院之判决,关于受雇人之侵权行为何时构成执行职务之行为,可依以下标准判断之:

1. 受雇人之行为在于增进雇用人之商业目的。在 Fruit v. Schreiner 一案,人身保险公司之业务员参加其雇用人举办之业务员大会。该公司鼓励被告与参加该大会之外州保险专家多接触,以学习卖保险的技巧。在第二天大会结束后,被告开车至酒店寻找外州同事时,未遇任何人而折返。途中,因过失撞伤原告。法院认为,被告开车前往酒店之行为,系为与外州保险专家进行社交活动,而该社交活动系保险公司鼓励被告从事之行为,因而该保险公司应负担雇用人责任[17]。

2. 受雇人之自己事务与雇用人之商业目的不妨并存(双重目的行为)。在 Wilson v. Joma, Inc. 一案,被告为贩卖轮胎与加油服务之公司,其服务站管理员于中午休息时间,开车为其他员工至餐馆购买午餐时,不慎撞伤原告。被告抗辩该公司并无管理员应为其他员工购买午餐之规定,该管理员之行为亦非其职务上行为。法院认为:受雇人之主要动机在于从事自己事务或第三人事务时,其行为并非当然因而成为职务以外之行为。被告公司既要求所有员工应于上班时间吃午餐,该项规定系为顾客之方便而有利于被告公司,其管理员购买午餐之行为,即系为达成此项目的而为,而

---

[16] Restatement (Second) of Agency sec. 228. 参见 Glannon, *supra* note 15, at 377。

[17] 502 P. 2d 133 (Alaska, 1972). 参见 Prosser, Wade and Schwartz, Torts: Cases and Materials, 640—643 (New York: The Foundation Press, Inc., 9th ed., 1994)。

非仅系为自己或其他员工之行为,因而被告公司应负责任[18]。

3. 雇用人可得预期之行为。在 Riviello v. Waldron 一案,被告餐厅之厨师与该餐厅常客聊天,谈论街头犯罪问题时,该厨师拿出随身携带之小刀,表示作为防身之用。在厨师离开,服务其他顾客数分钟后,重新加入聊天时,手上仍持有该刀。在原告突然转身时,眼睛被该刀割伤。法院认为:受雇人之行为若系雇主可合理期待者,雇主即须负担赔偿责任。雇主不需对特定加害行为或受害事故之发生予以精确预期,只需对一般行为方式具有合理期待即可。纵使受雇人之行为非其职务上之行为,但一般可合理期待者,雇用人即须负责[19]。

合理可期待之原则不仅适用于受雇人之过失行为,亦适用于受雇人之故意侵权行为。在 Ira S. Bushey & Sons, Inc. v. United States 一案,美国海岸警卫队船员于酒醉返回船舶途中,任意旋转控制水位之转盘,因而破坏原告之船坞。该船员之行为绝非达成海岸警卫之目的,但法院认为,船员在经过船坞时,有可能破坏船坞,乃可预见之行为。何况船员经常于上岸后,借酒消除寂寞,乃船员活动之特性。至于该船员之某项特定行为是否可预期,则无关紧要。因而,美国政府应负雇用人责任[20]。

4. 利用职务之行为。在 Mary M. v. City of Los Angeles 一案,被告市政府之警员于巡逻之际,拦阻原告,查验驾照及进行酒精测试。原告因酒醉,要求警员不要逮捕,该警员乃将原告载回原告住处,并要求贿赂。原告不从,拟逃离之际,被该警员追回,并强奸得逞。法院认为,雇用人是否应负责,决之于将受雇人之加害行为所生之损害,视为雇用人之商业成本,是否显然突兀而不合理。警察代表国家行使民主国家对人民最大与最危险之强制权力,此项权

---

[18] 537 A. 2d 187 (Del. 1988).参见 Dominick Vetri, Tort Law and Practice, 349 (New York: Matthewk Bender, 1998).

[19] 47 N. Y. 2d 297, 391 N. E. 2d 1278 (1979).参见 Vetri, supra note 18, at 347—348。

[20] 398 F. 2d 167 (United States Court of Appeals, Second Circuit, 1968).

力具有滥用之可能性。由于社会整体因警察权力之使用而受到实质利益,因而此项权力滥用所生之成本,应由社会全体负担[21]。

值得注意的是,加州法院在另一件性侵害案件(Lisa M. v. Henry Mayo Newhall Memorial Hosp.)中,认为超音波师对病患为性侵害,医院无须负担雇用人责任。其理由系,引起性侵害之情绪反应,需确实可归咎于与工作有关的事件或条件时,雇用人始需对受雇人之性侵害负责[22]。

三、本案评析

本案"最高法院"认为,被告Y雇用之营业员A利用代客买卖股票之机会,在营业场所及营业时间内,代客户保管股票、存折、印章及代客操作,"是否非属执行职务之范围,尚非无斟酌之余地",似认被告应负雇用人责任。惟如前所述,单纯与执行职务之时间或处所有密切关系之行为,尚不足作为认定雇用人应为受雇人行为负责之标准,仍应审究受雇人之行为是否与雇用人委办之事务,具有"内在关联"。参酌美国法对雇用人责任之认定,本案营业员代客户保管股票、存折、印章及代客操作之行为,若系因吸引客户至被告公司开户买卖股票之手段,虽营业员代客操作,自己因而获利,但仍不妨与增进雇用人之商业目的并存,应认系"职务范围内"之行为。此外,营业员利用代客买卖股票之机会,在营业场所及营业时间内,代客户保管股票、存折、印章及代客操作,系属许多营业员代客买卖股票时常发生之事,应属被告公司可得预见之行为。犹有进者,本案被告因营业员之代客买卖股票,获有营业利益,营业员利用该机会加害第三人,所生之损失,内部化为雇用人之商业成本,尚未过苛。"最高法院"在本案变更先前裁判之见解,对民法第一八八条受雇人执行职务之行为,采取更广义之见解,包含营业员私下代客户保管股票、存折、印章及代客操作股票,结论上可资

---

[21] 54 Cal. 3d 202, 814 P. 2d 1341, 285 Cal. Rptr. 99 (1991).
[22] 12 Cal. 4th 291, 48 Cal. Rptr. 2d 510, 907 P. 2d 358 (1995).

赞同,但理论依据应有补充之必要。

本文曾发表于月旦法学杂志第 55 期,第 172—177 页(1999)

文 后 补 述

关于证券公司营业员,盗卖股票,证券公司是否应负雇用人之连带赔偿责任,本文评析之 1997 年台上字第 1497 号民事判决,采取肯定说,惟"最高法院"嗣后又变更见解。例如,在该院 2002 年度台上字第 73 号民事判决,原审法院谓:"证券经纪商为受托买卖有价证券而雇用营业人员为直接有关有价证券买卖之行为者,必该营业人员因执行与有价证券买卖有关之行为而不法侵害他人之权利者,始得令证券经纪商与该营业人员负连带赔偿责任,倘系营业人员个人之犯罪行为而无关有价证券买卖之职务者,自难谓系因执行职务而不法侵害他人之权利。""最高法院"赞同上开见解,认为:"雇用人就其受雇人侵权行为负连带赔偿责任者,以受雇人执行职务,不法侵害第三人权利为限,系争股票既系上诉人领取,再另私下委任而交付罗松芬、程忆兰,持向金主融资,则其私下交付系争股票,委任罗松芳、程忆兰持向金主融资,在客观上即难认系罗松芳、程忆兰所任证券商业务员之证券买卖经纪职务范围,原审因而为上诉人败诉之判决,并不违背法令。"

又如,2003 年度台上字第 485 号民事判决谓:"再按《民法》第 188 条所定雇用人之连带赔偿责任,以受雇人因执行职务不法侵害他人之权利,始有其适用。倘系受雇人个人之犯罪行为而与执行职务无关,即与该条规定之要件不合,殊无因受雇人滥用职务或利用职务上之机会及与执行职务之时间或处所有密切关系之行为,其外观在客观上认与执行职务有关,不法侵害他人之权利,遽认雇用人应与该受雇人负连带赔偿责任。查证券经纪商为受托买卖有价证券而雇用营业人员为直接有关有价证券买卖之行为者,必该营业人员因执行与有价证券买卖有关之行为而不法侵害他人之权利者,始得令证券经纪商与该营业人员负连带赔偿责任,倘系营业人员个人之犯罪行为而无关有价证券买卖之职务者,尚难谓系因执行职务而不法侵害他人之权利。本件叶淑真为大昌公司营业员,'私下'代客户保管股票、存折及印章,并代客户操作股票买卖,而盗卖客户股票或侵吞款项……则能否因其系在大昌公司营业场所及营业时间内'代'客户操作买卖股票,即谓其行为系为公司执行买卖有价证券之职务行为而非其个人之犯罪行为,尚非无研求之余地。"

在上述二例,"最高法院"系以"受雇人个人之犯罪行为而与执行职务无关",作为认定证券公司无需负担雇用人连带责任之依据。且"最高法院"似乎认为"受雇人滥用职务或利用职务上之机会及与执行职务之时间或处所有密切关系之行为",不属于《民法》第188条规定之"执行职务"之行为。

按受雇人执行职务之行为,纵使构成犯罪,雇用人仍应依《民法》第188条规定,负连带赔偿责任,因而受雇人之行为,是否构成犯罪行为,与《民法》第188条规定之雇用人责任无关。至于"受雇人滥用职务或利用职务上之机会及与执行职务之时间或处所有密切关系之行为",是否属于《民法》第188条规定之"执行职务"之行为,应就个案认定之。"最高法院"仅以个人之犯罪行为,否定成立"执行职务之行为",是否妥当,尚值研究。

第四章 危险责任与过失推定

壹、前　言

台湾地区新修订《民法》第191条之3规定："经营一定事业或从事其他工作或活动之人，其工作或活动之性质或其使用之工具或方法有生损害于他人之危险者，对他人之损害应负赔偿责任。但损害非由于其工作或活动或其使用之工具或方法所致，或于防止损害之发生已尽相当之注意者，不在此限。"本条规范意旨，依据立法理由书，鉴于"一、从事危险事业或活动者制造危险来源；二、仅从事危险事业或活动者于某种程度控制危险；三、从事危险事业或活动者因危险事业或活动而获取利益，就此危险所生之损害负赔偿之责，系符合公平正义之要求。"因而认为工厂排放废水或废气、筒装瓦斯厂装填瓦斯、爆竹厂制造爆竹、举行赛车活动、使用炸药开矿开山或燃放焰火，对于他人造成损害时，均应依本条规定负责。

依据上开立法理由书揭橥之理由，与其他当局立法例采取危险责任（无过失责任）之立法理由或法院判决理由，完全相同。其所举事例，亦属一般危险责任规范之案例，从而《民法》第191条之3立法目的应系在于规范危险责任之案例。台湾地区学说上有称之为"一般危险责任"者[1]，有称之为"推定过失的危险责任"者[2]，无非在于表现本条规定具有规范危险责任案例之意涵。

---

[1] 黄立：《民法债编总论》，二版，1999年，第320页。
[2] 王泽鉴：《侵权行为法》第一册：基本理论、一般侵权行为，1998年，第25页。

抑有进者,经营一定事业或从事任何工作或活动,其工作或活动之性质,或其使用之工具或方法,鲜有不具有一定危险性者。例如电力公司装设电线、自来水公司装设地下水管、瓦斯公司装设瓦斯管、中油公司以卡车运送汽油,甚至设置游泳池、兴建高楼、经营儿童游乐场、喷洒农药、日常驾车、举办外出登山旅游、篮球比赛、工人于工厂工作、经营理发店,以及病人至医院就诊等,莫不具有某种程度发生损害之危险,是否所有因工作或活动发生之损害,均应适用《民法》第191条之3负责,显有疑问。若所有因工作或活动所生危险导致之损害,均依本条规定负赔偿责任,则侵权行为法之其他规定将鲜少有适用余地,应非立法之本意。鉴于本条规定之立法理由在于规范"危险责任",《民法》第191条之3应以外国立法例适用危险责任之案例为限。

《民法》第191条之3规定之特色在于,虽属危险责任之一般规定,但不采无过失责任原则,而采意大利民法之推定过失责任。意大利民法第2050条规定:"在进行危险活动时,对他人造成任何损害,根据危险的性质或运用手段的特征,行为人应负损害赔偿责任。但能证明已采所有避免损害发生的适当措施者,不在此限。"[3]意大利民法对危险责任之案例,不采无过失责任主义,而以过失责任为基础,德国学说上认为该条规定"未臻精确,不能令人满意,且属无用"[4]。在检讨《民法》第191条之3采取推定过失之原则是否"未臻精确,且属无用",首须检讨者为,危险责任成立之基础及适用之案例;其次再检讨该条采取推定过失责任之利弊得失。

此外,《民法》第191条第1项规定:"土地上之建筑物或其他工作物所致他人权利之损害,由工作物所有人负赔偿责任。但其对于设置或保管并无欠缺,或损害非因设置或保管有欠缺,或于防止损害之发生,已尽相当之注意者,不在此限。"此项工作物所有人

---

[3] 参见黄立,前揭书,前注1,第320页。
[4] 参见王泽鉴,前揭书,前注2,第25页,注1。

之责任,源于日耳曼法之无过失责任,外国立法例,有采取无过失责任之规定者,其责任依据,系属危险责任[5]。台湾地区现行《民法》第191条与第191条之3同采过失推定责任,在实际案例发生时,二者如何区别适用,亦为"民法"修订后即将面临之问题。

据此,本文首先说明危险责任成立之理由,其次论述英美法关于危险责任之规定与法院判决之案例类型,最后检讨台湾"民法"第191条之3之适用范围及该条采取过失推定责任之问题。

贰、危险责任成立之理由

所谓危险责任,"系以特定危险的实现为归责理由。申言之,即持有或经营某特定具有危险的物品、设施或活动之人,于该物品、设施或活动所具危险的实现,致侵害他人权益时,应就所生损害负赔偿责任,赔偿义务人对该事故的发生是否具有故意过失,在所不问"[6]。至于危险责任成立之基础,乃基于分配正义的理念,王泽鉴教授认为有四点理由:"一、特定企业、物品或设施的所有人、持有人制造了危险来源。二、在某种程度上仅该所有人或持有人能够控制这些危险。三、获得利益者,应负担责任,系正义的要求。四、因危险责任而生的损害赔偿,得经由商品服务的价格机能及保险制度予以分散。"[7]

按侵权行为法在发展初期系采无过失责任主义,任何人违反义务导致他人损害,纵系单纯意外事件或出于自我防卫,仍应对受害人之损害予以赔偿。19世纪后,侵权行为法逐渐由无过失责任

---

[5] 参见史尚宽:《债法总论》,第194页;郑玉波:《民法债编总论》,第192页。

[6] 王泽鉴,前揭书,前注2,第17页。

[7] 王泽鉴,前揭书,前注1,第17—18页。关于危险责任成立之理由,德国学说之见解,参见 Larenz, *Die Prinzipien der Schadenszurrchnung: Ihr Zusammenspiel im modernen Schuldrecht*(德国法上损害赔偿之归责原则)(王泽鉴译,收录于民法学说与判例研究,第五册,第275页)。

走向过失责任主义[8]。然而无过失责任并未从此消逝,尤其近一百多年来,基于社会正义之考量,在被告从事企业活动时,法院经常援用无过失责任,在当事人双方均无可归责时,由最能承担损失及转嫁损失之一方当事人负责。此项原则之适用对象,经常系因被告之行为在社会上系属不寻常且异常(unusual and abnormal),且被告活动对他人产生重大危险,纵使被告善尽其可能之注意能力,该危险仍然甚为严重。换言之,被告之活动固然对被告本身与社会整体具有某些价值,超越其所创造之异常危险,但若被告无须对其造成之损害负责赔偿,与事理不合[9]。因而,美国法学家William Prossor认为,在被告为自己之目的从事一定活动,获得利益,且被告较能控制危险,而将危险转嫁由大众负担时,被告应负赔偿责任。换言之,被告负责之理由,在于合理分配现代文明社会或多或少无法避免的损害,基于社会正义之要求,由较能负担损失之一方负责,别无其他诸如惩罚、责难之理由[10]。

  Prosser之上述见解,经常为美国法院援用为判决基础。例如,在 Smith v. Lockheed Propulsion Co. 一案,被告公司与美国空军签约,参与固体燃料之火箭发动机测试。因该测试产生震动,造成邻地原告之财物损失。经查该发动机测试具有无法以相当注意加以排除之危险,法院引用前述 Prossor 教授之见解,认为基于公共政策,本案被告应负严格责任[11],盖由无辜之邻地所有人承担损失,既无道理,亦不符正义之要求[12]。

---

[8] Prossor and Keeton on Torts, 534—535 (5th ed., 1984).
[9] *Id.* at 536—537.
[10] *Id.* at 537.
[11] 英美法对于无过失责任,有称之为 liability without fault,有称之为 strict liability(严格责任)。本文为行文方便,将危险责任、严格责任或无过失责任交互使用。
[12] 247 Cal. App. 2d 774, 56 Cal. Rptr. 128 (1967). See Robert Keeton, Lewis Sargentich, & Gregory Keating, Tort and Accident Law: Cases and Materials, 580 (3rd ed., 1998) [hereafter cited as Keeton et al., Tort].

关于上述危险分散(risk distribution)之观点,在 Chavez v. Southern Pacific Transportation Co. 一案,阐述更为清楚。本案被告公司与美国海军签约,运送18颗炸弹,不料运送该批炸弹之货车于被告公司之场地内爆炸,导致原告受有人身伤害与财物损失。法院引用上述 Smith 案之见解,认为危险分散之观点应可作为从事异常危险活动(ultrahazardous activity)之人负担严格责任之理由。法院认为,基于异常危险活动之特性,该危险导致之损害,对于被害人经常甚为严重;另一方面,只有被告有能力足以驾驭该损害,分散由大众承担该损失。因而基于危险分散之理由,由从事危险活动而获得利益之人承担责任,对于社会与经济体制,具有二项优点:(1)在成本分散由大多数公众长期性负担后,不幸事件对当事人的冲击,将因而减缓。(2)在商品与服务之真正成本(包含因商品与服务造成之损害)反应于消费者之价格时,社会与经济资源始可获得更有效之分配。基于上述理由,本案被告应负无过失责任[13]。

除了上述危险分散与损失分摊(loss spreading)之理由外,损害预防(injury-prevention)与公平考量,亦为被告负担危险责任之理由。在 Bierman v. City of New York 一案,纽约市政府所有之主要输水管破裂,大水流入原告地下室,导致原告之锅炉、地板与墙壁受损。本案原告为年老妇女,居住于一间小房屋,依赖社会救济度日。被告抗辩原告需证明被告对于损害发生具有过失,始负赔偿责任。法院认为,原告若无法证明被告具有过失,被告即无须负责,与当事人间之实质正义不符。本案原告系无法承受损害的社会旁观者(bystander)[14],另一方则为政府本身,在二者之间分配

---

[13] 413 F. Supp. 1203(US District Court, Eastern District of Cal., 1976). See Keeton et al., Tort, *supra* note 12, at 580—583.

[14] 社会旁观者意指本案原告对于社会活动并未参与,对于本案之输水管设置与维护,无可置喙。反之,本案被告(政府)则为社会活动之主导、管理者,二者地位显有不同。

损失承担时,"谈论过失概念,仅会使到达正义的道路充满黑暗"[15]。因而法律在此不应再以过失作为责任判断依据,而应以何人负担成本与负责赔偿,较能达成实质正义(substantial justice),作为判断之基准。

　　本案法院为使被告负担无过失责任,分析学者之支持论点有三:(1)成本分散(cost-spreading)。损害应由具有成本分散能力之一方当事人承担。在本案,被告有能力将损失转嫁于使用输水管利益之大众负担,但原告则无此种转嫁能力。因而本案应由被告承担损失,而非原告。被告固然抗辩,要求其负担无过失责任,无异于命令被告担任保险人之角色。法院认为,本案被告具有担任保险人地位之必要,盖由被告对每个人收取一定金额,可以避免由一个人支付全部费用。(2)损害预防。损害责任应由有能力采取注意义务,避免意外事故发生之当事人负责。本案原告并无此项能力,被告始有避免损害发生之可能。(3)公平观念。本案被告在街道上装设输水管,制造危险,导致损害发生,基于公平之要求,装设输水管既为被告之商业行为,损害应由被告负责,而非原告[16]。

　　再者,鼓励从事危险活动者放弃或改变活动方式,亦属课予当事人无过失责任之理由。在美国近年来之名案 Indiana Harbor Belt Railroad v. American Cyanamid Co. 一案,被告为丙烯酸化学物质制造商,装载 2 万加仑液体丙烯酸于火车拖用贮存槽,由另一被告火车公司拖运至他地。该火车拖运至原告位于都会区之火车转运站时,贮存槽内之丙烯酸大量外漏,因丙烯酸具有易燃性、剧毒以及致癌物质等特性,附近居民被迫疏散,直到该车拖往他处为止。环保单位认为该地之土壤与水均受污染,有整治之必要,命令原告转运站采取整治工作,原告因而请求被告赔偿整治污染之费用。

---

[15] "[T]alk of negligence leaves the highroad to justice in darkness."
[16] 60 Misc. 2d 497, 302 N. Y. S. 2d 696 (Civil Court of the City of New York, 1969).

本案判决由美国著名法官兼学者 Richard Posner 作成。Posner 强调:"侵权行为法之基本立场为过失责任。在行为之危险性得以善尽注意义务(亦即无过失)加以避免时,过失责任主义足以发挥侵权行为法之功能,此时无须采取无过失责任主义。但是某些特殊意外事故,无法以善尽注意义务加以避免,而只能以改变活动方式或地点,使意外事件在别地发生,或因而减轻损害之危险;或只能减少活动范围,以降低意外事件之发生次数时,无过失责任即提供行为人一项过失责任无法提供之诱因,使被告尝试其他避免意外事件发生之方法,或在无法避免事故发生时,更换地点、改变活动方式、或减少(甚至不从事)发生意外事故之活动。"[17]

最后,基于诉讼上证据保全之必要,而肯定被告应负危险责任者,为 Siegler v. Kuhlman 一案。本案被告驾驶拖车,拖运装载数千加仑汽油之卡车。途中不慎擦撞路侧围栏,后车灯掉落,装载汽油之卡车与拖车连结脱落,汽油外漏。时值夜间,夜色昏暗,原告驾车至该汽油卡车时,发生轻微撞击,但引发汽油爆炸,火势迅即吞噬原告汽车。原告请求损害赔偿时,由于许多事件发生细节无法彻底明了,陪审团判定被告对本案损害发生未具有过失。

本案上诉华盛顿州最高法院后,关于被告应否负担危险责任之争执,法院除认为运送大量汽油系属危险行为外,强调课予严格责任不仅在于匡正被告之过错行为,或基于抽象之正义观念,使导致损害发生之无过失被告负责,而且涉及证据保存之问题。亦即从事异常危险活动所导致之损害事件,例如炸药爆炸、大量汽油爆炸以及飞机掉落等意外事故,经常破坏所有事件发生过程之证据。由于证据已灭失,期待原告提出证据证明被告具有过失,显属难

---

[17] 916 F. 2d 1174 (U.S. Ct. App. 7th Cir., 1990). See Keeton, TORTS, *supra* note 12, at 575—576; Richard A. Epstein, Cases and Materials on Torts, 674—676 (6th ed., 1995) [hereafter cited as Epstein, Torts]. 法院最后认为,本案不适用无过失责任。参见后注 62 所附之本文说明。

能，且基于运送大量汽油具有高度危险性，被告应负严格责任[18]。

综上所述，危险责任之成立，无非基于被告可以决定是否从事危险行为；与被害人比较而言，被告某程度可采取注意义务，防免损害之发生。基于危险分散、损失分摊、损害预防，以及证据不易保存等法律政策之考量，为维持当事人双方之公平，在原被告均属无辜时，损害既已发生，由从事危险活动之当事人负担赔偿责任，符合正义之要求。经由无过失责任之课予，从事危险活动之人可能因而放弃该危险活动，寻求其他方式，达成所欲追求之目的；或提高注意，采取更进一步之预防手段，以减低事件发生后之成本。纵使损失成本已经发生，透过被告分摊危险成本之能力，以增加商品价格之方式，转嫁成本，并无不当。被告从事危险事业活动，将损失"内部化"为事业之成本，比起由未因该危险活动而受益之被害人负担损害，更具经济效益[19]。

叁、美国侵权行为法整编之规定

美国关于无过失责任之理论，建立于英国法院早期之著名判例 Rylands v. Fletcher 一案之判决。本案被告为磨坊主人，因磨坊用水之需，在自己土地上挖掘蓄水池。原告于被告土地附近，从事挖矿事业。被告雇工挖土制造蓄水池时，小心谨慎，因泥土覆盖，不知挖掘至地下一处废弃矿坑。在设置蓄水池数日后，废矿坑之支柱因泡水毁坏、爆破，水流进入废矿坑，蔓延流至原告之矿场，原告因而受有损害。本案之争点在于，被告有权合法在其自己土地上存放任何事物，该事物在被告土地上固属无害，但若溢流于被告

---

[18] 81 Wn. 2d 448, 502 P. 2d 1181 (Supreme Court of Washington, 1972). See Keeton, Torts, *supra* note 12, at 568—573; James Henderson, Richard Pearson, & John Siliciano, The Torts Process, 547—549 (4th ed., 1994) [hereafter cited as Henderson et al., Torts].

[19] Joseph W. Glannon, The Law of Torts: Examples & Explanations, 220—221 (U.S.: Aspen Law & Business, 1995).

土地之外,必将造成他人损失时,被告在法律上之责任,究为过失责任或无过失责任?

本案财税法庭(Exchequer Chamber)宣示一项一再为英美法院援用之原则:"为自己之目的,将任何溢流之后可能造成灾害之物品携入、收集并保有于自己土地内之人,必须自己承担风险。若未妥为保存该物品,即须为物品溢流所生之自然结果导致的全部损害负责。被告只能以物品溢流系因原告之过失,或因天灾、不可抗力而免责。"[20]在本案上诉上议院(House of Lords)时,法院认为,若被告使用自己土地,系属土地之自然使用方式,导致原告发生损害时,原告无法请求被告负责。反之,若被告将土地作为非自然使用(non-natural use),例如引入非一般使用土地之用水量,或引入方式非一般利用土地之方法,被告应以自己之风险承担此项行为之责任,在用水溢流造成原告损害时,被告应负担赔偿责任,因而法院判决本案被告败诉[21]。

本案确立之法律原则,嗣后为美国大多数法院采为判决基础,并于其后为美国侵权行为法整编所接受[22]。依据1977年的美国侵权行为法整编第519段规定:"(1)任何从事异常活动之人,对于他人因该活动而受人身、土地或动产上之损害,纵使已善尽其注意义务以预防损害发生,仍应对损害负责。(2)严格责任仅适用于使该活动具有异常危险性所生之损害。"根据本段所附注释,严格责任在于使为自己目的创造异常损害危险之人,对于其邻人造成之损害,应负赔偿责任。

---

[20] L. R. 1 Ex. 265 (Exchequer Chamber, 1866). See John Wade, Victor Schwartz, Kathryn Kelly & David Rartlett, Prossor, Wade and Schwartz's Torts: Cases and Materials, 669—673 (9th ed., 1994) [hereafter cited as Prossor, Wade And Schwartz's Torts]; Frank Vandall & Ellen Wertheimer, Torts: Cases and Problems, 482—486 (1997) [hereafter cited as Vandall et al., Torts].

[21] L. R. 3 H. L. 330 (House of Lords, 1868).

[22] See Phillips, Torts, at 439—442.

一、损害之种类

依据侵权行为法整编第 520 段第 2 小段之规定,从事异常危险活动之人,并非对任何因该危险活动而导致之损害,均负严格负责,而仅对异常危险范围内之损害负责。例如,在都市内存放炸药所以构成异常危险,乃因其附近邻居可能因炸药爆炸而受损害。若炸药爆炸,导致附近人身与财产发生损害,被告应负严格责任。反之,若炸药未爆炸,但因意外原因,炸药库之部分墙壁倒塌,压倒路人受伤,被告不负严格责任,仅于被告对于墙壁之建筑或管理具有过失时,始负责任。再如,以卡车运送炸药或其他爆裂物,行驶都会街道,系属异常危险之活动,盖路人可能因爆炸而受害。若该卡车非因炸药爆炸而伤人,而系撞伤行人,被告不负严格责任,而依过失责任原则决定被告之责任[23]。

关于损害之种类,著名之案例为 Foster v. Preston Mill Co. 一案。本案被告因从事爆炸活动,导致原告之母貂咬死小貂。原告诉请被告损害赔偿时,法院认为,被告爆炸行为导致之异常危险,乃爆炸后飞散弹屑直接接触,或土地震动、空气震荡直接引起之人身或财产上损害。本案被告从事爆炸活动,对于远在将近 3 英里外之原告所有母貂,造成轻微震动与噪音,无非系属通常社区生活的一般事件,非属异常危险活动。原告之母貂杀小貂,非属本案从事爆炸活动固有之一般危险,而系母貂过分敏感之特质所致,因而原告之损害,显非使被告爆炸行为成为异常危险活动之损害种类,被告无庸负责[24]。

---

[23] 关于本段之说明,参见 American Law Institute, Restatement (Second) of Torts (1977), Comment on Subsection (2). See Epstein, Torts, *supra* note 17, at 666。

[24] 44 Wash. 2d 440, 268 P. 2d 645 (1954). See Prossor, Wade and Schwartz's Torts, *supra* note 20, at 686—687; Henderson, Torts, *supra* note 18, at 556—558; Keeton et al., Torts, *supra* note 12, at 600。类似之案例,参见 Madsen v. East Jordan Irrigation Co., 125 P. 2d 794 (Utah 1942). See Epstein, Torts, *supra* note 17, at 664—665; Keeton et al., Torts, *supra* note 12, at 600。

二、异常危险活动

所谓异常危险活动(abnormally dangerous activities),依据美国侵权行为法整编第520段规定:"在决定何种活动系属异常危险时,应考虑以下因素:(a)对于他人之人身或财产具有高度发生损害之危险;(b)具有发生重大损害之可能性;(c)无法以合理之注意除去该危险;(d)该活动非属通常使用(common usage);(e)该活动对于活动发生地点并非适当;(f)该活动对于社区之危险高于对于社区之价值。"本段所谓之危险活动,通常固指行为人之活动目的具有财产上之利益,例如商业上之获利行为。但不以此为限,对行为人无金钱上利益之活动,仍可适用本段规定。例如私人建造游泳池,仅供自己使用,与因营利而贮水之人,应负相同责任[25]。至于所谓"异常危险",应就危险之程度与其他环境因素综合观察,该危险是否十分不平常,以至于以合理之注意从事该活动,仍有课予严格责任之必要。上述所列举之各项因素,应综合考察,单独一项因素不必然足以构成异常危险,通常数项因素应同时存在,被告始负严格责任。但严格责任之课予并不以所有上述因素全部具备为必要[26]。

(一)不平常之危险(unusual risks)

整编第520段第(a)(b)(c)小段认为异常之危险,需具有高度发生损害之危险、有发生严重或广泛伤害之可能性,以及该危险无法轻易免除等特性,始适用严格责任。盖多数人类活动均具有一定程度之危险性,但非所有从事活动之人均应负担无过失责任。换言之,只有具有特殊危险,纵善尽一般注意义务,仍无法使该危

---

[25] Restatement (Second) of Torts, sec. 520 cmt. d. See Epstein, Torts, *supra* note 17, at 667.

[26] Restatement (Second) of Torts, sec. 520 cmt. f. See Glannon, *supra* note 19, at 222; Jerry Phillips, Nicolas Terry, Frank Maraist, & Frank McClellan, Tort Law, 442 (2nd ed., 1997) [hereafter cited as Phillips et al., Tort].

险全然安全之活动,始有适用严格责任之必要。否则若以相当之注意,危险即可排除,则课予过失责任即可。从而构成异常危险之活动,通常系指具有对他人人身或财产造成重大损害之危险,且被告无法以善尽注意义务排除危险者。但若危险甚为重大,例如核子爆炸,即使发生之可能性甚微,该活动仍属异常危险[27]。

美国法院认为构成异常危险之活动包括爆裂物爆炸、设置大型废弃物贮存槽、空中喷洒农药、贮存大量汽油、飞机飞行试验及放射性物质之贮存或溢漏等[28]。此类活动均具有造成重大损害之可能性,其危险程度过于重大,而有课予严格责任之必要。

(二) 通常使用(common usage)

本项"通常使用"之要求,来自于英国最高法院在 Rylands 一案表示之见解,将土地使用区分为自然使用与非自然使用。因而被告之活动虽具有发生损害之危险,若属于一般人通常使用之方法,被告仍无庸负担严格责任。所谓"通常使用",依据侵权行为法整编之注释,系指该活动为社会上大多数人习惯上使用之活动。例如,驾驶汽车,虽具有危险,但一般人惯常使用,未被认为系属异常危险之活动。反之,使用坦克车或其他难以安全驾驭之巨大型车辆,或对马路路面可能造成损害之车辆,即非多数人之正常使用,该驾车行为即为异常危险活动。至于爆炸活动,虽为一般建筑工程或森林开发常用之手段,但非大多数人使用之活动,因而仍非"通常使用"。爆裂物之制造、贮存、运送及使用,均非属"通常使用"。

侵权行为法整编之注释进一步指出,若某项活动系属通常使用,纵使具有危险,仍非可视为异常。例如,在市中心山坡上贮存大量用水,并非大多数人之活动,应可视为异常危险活动。反之,在贮水槽、家用水管、农庄庭院水槽贮存牛只用水,虽然具有相同

---

[27] Restatement (Second) of Torts, sec. 520 cmt. g, h; Glannon, *supra* note 19, at 222.

[28] 参见本文后述第肆节之说明。

溢漏之危险,仅系溢漏程度可能较低,仍属"正常使用",而非异常危险。同理,家用瓦斯管及电线,应属通常使用,但大型瓦斯贮存槽及高压电线,则非正常使用[29]。

(三)活动发生地点之"不适当性"

根据美国侵权行为法整编之规定,被告之活动对于发生地点是否"适当",亦为考虑被告对于该活动是否应负严格责任之基础。例如使用爆裂物,一般情形构成异常危险之活动,但若于沙漠之中或荒野之郊使用,远离任何有价值之财物,则非异常危险活动[30]。同理,在人口稠密处贮存大量汽油或易燃性液体,应属异常危险活动;反之,在与社会远离之地点贮存大量易燃物,则非属异常危险活动[31]。再如被告公司制造挥发性化学物质,若该公司位于人烟稠密处,系属异常危险活动;反之,若位于人口稀少之乡村,可能不构成异常危险活动。

被告之活动,对于发生地点不适当,固然成立异常危险活动,但被告选择"适当地点",从事危险活动时,根据美国侵权行为法整编之规定,固可免除严格责任,但美国法院有采取相反立场者。例如在 Yukon Equipment, Inc. v. Fireman's Fund Insurance Co. 一案,被告公司贮存爆裂物之仓库,位于面积 1870 英亩之广阔土地上,与最靠近之建筑物距离 3820 英尺,与最近之公路距离 4330 英尺。爆炸当时该仓库约有 8 万磅之爆裂物。爆炸后,仓库 2 英里内之建筑物受损,在 30 英里外的地震观测站,测得爆炸引起的土地震动,相当于 1.8 级地震规模。法院认为,因存放或使用爆裂物,而对他人引起重大损害危险之人,是否课予严格责任,不应考虑危险发生地点是否适当。盖农场主人因偏远地区之爆炸,引起财产上损害,其得请求赔偿之权利,与市区居民因市区内之爆炸事件,导致房屋

---

[29] Restatement (Second) of Torts, sec. 520 cmt. i. See Epstein, Torts, *supra* note 17, at 668; Keeton et al., Torts, *supra* note 12, at 566—567.

[30] See Peneschi v. National Steel Corp., 295 S. E.2d 1 (W. Va. 1982).

[31] John L. Diamond, Laurence C. Levine & M. Stuart Madden, Understanding Torts, 283 (New York: Matthew Bender & Co., Inc., 1996).

受损,所得主张之权利,两者应无不同。被害人之损失,均应视为存放或使用爆裂物之商业活动的成本,由被告负担,对于在安全地点从事危险活动之人,始可促其尽量减低意外事故之发生[32]。

(四) 活动对于社区之价值

依据美国侵权行为法整编之规定,当被告从事的活动对于社区造成之危险高于带给社区之价值时,被告始负严格责任。换言之,若某项产业虽具有重大危险,但对于社区具有更大经济上价值时,从事该产业之公司,对于损害发生,不负严格责任。据此,被告公司在具有多家从事相同产业公司之地区,从事某项危险活动时,对其危险活动,应负无过失责任;反之,在仅有被告公司从事该项企业之地区,因社区对该公司企业之高度依赖,被告无须负担无过失责任[33]。

美国法院以危险活动对于社区具有重大价值,而否定被告之严格责任,最为明显者为 Turner v. Big Lake Oil Co. 一案。本案被告从事油井事业,挖掘人工水池,贮存油井流出之污水,不料该污水溢出水池,流过原告草地,造成草坪受损。其后,污水继续流入水道,在距离被告水池 6 英里之出水口,进入另一原告土地,污染其家畜用水。原告二人引用英国之 Rylands 一案,作为请求赔偿之依据。美国德州最高法院认为,德州之情形不同于英国。德州大部分为干燥土地,由于雨量不足,牲畜需要用水,用水大都贮存于数千个池塘、蓄水池以及湖泊等地。乡下几乎欠缺溪流,若雨水不加以贮存,德州西部的家畜生产业必将全毁。此项情形在英国并不存在,因而贮存用水,乃德州土地之自然、必要与通常之使用方式。

尤有进者,在英国并无油田,无须为贮存油田排出之污水而使用地面集水设施。在德州则具有数千巨大油田分布全州,而产油

---

[32] 585 P. 2d 1206 (Alaska, 1978). See Keeton et al., Torts, *supra* note 12, at 597—598.

[33] Glannon, *supra* note 19, at 225.

工业为德州之主要产业,产油之生产过程必定产生污水,建造水池存放污水成为石油工业必要之部分,因而本案被告仅于过失行为成立时,始负赔偿责任[34]。

以被告之危险活动,对于当地社会具有之价值,作为被告不负无过失责任之理由,无非在于保护工业发展,避免中小企业因负担过重,无法生存。此在工业发展初期,如20世纪30年代之Turner一案,有其社会经济背景,固属无可厚非。但在现今工商业发达之社会,是否必须基于保护特种企业,而排除行为人之危险责任,显有疑问。在英美法上,关于被告行为之社会价值,是否可作为免除责任之事由,学说与实务均有异说[35]。对于诸如火车事业对于美国经济发展具有重大价值之产业,法院仍课以无过失责任。因而毋宁认为,若被告行为对于社会不具任何价值,或仅具有微小价值时,法院更容易对被告课以无过失责任而已[36]。在加害人以毒气自杀,被害人因吸入毒气而身亡时,加害人应负无过失责任,即其适例[37]。

三、对于异常危险之认识

危险责任之成立,是否以被告对于活动之危险性具有认识为前提,美国实务尚无一致见解。在 Laterra v. Treaster 一案,加害人意图自杀,于住宅停车间内发动汽车引擎,紧闭门户,终于死于一氧化碳中毒。被害人与加害人居住于同一栋建物,在加害人进行自杀行为时,正值酣睡,亦因吸入一氧化碳气体而中毒死亡。被害

---

[34] 128 Tex. 155, 96 S. E. 2d 221 (1936). See Vandall et al., Torts, *supra* note 20, at 487—488. 相同之见解,参见 Cities Service Co. v. State of Florida, 321 So. 2d 799 (Fla. Dist. Ct. App. 1975). (关于本案,参见后注53所附之本文说明。)

[35] Prossor and Keeton on Torts, *supra* note 8, at 555; Koos v. Roth, 652 P. 2d 1255 (Or. 1982).

[36] Glannon, *supra* note 19, at 225.

[37] See Laterra v. Treaster. 参见后注38所附之本文说明。

人之儿子请求加害人之遗产管理人赔偿损害。被告抗辩,加害人之自杀行为非异常危险行为,且课予严格责任,仅限于加害人知悉危险存在,而从事该危险行为时,始可适用。

法院认为,加害人发动汽车引擎自杀,就其自杀之周围环境观察,应属异常,而产生不平常之危险。盖加害人无法以善尽注意义务,避免一氧化碳溢出停车间,进入同栋建筑物之其他房间。加害人之行为绝非属于"通常使用";对于事件发生地点亦非适当;自杀对于社会并无任何价值,其造成之危险,显然高于自杀行为之价值,因而加害人之自杀行为应属异常危险活动。至于某项行为是否构成异常危险活动,本案法院明确认为,美国侵权行为法整编第520段不以行为人知悉危险存在为必要,本案被告应负赔偿之责[38]。

但在 Perez v. Southern Pac. Transp. Co. 一案,原告之父亲于被告公司从事制造锅炉之工作,在工作过程中受到石棉污染,下班回家后,衣服经常带有灰尘,清洗之前,披挂于原告家中惟一之浴室内。原告之母亲因出入浴室及偶尔为其夫送午餐,进入被告公司之工作场所,而暴露于石棉环境。三十余年后,原告之母亲因接触石棉,感染疾病,导致癌症死亡。被告抗辩,严格责任之课予,以对于异常危险活动具有可预见性为必要。

本案法院认为,无过失责任之成立,必须被告经营合法企业行为时,有意从事某项行为,并知悉该行为有可能对他人造成损害,且他人之损害确实为被告行为之直接与最近原因始可。据此,责任之成立固非基于过失原则,但被告应知悉,或以一般之注意可得知悉,其故意从事之行为在正常事件过程中,系属他人损害发生之合理原因。换言之,除非被告知悉异常危险之活动,并自愿从事该

---

[38] 844 P. 2d 724 (Kan. App. 1992). See Phillips et al., Torts, *supra* note 26, at 443—444.

活动,或允许该活动之进行,始负严格责任[39]。

按危险责任之成立,只需行为人在从事危险活动时,认识其活动具有危险性,而仍进行该活动,即应负责。Perez 一案认为被告应知悉异常危险之活动,并自愿从事该活动,或允许该活动之进行,始负严格责任,并无不当。但该案被告无庸对被害人死亡负责之原因,应非因被告对其从事危险行为无法知悉,而在于法律上因果关系是否成立之问题。换言之,若该案被害人非原告之母,而系在被告公司工作之原告父亲,法院似不可能判决被告无须负担无过失责任。至于原告之母因被告之石棉污染而死亡,是否成立因果关系之问题,则属法律政策之问题,非本文所得详论[40]。

肆、危险责任案例类型

英美法上危险责任之案例,种类繁多,难以一一列举。综合美国法一百多年来之法院判决,其案例类型,约可分为以下数类:爆炸事件、存放危险物品、运送过程所生之危险、传送过程所生之危险、散布危险物质以及举办各类活动等类型[41]。分述如下:

一、爆炸事件

因工程、建筑或其他原因从事爆破活动,造成他人损害时,美国法院早期认为,除非爆炸后,爆裂物质或石块掉落被害人之土地,否则被告仅就过失责任负责[42]。但纽约州上诉法院于 Spano

---

[39] 883 P. 2d 424 (Ariz. App. 1993). See Phillips et al., Torts, *supra* note 26, at 444—445. 关于被告应知悉活动之危险性并有意从事该危险行为,始可成立严格责任之评论,参见 Joseph H. King, Jr., *Abnormally Dangerous Activities*, 48 Baylor L. Rev. 341 (1996)。

[40] 关于侵权行为法上之因果关系问题,参阅拙著,《侵权行为法上之因果关系》,台大法学论丛,第 29 卷第 2 期,2000 年,第 177 页以下。

[41] 此项分类,参见 Diamond et al., *supra* note 31, at 281—288。

[42] Booth v. Rome, W., & O. T. R. R. Co., 35 N. E. 592 (N. Y. 1893)。

v. Perini Corp. 一案[43]，变更以往之见解。本案被告兴建隧道，工程进行中使用炸药。爆炸结果，邻近原告之停车间及停车间内之汽车因而毁损。本案法院引用二则判例支持其变更以往判例之见解。在第一则判例，被告因开掘运河，使用炸药，导致大量泥土与石块飞入原告房屋内，毁损原告门前台阶与烟囱。法院认为，本案被告有权挖掘运河，原告则享有财产权不受侵害之权利，二者发生冲突时，基于公共政策之理由，后者应优先于前者。盖前者所受限制者，仅为放弃土地之某种使用，若前者得以毫无限制地行使权利，后者使用其财产之权利将全部被剥夺。换言之，若被告可因合法开挖运河，而损害原告之台阶，被告亦可以相同理由，毁损原告房屋而无须负责，进而剥夺原告对于财产权之使用，显非适当，因而被告应负赔偿之责[44]。

在第二则判例，被告兴建一座建筑物存放火药，因火药爆炸，原告受有损害。法院认为，火药仓库对于附近邻居之财产容易导致损害；其危险所生之意外事件，无法以善尽最大注意义务加以防止。足见火药仓库具有危险之特性，被告不得以其从事者系合法商业行为，欠缺过失而免责[45]。

基于上述二则判例，本案法院认为，在可能导致附近邻居财产损害之地点，"故意"从事爆炸活动，应负无过失责任。盖本案之问题，"不在于爆炸活动是否合法或适当，而在于谁（从事危险活动之人或无辜之受害邻居）应承担损害结果之成本。"[46]无论如何注意，爆炸活动均有发生重大损害之危险，从事此项活动之人，不得将该危险转由附近之邻人负担，而主张自己免责[47]。

同样以利益冲突之观点，解释从事危险活动之人，应负无过失

---

[43] 250 N. E. 2d 31（N. Y. 1969）. See Epstein, Torts, *supra* note 17, at 559—562；Vandall et al., Torts, *supra* note 20, at 495—497.
[44] Hay v. Cohoes Co., 2 N. Y. 159.
[45] Heeg v. Licht, 80 N. Y. 579.
[46] 250 N. E. 2d 31（N. Y. 1969）. See Epstein, Torts, *supra* note 17, at 662.
[47] *Id.*

责任之案例,尚有 Exner v. Sherman Power Construction Co. 一案。本案被告公司在一处河流边,进行水力发电开发工程,以炸药炸开河床时,引爆存放于河边小屋内之火药,该屋存放之 800 磅火药产生剧烈爆炸,参与进行爆炸之 3 名员工全部罹难,距离爆炸地点 935 英尺之原告自床上摔下,身受重伤,房屋严重毁损。被告抗辩,其存放之炸药符合法令规定。法院认为,在可能对他人造成损害危险之地点,存放炸药或使用炸药,应自己承担危险,成为被害人之保险人。对爆炸引起之损害,无论系因爆炸石块之撞击,或因震动而引起,均应负责。本案被告之责任,不在于火药之贮存,而在于火药之使用,所有人应负其责。爆炸既因被告之营利商业行为而进行,且充满重大危险性,具有导致重大损害之可能性,法律应将责任课予引入该项危险于社会之人。

本案法院进一步指出,被告从事合法商业行为,是否应对其行为造成之损害负责,涉及利益冲突之调整问题。"任何损害发生,在无特殊理由时,通常均发生责任问题。当被告存放大量危险爆裂物,作为商业上之业务使用时,此项危险行为,虽无过失,被告仍无理由得以免除责任。应承担损失者,为事业所有人,而非与该爆炸毫无关系之受害人。"[48]

在油井爆炸事件,如 Green v. General Petroleum Corp. 一案,被告从事油井挖掘工作时,油井爆破,原告之财物被石油、砂石与泥土覆盖,法院判决被告应负赔偿责任。本案法院谓:"任何人因主持合法企业,在所知悉之条件下,认识他人有可能发生损害,而仍故意进行其活动,在进行活动中,对他人造成损害,属于该行为之直接与最近结果者,基于公平原则,无论从事行为之人如何善尽注意义务,仍应对他人之损害负责。"本案被告既故意从事油井挖掘工程,即应负责控制任何发生之爆发力。盖无人得为自己之目的,

---

[48] 54 F. 2d 510, 80 A. L. R. 686 (U. S. Cir. Ct. of App., 2nd Cir., 1931). See Keeton et al., Torts, *supra* note 12, at 16—20.

利用他人土地,而无须负担赔偿责任[49]。

　　于兴建工程时,使用炸药,从事爆炸活动,本身具有危险性,被告应负无过失责任。从事油井挖掘工程,具有引发爆炸之高度危险性,基于公平原则,被告亦应负担无过失责任。惟在实验室从事实验活动,固然具有某程度之危险,但其危险性尚非重大时,被告不负担无过失责任。例如,在 Doherty v. Ohio State University 一案,原告为俄亥俄州立大学化学系博士后学生,担任化学实验室以蒸馏方式去除使用过溶剂杂质之工作。原告以煮沸方式进行去除溶剂杂质时,通常在火势通过灯罩后,应可安全流入空气中。但在原告一边从事该工作,一边点燃本生灯,准备从事自己之实验工作时,实验室顿时发生爆炸,原告受伤。原告起诉主张,在进行去除溶剂杂质之过程中,产生之火势太大,灯罩无法有效控制,被告学校关于去除溶剂杂质之设备,显然具有异常危险之特性,应负赔偿责任。

　　本案法院判决原告败诉,认为以蒸馏方式去除溶剂杂质,非属异常危险之活动。盖依据侵权行为法整编第 520 段之规定,本案设备甚为安全,若在灯罩以外使用,系属安全之活动。且从事蒸馏方式去除溶剂杂质,并未具有发生损害之高度危险;此项工作内容系属一般化学实验室之通常活动,而非不平常或特殊发生之事件,因而不生异常危险活动之问题[50]。

二、存放危险物品

　　关于危险物品之存放,在被告贮存爆裂物时,法院通常认为构成异常危险活动,被告应负担无过失责任[51]。在被告贮存有害化学物质,因溢漏导致损害时,法院亦认为被告应负无过失损害赔偿

---

[49]　205 Cal. 328, 270 P. 952 (1928). See Keeton et al., Torts, *supra* note 12, at 563—564.

[50]　1990 West Law 86772 (Ohio App.). See Mark Grady, Cases and Materials on Torts, 76—77 (1994) [hereafter cited as Grady, Torts].

[51]　例如 Yokon Equipment, Inc. 一案。参见前注 32 所附之本文说明。

责任。例如,在 Cities Service Co. v. State of Florida 一案,被告之磷酸矿物存放于大型贮存池,某日因水坝破裂,该磷酸矿物溢流于附近河水,导致鱼只死亡与其他损害。法院采取 Rylands 案之见解,认为在时代变迁后,关于异常危险活动采用危险分散之公共政策,应值采取[52]。盖早期社会,为促进工商业发达,鼓励人们采用任何方式利用土地。在一个地处边境的社会,土地之危险使用,鲜少对附近邻居造成损害。但现代社会已趋复杂,多数地区,人口拥挤,即使无过失使用自己土地,仍可能导致邻人财产上损害。许多危险活动固然为社会所需要,但应由从事活动之人自行负责,始为合理。由无辜之邻人负担邻近土地之异常使用,导致之损害结果,显非合理[53]。

在英国,关于贮存化学物质之新近判决,Cambridge Water Co. v. Eastern Counties Leather plc 一案,亦认为被告应负无过失责任。本案被告为皮革制造公司,由于去除皮革所用之化学物质外漏,渗入土地,污染原告自来水公司的供应水。本案争执之重点在于,被告制造皮革,使用化学物质,是否为 Rylands 案所称土地之"自然使用"。法院认为,所谓土地之自然或正常使用,在其他判决虽认为不仅包括家庭使用或娱乐用途,有时亦包括某些工业使用。但本案法院认为,大量贮存化学物质,就被告土地之使用,绝非土地之自然使用,因而本案应有 Rylands 案判决之适用[54]。

不仅贮存爆裂物或有害化学物质,被告应负无过失责任,美国法院尚认为,屋顶积雪掉落,打伤路上行人,被告亦负无过失责任。在 Shipley v. Fifty Associates 一案,法院认为任何土地所有人,无权为自己之方便,利用他人土地,使他人受有损害。被告必须以自己

---

[52] 按美国法院早期并不采取 Rylands 案之见解,直到后来,该案判决始为多数法院采用。

[53] 321 So. 2d 799 (Fla. Ct. App. 1975). See Keeton et al., Torts, *supra* note 12, at 574—575; Diamond et al., *supra* note 31, at 283—284.

[54] [1994] 2 AC 264, 1 All E. R. 53. See Phillips et al., Torts, *supra* note 26, at 436—437.

之风险,保持冰雪于其屋顶上或其自己土地内。因而被告无权建筑房屋,使路上行人具有遭受损害之危险。盖如此建物,无异系为自己之方便,以行人之危险,而利用人行道。如此无视于大众权利之行为,非被告所得为之,因而被告应对所生之损害负无过失责任[55]。

美国法院固然对于屋顶积雪掉落,打伤路上行人,认为被告应负无过失责任,但对于设置地下汽油贮存槽,是否构成异常危险活动,法院见解却非一致。在 Yommer v. McKenzie 一案,原告居住于半开发之乡村地区,主张被告之汽油贮存槽溢漏,污染家居用水,请求损害赔偿。基于当地环境,法院认为,被告设置汽油贮存槽于原告居住之社区,在地点上并非适当,应构成异常危险行为[56]。

但在 Arlington Forest Associates v. Exxon Corp. 一案,被告在加油站地下设置汽油贮存槽,原告购买该地,嗣后发现被告当时之贮存槽溢漏,污染原告土地。原告请求被告依无过失责任负责赔偿。法院认为,基于以下二点理由,本案不适用异常危险活动之责任:(1)只在过失责任无法达成吓阻与提供合理救济时,严格责任始有适用之必要。本案若被告善尽合理之注意义务,将不发生汽油贮存槽溢漏、导致损害之危险。过失责任既可提供合理之救济,亦可达成吓阻之效果,无须对被告课以无过失责任。(2)加油站设置地下汽油贮存槽,系属多数社区通常使用之方法,被告应不负无过失责任[57]。

美国法院认为,加油站设置地下汽油贮存槽,被告不负无过失赔偿责任,显然系依据美国侵权行为法整编规定,被告之危险活动,属于一般人通常使用之方法,所为之解释。但所谓"通常使用",系指该活动为社会上大多数人习惯上使用之活动,加油站设

---

[55] 106 Mass. 194 (Sup. Jud. Ct. Mass. 1870). See Keeton et al., Torts, *supra* note12, at 560—562.

[56] 257 A. 2d 138 (Md. 1969). See Diamond et al., *supra* note 31, at 283.

[57] 774 F. Supp. 387 (E. D. Va. 1991). See Keeton et al., Torts, *supra* note 12, at 578.

置地下汽油贮存槽,尚非一般人通常使用土地之方法,依据侵权行为法整编之注释,大型瓦斯贮存槽非属正常使用,被告之行为应认为系异常危险活动[58]。且本案判决认为,只要"被告善尽合理之注意义务,将不发生汽油贮存槽溢漏、导致损害之危险",是否属实,亦有疑问。盖汽油贮存槽埋设地下,何时溢漏,难以预料,被告纵使善尽注意义务,仍无法全然排除汽油溢漏之危险,依据美国法院之一般见解,被告应负无过失责任,方属可采。

三、运送过程所生之危险

某些物质,在静态存放或以少量运送时,并无特别危险,但若大量运送,则易发生意外,造成重大损害,此时即构成异常危险之活动。最明显之例子为 Siegler 一案[59],法院认为,由于瓦斯具有挥发性、易燃性与爆炸性,无论聚集大量或少量瓦斯,均具有危险性。由于瓦斯之性质、数量与重量,搬运瓦斯,行走于公路,比单纯聚集瓦斯更具危险性。将数千加仑瓦斯泄漏于公路上,对第三人之危险,不言而喻。以卡车运送汽油,行驶于公路,显然系具有高度危险之行为,可能发生重大损害与伤害,且该危险无法以善尽合理注意义务而排除,盖意外事件仍可能因卡车机件故障而发生,因而运送大量瓦斯者应负担无过失责任[60]。

Siegler 一案之被告系运送汽油之司机,法院认为被告应负无过失责任。但在 Indiana Harbor Belt Railroad 一案[61],被告系制造丙烯酸之厂商,而非运送人。法官认为本案被告为货物所有人,系寄货人而非运送人,与 Siegler 案不同,不可以之为判决基础。抑有进者,本案事故之发生,系因被告或运送人未注意检查及维护运送之火车贮存槽。换言之,若被告或运送人善尽注意义务,即可避免

---

[58] 参见前注 29 所附之本文说明。
[59] 关于本案之事实,参见前注 18 所附之本文说明。
[60] See Keeton et al., Torts, *supra* note 12, at 573.
[61] 关于本案之事实,参见前注 17 所附之本文说明。

损害发生，从而只需课以过失责任，即可达到防止损害发生之效果。

对于原告主张，被告在都会区运送丙烯酸，应属异常危险行为。Posner 法官认为，铁路网之转运站经常位于都会区，本案被告及运送人实无法绕道他处，以避开都会区。再者，若要求货物主人安排运送丙烯酸之火车行程，不仅不切实际，且以其他行程代替本案行程，经常需要增加行程距离，被迫使用较差火车等，运送过程发生意外事件之可能性因而增加。事件发生损害结果或可减少，但意外事件之成本（事件发生之机会 × 所生之损害）可能因而提高。在本案，若被告等人善尽注意义务，足以有效预防意外事件；反之，被告等人以合理成本改变化学物质之运送方式，仍难以预防损害之发生，因而本案不适于适用无过失责任[62]。

本案法院以被告系托运人，而非运送人，因而判决被告不负无过失损害赔偿责任。反之，若本案被告为运送丙烯酸之火车公司，基于丙烯酸本身具有之危险性质，单纯贮存，即有可能构成异常危险活动，其因运送过程，必然增加损害发生之危险性，更应由被告负担无过失赔偿责任，始属事理之平。

四、传送过程所生之危险

美国许多法院认为，设置高压电线导致被害人受有伤害时，应负无过失损害赔偿责任。在 Ferguson v. Northern States Power Co. 一案，原告与其父亲在庭院修剪树枝时，因树枝触及被告公司之高压电线，原告身受重伤。法院认为，高压电之传送，对于附近居民具有巨大危险性，盖高压电流本身具有致命之危险，任何人靠近或接触，均可能导致伤害或死亡。尤有进者，居民对于高压电之危险程度显然欠缺认识，因该危险隐藏于外表上十分安全之电线内，一

---

[62] See Keeton et al., Torts, *supra* note 12, at 576—577; Epstein, Torts, *supra* note 17, at 677—680.

般人在知悉其危险性前,无法认识电线是否无害,或具有致命性伤害[63]。据此,高压电线既如此危险,适用侵权行为法整编第519与520段之规定,应属合理。且就损害成本之分散而言,由用电之所有消费者分担损害,亦属公平[64]。

关于传送过程所生之危险,在美国法上甚具争议者为,输水管破裂,酿成灾害之问题。前述之Bierman一案,明白认为主要输水管破裂,导致损害发生,被告应负无过失损害赔偿责任[65]。在Lubin v. Iowa City一案,法院则以被告对于输水管疏于检查维护,认为被告应负无过失责任。本案被告市政府所有之输水管破裂,淹没原告商店地下室,造成商品损害。法院认为,若市政府可以在输水管破裂之前,不对输水管进行检查维护,任其毁坏,而损害他人财物,显非事理之平。盖市政府或水公司必然知悉,输水管最终必将破裂,于水流溢出时,极有可能损害他人之财产。输水管本身固非异常危险,但本案之输水管埋于地下6英尺,除非发生水管破裂,无法适当检查维护,考诸本案输水管之管理方式,具有损害他人之可能性,应属异常危险活动。被告管理维护输水管,应使其承担检查维护不周之危险,且该输水管之真正受益者为用水之消费者,经由市政府或水公司分散检查与维护输水管之成本,应属合理。从而在损害发生时,被告应负责承担损失,而非由不幸之受害

---

[63] 本段文字系该法院引用自犹他州之判决 Brigham v. Moon Lake Elec. Ass'n, 470 P. 2d 393 (Utah 1970)。

[64] 307 Minn. 26, 239 N. W. 2d 190 (1976). See Keeton et al., Torts, *supra* note 12, at 579. 应予注意者系,本案法院固然认为,装置高压电线者应负无过失责任,但因虑及此项责任可能导致小型电力公司承受巨大经济损失,因而法院表示不愿作成最后决定,而呼吁立法机关解决此项问题。此外,在 Kent v. Gulf States Utilities (418 So. 2d 493, La. 1982)一案,对于未装绝缘体之电线,导致被害人电击死亡之案例,法院拒绝对电力公司课以无过失责任。See Grady, Torts, *supra* note 50, at 75.

[65] 参见前注14—16所附之本文说明。

原告个人负担[66]。

同样为地下水管破裂,同样无法以事前检查,而提早发现输水管破裂,但法院却否定无过失责任之成立者为 Jennings Buick, Inc. v. City of Cincinnati 一案。该案原告之汽车展示场遭受大量水害,损失不訾,请求损害赔偿。中级法院认为,本案之输水管破裂时,具有短时间排放大量用水之危险,对于附近邻居所有财产,构成重大危险。但俄亥俄州最高法院认为,在街道下装设地下水管,为现代城市普遍承认为适当、必须与合法之装置,除非该水管有爆炸可能性,对他人形成重大损害之危险,且非一般通常使用方式,否则地下输水管应非危险之事物。被告对于水管破裂,应仅负过失责任,而非无过失责任[67]。

应予注意者系,关于天然瓦斯管溢漏、爆破所生之损害,美国法院一再认为,被告不负担无过失责任。例如,在 New Meadow Holding Co. v. Washington Water Power Co. 一案,被告水电公司所有之地下天然瓦斯管,于第三人承包商进行电话电缆工程时,遭受损害,瓦斯外泄达 7 年之久,逐渐流入原告之房屋所在地。原告点燃火炉时,引燃外泄之天然瓦斯,受有损害。原告援用 Siegler 一案,主张被告应负无过失赔偿责任。法院认为,本案与 Siegler 案不同,并无大量贮存易燃性物质,在马路上高速运送之情事;反之,本案天然气仅系经由 2 英寸之小管输送,且埋藏于地下,远离具有可能造成危险之地表面,非属于异常危险之行为。何况本案瓦斯外泄,系因第三人承包商进行其他工程时造成,非属被告所能控制,不应由被告负责[68]。

---

[66] 257 Iowa 383, 131 N. W. 2d 765 (Sup. Ct. of Iowa, 1964). See Keeton et al., Torts, *supra* note 12, at 583—588.

[67] 56 Ohio St. 2d 459, 384 N. E. 2d 303 (1978). See Keeton et al., Torts, *supra* note 12, at 588. 相同见解之案例,参见 Pacific Northwest Bell Telephone Co. v. Port of Seattle, 80 Wn. 2d 59, 491 P. 2d 1037 (1971).

[68] 102 Wash. 2d 495, 687 P. 2d 212 (1984). See Grady, Torts, *supra* note 50, at 66—67.

再者,在 Mahowald v. Minnesota Gas Co. 一案,被告铺设于街道下之天然气输送管,因腐蚀断裂而爆破,原告因而受有人身与财产上之损失。主张被告应负无过失责任者认为,负责天然气营运之单位,可将对于原告损害之赔偿,分散由纳税义务人负担,而由天然气营运单位扮演保险人之角色。但本案法院认为,基于保险之立论基础而由被告负责,理由尚属牵强,盖原告对其房屋订有保险契约,原告无论人身或财产受有损害,大部分均由保险公司理赔。若本案由天然气营运单位负责,由天然气营运单位担任保险人之角色,则保险责任将由责任保险人转嫁为天然气营运单位及纳税义务人,似非合理。真正承担损害者,应非无辜之受害人,亦非天然气营运单位,而系收取保险费之保险公司[69]。

在 New Meadow Holding Co. 一案,法院系因被告瓦斯外泄之瓦斯管仅为 2 英寸之小管,有如在街道下方设置地下水管,属于现代社会之通常使用方法,非属异常危险行为。但若系瓦斯大型主要输送管发生溢漏,是否得以城市普遍承认为适当之通常使用方式,而排除被告之无过失责任,显有疑问。何况瓦斯管传送瓦斯比输水管输送用水,更具危险性。在输水管破裂,酿成灾害时,既有法院认为被告应负无过失赔偿责任,在瓦斯管发生溢漏时,更应对被告课以无过失责任。实者,本案被告无须负担无过失责任之原因,系因瓦斯外泄,乃第三人承包商进行其他工程所致,非被告所能控制之故。盖依据英美法之一般原则,被告应为异常危险之活动负责,必须被告对该危险活动直接参与,或对该活动具有控制能力始可[70]。德国学者亦认为:"(适用危险责任时),损害之发生如果由于不可抗力或不可避免之事由,且不能归咎于企业、物品或装置之特殊危险时,所有人或持有人可不负责任。"[71]

至于在 Mahowald 一案,法院仅以保险之理由,认为装置天然气

---

[69] 344 N.W.2d 856 (Minn. 1984). See Keeton et al., Torts, *supra* note 12, at 591—592.

[70] Diamond, *supra* note 31, at 279—280.

[71] Larenz, *supra* note 7, at 275.

输送管之被告,无须负担损害赔偿责任,与美国多数法院之见解相违。盖保险仅为考量被告承担损害赔偿责任后,是否具有转嫁分散之能力,应予斟酌之因素。被告之行为是否构成异常危险活动,仍须就该行为本身是否具有高度危险性、该危险是否得以善尽注意义务予以排除,以及被告活动是否为一般人正常使用土地之方式等因素,加以考察。天然气输送管因腐蚀断裂而爆破,其情形较之输水管破裂可能造成之损害,有过之而无不及,应难认为被告得以免除责任。

五、散布危险物质

在美国关于散布危险物质,构成异常危险活动最多之案例为空中喷洒农药之判决。空中喷洒农药,可能导致附近鱼池鱼只死亡[72]、邻近小麦受损[73]等,法院皆认为加害人应负无过失责任。盖空中喷洒农药或其他化学物质,其数量难以控制,且飞机造成空气流动,加上自然大气力量之影响,均使空中喷洒农药之结果无法控制,被告纵使善尽其注意义务,亦无法避免损害之发生,因而应负无过失责任[74]。

举例言之,在 Langan v. Valicopters, Inc. 一案,被告在其农田实施空中喷洒杀虫剂,邻近种植有机农作物之原告主张,该杀虫剂污染其种植之有机作物。经查,杀虫剂残留于原告作物之剂量并未超过法定食用作物之要求,但原告农作物因而无法以有机农作物上市。原告请求损害赔偿时,法院认为空中喷洒农药,符合侵权行为法整编第 520 段规定之要件,虽然杀虫剂对控制害虫与杂草具有功用,但就平衡双方当事人之利益而言,原告因喷洒杀虫剂,丧失有机蔬菜之市场,被告因使用杀虫剂,获有利益,因而被告应

---

[72] Boroughs v. Joiner, 337 So. 2d 340 (Ala. 1976).
[73] Bella v. Aurora Air, Inc., 566 P.2d 489 (Or. 1977).
[74] Note, *Crop Dusting*, 6 Stan. L. Rev. 69, 70, 75 (1953).

第四章 危险责任与过失推定 **141**

对其喷洒农药之结果负责,双方之利益始得平衡[75]。

另一类散布危险物质之活动为辐射溢漏事件。在 Bennet v. Mallinckrodt, Inc. 一案,原告为被告放射性药物制造工厂之邻居,主张因长期暴露于辐射泄漏,导致身体与精神上均受有损害。法院认为,核灾事件之结果甚为严重,核灾事件亦无法以任何管制、监督或技术改良而完全排除,且核子设备之使用亦非土地之自然使用。据此,核子损害事件应属异常危险之活动,被告应负无过失责任[76]。

在 T & E Industries v. Safety Light Corp. 一案,被告公司于工业区从事自矿物中抽取镭物质之工作,抽取后将剩余之硬件废弃物"镭尾",弃置于工厂所在地。此项工作自 1917 年进行至 1926 年为止。在 1943 年后,该地数易其主,原告不知弃置"镭尾"之事,而购买该地。事后环保单位发现,弃置之镭尾对人体健康具有重大威胁,在受污染地点有进行整治之必要,原告乃起诉请求被告赔偿整治费用与其他损害。

被告抗辩,出卖人对土地移转于买受人时既存之情况,不负责任。法院认为,出卖人从事异常危险活动,污染土壤,污染者应负整治之费用,盖无过失责任可以使危险活动之外部成本"内部化",被告公司应负无过失责任。至于被告主张在 20 世纪 20 年代,并不知弃置镭尾系属异常危险行为。法院认为,过失责任所应具备之"知悉"或可预见危险发生,是否适用于无过失责任,尚有疑问。本案被告对于弃置镭尾可能产生之真正危险或未可知,但被告必定知悉其弃置之物充满潜在危险。因而即使无过失责任以"知悉"危

---

[75] 88 Wn. 2d 855, 567 P. 2d 218 (1977). See Keeton et al., Torts, *supra* note 12, at 573—574. 在地面从事喷洒农药时,美国法院亦有认为被告应负无过失责任者。参见 Luthringer v. Moore, 190 P. 2d 1 (Cal. 1948)。

[76] 698 S. W. 2d 854 (Mo. App. 1985). See Diamond, *supra* note 31, at 285—286; Keeton et al., Torts, *supra* note 12, at 567。

险活动之危险性为必要,本案被告显然已充分知悉[77]。

类似上例,在日常生活中日益严重之问题为废弃物之弃置所造成之损害。在 State, Department of Environmental Protection v. Ventron Corp. 一案,被告为四家共同生产水银之工厂,多年来将未经处理、含有水银成分之废弃物,弃置于工厂所在地。该废弃物渗入河流,污染河川出海口,环保单位起诉请求清理计划所需之费用。法院依据侵权行为法整编规定之法理,认为土地所有人对于土地贮存之有毒废弃物,流入他人土地导致之损害,应负无过失责任。盖有毒废弃物渗入他人土地,流入河川,必然造成环境污染。因而水银或其他有毒废弃物应属异常危险物质,其弃置行为应属异常危险活动,无论行为人是否有意污染环境,均应负担整治成本[78]。

在 Atlas Chemical Industries, Inc. v. Anderson 一案,被告故意将工业废弃物弃置于原告土地上,但表示并无伤害原告之意图。法院认为,污染者应负无过失责任,无论是否故意弃置,在所不问。本案法院进一步指出,污染者基于故意弃置废弃物,应依据德州之公共政策决定其责任。依据德州法律规定,德州之水应保持无污染。基于此项公共政策,无论某项工业如何重要,其所有人或管理人应遵守以下规范:利用该工业或其财产时,不得使邻人之财产受有损害。盖允许从事工业之人侵犯邻人财产,而无须负担赔偿责任,无异将过错转由邻人承担,应非法之所许。各州法律从无认为,从事重要企业之人得侵犯从事经济上较不重要企业之人,而不负赔偿责任者。污染发生损害之成本,应由企业加以内部化,作为产品之成本,由消费者或股东负担,而非由受害之个人承担[79]。

关于散布危险物品,在美国经常发生争执之案例为枪支制造

---

[77] 123 N. J. 371, 587 A. 2d 1249 (1991). See Keeton, et al., Torts, *supra* note 12, at 568.

[78] 94 N. J. 473, 468 A. 2d 150 (1983). See Keeton et al., Torts, *supra* note 12, at 568.

[79] 514 S. W. 2d 309 (Tex. Civ. App. 1974). See Henderson et al., Torts, *supra* note 18, at 544—545.

与贩卖,是否为异常危险之行为。第一个认为枪支制造与贩卖厂商应负无过失责任者为 Kelley v. R. G. Industries, Inc. 一案。该案被告厂商生产一种专门用以杀人或自卫之轻便手枪(称为 Saturday Night Special)。马里兰州上诉法院认为销售上述手枪,仅供犯罪之用,别无其他合法用途,因而凶手使用该手枪射杀被害人,被告厂商应负赔偿责任。但本案法院特别指出,被告应负责任,并非因被告行销手枪,符合侵权行为法整编第 519 至 520 段之规定,而系基于普通法之一般原则[80]。在其他州法院,均以行销贩售手枪,不构成异常危险之活动,而认为枪支制造厂商,不负无过失责任[81]。

六、举办活动

在举办活动本身具有危险性时,被告亦应负担无过失损害赔偿责任。例如在 Klein v. Pyrodyne Corp. 一案,原告为夫妻,观赏美国国庆烟火晚会,因烟火发射偏离预定轨道,于爆炸时,原告脸部与眼睛遭受严重伤害,乃起诉请求承办烟火表演之厂商,负担无过失损害赔偿责任。法院判决,任何人将烟火点燃后,在群众之前,发射至高空爆炸,导致他人人身或财产受害,应负赔偿责任。盖发射烟火造成他人严重受害之危险,可能由于烟火本身制作不良,亦可能因发射方向错误,纵使被告善尽注意义务,亦无法完全排除发射烟火,产生爆炸后之高度危险,因而被告应负无过失责任[82]。

---

[80] 304 Md. 2d 124, 497 A. 2d 1143 (1985). See Henderson et al., Torts, *supra* note 18, at 550.

[81] See Martin v. Harrington and Richardson, Inc., 743 F. 2d. 1200 (7th Cir. 1984); Richman v. Charter Arms Corp., 571 F. Supp. 192 (E. D. La. 1983), *rev'd sub nom.* Perkins v. F. E. E. Corp., 762 F. 2d 1250 (5th Cir. 1985); Coulson v. DeAngelo, 493 So. 2d 98 (Fla. Dist. Ct. App. 1986); Linton v. Smith & Wesson, 127 Ill. App. 3d 676, 496 N. E. 2d 339 (1984); Delahanty v. Kinckley, 686 F. Supp. 920 (D. D. C. 1986). See Henderson et al., Torts, *supra* note 18, at 550; Vandall et al., Torts, *supra* note 20, at 497—502.

[82] 117 Wash. 2d 1, 810 P. 2d 917 (1991). See Grady, Torts, *supra* note 50, at 68—69.

但在 Palumbo v. Game & Fresh Water Fish Commission 一案，原告为佛罗里达大学学生，参加该大学举办，由被告承办，在公园举行之学生团体欢乐活动。原告准备搭船时，发现学校所有之二只船舶已起航至湖中，其中一只搁浅。原告决定游泳至该船，一方面帮忙船上人员，一方面做运动。原告在游泳途中被鳄鱼咬伤，主张该大学与被告未为适当安全设施，应负赔偿责任。法院判决原告败诉，因湖边已有"禁止游泳"与"禁止喂食鳄鱼"等警告标志与鳄鱼图片，被告已善尽警告之义务，且该湖泊之前从未发生类似事件，原告不得将自己之疏忽导致之损害，转由被告负担[83]。

本案原告系因游泳被鳄鱼咬伤，造成伤害，请求赔偿，法院判决被告无庸负责。盖游泳并非被告举办欢乐活动之项目。设若原告系于搭船游湖时，船舶翻覆，掉落水中，被鳄鱼咬伤，法院似应判决被告应负担无过失责任。盖搭船游湖本身具有发生损害之危险，且纵使被告善尽注意义务，船舶仍可能因机件故障等因素而发生翻覆，而无法全然排除危险。由此可知，本案被告无庸负责，实因原告之行为非属被告举办活动之内容，有以致之。

伍、危险责任之排除

《美国侵权行为法》整编第 523 段规定："原告自甘冒险，从事异常危险之行为，不得请求损害赔偿。"第 524 段规定："被告从事异常危险行为时，不因原告有过失而免责。但原告知悉并不合常情地使自己遭受异常危险之与有过失，被告可主张免除严格责任。"第 524 段所谓"原告知悉并不合常情地使自己遭受异常危险"，与自甘冒险行为，差异甚微[84]，因而依据美国侵权行为法整编之规定，原告之冒险行为足以排除被告之严格责任，但原告之与

---

[83] 487 So. 2d 352 (Fla. Dist. Ct. App. 1986). See Grady, Torts, *supra* note 50, at 69—70.

[84] See Keeton et al., Torts, *supra* note 12, at 596.

第四章 危险责任与过失推定　**145**

有过失,原则上不妨碍被告严格责任之成立。

就自甘冒险行为而言,在 Mclane v. Northwest Natural Gas Co. 一案,被告为天然气公司,贮存大量天然气于若干贮存槽;被告兴建中之天然气贮存槽,由被害人施作隔离设施。因其他贮存槽之天然气外泄,发生爆炸,被害人被炸身死。法院认为,天然瓦斯具有挥发性,易于导致重大损害,且贮存槽具有爆炸或失火之危险,无法以善尽注意义务加以完全排除。再者,被告行为之危险,并非工业上惯行活动之结果;被告从事异常危险活动,应无理由不对导致他人损害之额外危险,所生之成本加以负责;在二位无辜之当事人间,所应承担损失者,应系创造危险、导致损害之一方。因而天然气之贮存,有如爆裂物之存放,应系异常危险之活动[85]。

被告在本案抗辩,被害人在被告土地上施作工程,发生爆炸,系属自甘冒险之行为,依据侵权行为法整编之规定,被告应免除无过失责任。但法院认为,所谓自甘冒险行为,不包括被告之受雇人或与被告订有契约,履行契约之人所为之行为。再者,自甘冒险之原则,必须被害人参与工程施作前,明确知悉该工作具有导致死亡之危险,且自愿参与、引发该危险,始有适用余地。但本案被害人进入被告土地,系为被告进行工程施作,属于被告之受雇人或为被告履行契约之人;在参与施作工作前,亦无自甘冒险之认识,因而不适用侵权行为法整编之规定[86]。

关于被害人与有过失之抗辩,在 Heidemann v. Wheaton 一案,原告参观被告之黑熊时,该熊自铁笼中伸出手掌,抓伤原告。铁笼与参观位置距离 6 英寸。法院认为,被告自行接近黑熊,应属于有过失或自甘冒险。但法院同时认为,与有过失应依被害人之过失程度,减轻被告之赔偿数额,而非排除被告之全部责任[87]。又在

---

[85]　255 Or. 324, 467 P. 2d 635 (Sup. Ct. of Oregon, 1970). See Keeton et al., Torts, *supra* note 12, at 593—594.

[86]　See Keeton et al., Torts, *supra* note 12, at 595.

[87]　72 S. D. 375, 34 N. W. 2d 492 (1948). See Keeton et al., Torts, *supra* note 12, at 596.

Fraser-Patterson Lumber Co. v. Southern Railway Co. 一案,被告火车公司之火车冒烟,引燃原告木材公司之木材,原告受有损害。被告则主张,原告于铁道旁设置木材工厂,为有过失。法院认为,依据该州法律,火车公司对火车造成之损害应负无过失责任,既属无过失责任,被告不得以原告有过失作为抗辩事由[88]。

陆、台湾法之检讨

英美法院认为,从事危险活动之人,由于其活动具有高度危险性,且该危险性无法以善尽一般注意义务加以排除,被告既为从事该危险活动之人,且具有危险分散与损害分摊之能力,为促使被告放弃该危险活动,或采取更进一步预防损害发生之手段,基于公平原则,由引起危险之被告负担损害赔偿责任,而非由无辜之被害人承担损失,符合正义之观念,亦符合经济效益。因而在前述异常危险活动之案例类型,英美法认为应对被告课以无过失责任。

综合观察上述英美法关于危险责任之案例,可发现部分案例属于台湾地区现行《民法》第191条规范之对象[89]。《民法》第191条第1项所谓土地上之工作物,除建筑物外,学说上认为包括煤气槽、给水槽、电视发射塔、隧道、堤防、贮水池、水道设备、水井、自来水设备、电杆、电线、运动架具等[90]。实务见解,认为本条之工作物,包括台电公司之高压电路线之架设及路边电杆上或电容器上之设置、房屋火灾后之残垣、溪上之水坝、公用电话亭之电灯线路埋管深度过浅而致漏电、学校运动架具或私人装接自备路灯,

---

[88] 19 F. Supp. 424 (W. D. S. C. 1948). See Keeton et al., Torts, *supra* note 12, at 596—597.

[89] 危险责任之案例,台湾地区在特别法有设其规定者。例如,民用航空法第89条、核子损害赔偿法第18条之规定等。

[90] 郑玉波,前揭书,前注5,第194页;孙森炎:《民法债编总论》,第230页;黄立,前揭书,前注1,第311页。

因年久失修,电线保养不善,发生漏电等[91]。据此,关于上述大型用水蓄水池、污水贮水池或化学物质存放池溢漏、地下汽油槽或瓦斯贮存槽外泄,以及高压电线致人于死等异常危险案件,在台湾地区法,应依据《民法》第191条加以规范,而非适用《民法》第191条之3。甚至关于房屋积雪掉落,打伤行人之案件,在台湾地区亦应适用《民法》第191条之规定负责。再者,关于地下输水管或瓦斯管溢漏外泄,造成损害之案件,在台湾地区学说解释《民法》第191条之适用时,均认为该条所谓土地上之地上物包括固定于土地之机器或设备[92]。实务上讨论中油公司之柴油管,因被荣工处于施工时凿破,致漏油污染附近乡镇造成损害时,其赔偿责任之归属,亦以《民法》第191条作为请求权基础加以讨论[93]。据此而论,地下输水管或瓦斯管应解释为《民法》第191条之工作物。

其次应探讨者系,在上述案例之外,例如仓库贮存爆裂物、兴建工程使用炸药、挖掘油井发生爆炸、卡车运送汽油或具有危险性之化学物质、空中喷洒农药、工厂辐射线外泄、弃置有害废弃物以及举办各类活动,发生损害时,是否均可适用《民法》第191条之3之规定。依据《民法》修正委员会讨论本条之规定时,提案委员认为本条系针对公害事件所为之规定[94]。亦有委员认为:"第191

---

[91] 参见马维麟:《民法债编注释书(一)》,第350—351页。

[92] 孙森焱,前揭书,前注90,第230页;黄立,前揭书,前注1,第311页。

[93] "法务部"1996法律决字第01581号函,法务部法规咨询意见汇编(三),第62—63页。

[94] 例如,施智谋委员谓:"公害之责任,则着重在其工作之性质或所使用之工具或方法,显有致人于损害之危险所课予之责任,故对于责任主体之范围宜有相当的限制,以免过于广泛,致与公害侵权行为设立之本意相违。"金世鼎委员谓:"施委员所拟第191条之3……乃在于使此种具有危险性之工作负有采取必要的防范措施之义务,使其公害性更具明显性,例如核子工厂或工业区工厂所排之废水、废气等,各工厂对其均应特别的采取防范措施。"("法务部"民法研究修正委员会议纪录,财产法组第三集,第27页。)此外,依民法债编修正草案初稿条文对照表之说明:"近年以来工商业日益发达,公害问题已为社会所诟病,现行法对于公害之侵权行为责任,尚乏明文,爱参照意大利民法第2050条立法例增设本条公害侵权行为之责任之规定,其程度较一般过失责任为重,借以保障被害人之权益,并维护社会之安宁与和谐。"(前揭纪录,第42页。)

条之 3 规定'从事一定工作之人','工作'二字含意是否能包括其他各类之活动,如娱乐活动之类,值得商榷,故用'活动'二字,较能广泛的涵盖一切情形。"[95] 及 1999 年正式公布《民法》修订债编及其施行法新旧条文对照表暨修正说明时,则认为《民法》第 191 条之 3 适用之范围,包括"工厂排放废水或废气、筒装瓦斯厂装填瓦斯、爆竹厂制造爆竹、举行赛车活动、使用炸药开矿、开山或燃放焰火"等活动。换言之,本条之规范对象不以公害事件为限,而包括任何具有危险性之工作或活动。其适用之范围,显然大于《民法》第 191 条之规定。

《民法》第 191 条之 3 所谓"工厂排放废水或废气"即为典型公害事件,得以包括本文所述之贮存有毒化学物质或汽油而溢漏、空中喷洒农药、工厂辐射线外泄、弃置有害废弃物引起污染等事件;所谓"筒装瓦斯厂装填瓦斯、爆竹厂制造爆竹"即为本文所述之贮存爆裂物事件;所谓"举行赛车活动"相当于本文所述举办具有危险性之娱乐或庆祝活动;所谓"使用炸药开矿、开山或燃放焰火"即为本文所述使用爆裂物进行工程之案件。至于运送汽油或化学物质,本质上具有高度危险性,应属该条规定具有危险性之活动。换言之,《民法》第 191 条之 3 已将本文所述,在英美法上适用无过失责任之案例予以规范。

抑有进者,依据本条之文义解释,所谓"工作或活动之性质或其使用方法有生损害于他人之危险者",实不以立法理由书所列举之活动为限。学者于解释本条规定时,即认为经营西餐厅或化学工厂;经营坐月子中心或幼儿园;医疗行为或在海上从事浮潜活动等,均应适用本条规定而负责任[96]。果如此,则《民法》第 191 条之 3 之规范对象,将无所不包,只要任何工作或活动具有某程度之危险,均有适用之余地。

对于《民法》第 191 条之 3 之解释适用,所生疑问者,首为该条

---

[95] 张特生委员之发言(见"法务部",前揭纪录,前注 94,第 27 页)。
[96] 黄立,前揭书,前注 1,第 321 页。

之适用范围。本项问题,又与《民法》第191条之解释适用最具关联。亦即,在《民法》第191条之3制定前,实务及学说尽量扩大《民法》第191条之适用范围,无论电线伤人或油管漏油,均属《民法》第191条之规范对象。从而在《民法》第191条之3公布施行后,极可能发生二者适用范围冲突之问题。例如,在公害事件,因工厂蓄水池贮存污水或化学物质,发生溢漏,导致损害;或汽油贮存槽发生爆炸,致人伤亡,应有《民法》第191条之3规定之适用,盖该条之制定本即在于规范公害事件。但依据通说见解,蓄水池或贮存槽亦属《民法》第191条之"工作物",究以何条文优先适用,不无疑问。再如高压电线发生伤人致死案件,依据通说,系属《民法》第191条之"工作物"所生之侵权责任。但高压电线显然亦属《民法》第191条之3之"工作性质具有危险者",在本条公布施行之后,是否不再适用《民法》第191条之规定?又如柴油管漏油,导致油污染事件,系属公害事件,但以往实务系以《民法》第191条之"工作物"是否设置或保管有欠缺,论定被告之责任,在《民法》第191条之3公布施行后,是否应改变适用之法条?

关于上述问题,若认为《民法》第191条之3系属危险责任之一般规定,而第191条系属危险行为之"特别规定",上述案例仍应继续适用后者。果如此,则《民法》第191条之3之适用对象,将以第191条规定以外之案例为限。但如此解释,是否符合《民法》第191条之3的立法本意,甚有疑问。例如,公害事件为该条明言所欲规范之案例类型,若因污染源涉及《民法》第191条之"工作物",即无《民法》第191条之3之适用,似与该条之立法意旨不符。

其次,《民法》第191条之3亦可能与第184条第2项关于过失推定之一般规定,发生适用上之问题。例如,在1981年台上字第667号判决谓:"依建筑法第63条及第66条规定,建筑物施工场所,应有维护安全、防范危险及预防火灾之适当设备或措施,又五楼以上建筑物施工时,应设置防止对象坠落之适当围篱,该被上诉人等既不否认于上诉人出事以前,该工程并无设置围篱等适当之安全措施,自己违反前开建筑法有关保护他人之规定,依《民法》第

184条第2项规定,应推定其有过失。"[97] 建筑施工,有对象掉落之危险,符合《民法》第191条之3之"工作或活动之性质具有危险性"之规定,在新法公布施行后,是否应优先试用本条,而非《民法》第184条第2项之一般规定,以推定被告之行为具有过失？或二者形成请求权竞合,均得作为权利请求之基础？

又如,1984年台上字第4211号判决谓:"查土地所有人开掘土地或为建筑时,不得因此使邻地之地基动摇或发生危险,或使邻地之工作物受其损害,《民法》第794条定有明文,此系保护他人维持社会公益之规定,定作人违反此项规定者,应推定其于定作或指示有过失。"[98] 土地所有人开掘土地或为建筑时,使邻地之地基动摇或发生危险,似亦构成《民法》第191条之3之危险工作或活动。此时可否不依《民法》第184条第2项之规定,而径依第191条之3之规定负责？

解释《民法》第191条之3之适用范围,最为困难者,在于台湾地区现行《民法》将外国立法例采取无过失责任之案例,以推定过失责任处理。在《民法》第191条虽有类似问题,但因该条规定客体为"土地上之建筑物及其他工作物",清楚明白,解释空间较小,不易发生过度扩张,将外国所有关于危险责任之案例,均加以规范之问题。但第191条之3规定,只需工作或活动之性质或其使用之工具或方法具有危险性,即可适用,具有不确定法律概念之性质,拥有较大解释空间,若不加以一定限制,可能无限扩张其适用范围。然而在试图限制本条之适用范围时,又面临另一项问题,即本条不采外国立法例之危险责任,而采取推定过失责任。按若本条规定采取无过失责任,则大抵可依据外国立法例与法院之相关判例,作为解释之参考,亦即以构成"危险责任"之案例,作为本条之适用范围。但因本法采取推定过失责任,本质上系属过失责任,而非危险责任。因而若将其适用范围限缩于危险责任之案例,似有过于狭窄之虞。反之,对于本条规定之适用范围,若不以危险责任

---

[97] "最高法院":《民刑事裁判选辑》,第2卷第1期,第69页。
[98] "最高法院":《民刑事裁判选辑》,第5卷第2期,第194页。

之案例为限,则可能因为要件宽松,无所不包,"成为最重要的侵权行为请求权条款"[99],不当排挤其他侵权行为规定之适用机会,是否妥当,不无疑义。

实者,就《民法》第 191 条之 3 之立法过程以观,本条规定在于规范公害事件及具有"危险性"之工作或活动;依据立法理由书之说明,本条在于规范危险事业或制造危险来源之活动。据此,本条规定系属危险责任之规定,应属显然。惟本条规定之问题在于,将危险责任之案例,规定为推定过失责任。按推定过失责任本质上系属过失责任,被告有可能举证推翻法律之推定,而无庸负责。若以危险责任之案例考察,诚如美国著名法官兼学者 Posner 所言,无过失责任系在过失责任主义无法达成侵权行为法之功能与目的时,在某些意外事件,被告无法以善尽注意义务全然避免损害发生,为使被告变更活动方式或地点,而使被告负担损失赔偿之责任[100]。换言之,在危险责任之案例,既已无法以过失责任主义达到侵权行为法之规范目的,则台湾地区法对于危险责任之案例,采取过失推定责任,显属不妥。欲避免以过失推定责任代替危险责任产生之问题,可能的方法系放弃《民法》第 191 条之 3 系属"危险责任"之规定。但如此见解,不仅不符学说之见解[101],与本条之立法理由不合,且因本条规范对象无限扩张的结果,不仅与《民法》其他相关条文之适用关系难以区别,且可能如同法国民法第 1384 条一般,无限扩张,而架空侵权行为法其他规定之适用[102],将使本条

---

[99] 黄立,前揭书,前注 1,第 320 页。
[100] 参见前注 17 所附之本文说明。
[101] 参见前注 1—2 所附之本文说明。
[102] 法国《民法》第 1384 条第 1 项规定:"人们不仅应就自己行为所造成之损害而负责,尚应就其所负责任之人之行为,或其管理下之物所造成之损害而负责。"法国法院将本条规定解为侵权行为之无过失责任之规定,并一再扩张其解释适用,导致甚多案件均依本条规定而适用无过失责任,其他侵权行为条文则因而萎缩其适用范围。(此项法国法法律适用之演变,主要参考台湾大学陈忠五教授于 1999 年度学期中,台大法律研究所"比较侵权行为法"课堂上之报告。另外参见,王泽鉴:《侵权行为之危险及其发展,民法学说与判例研究》第二册,第 160—161 页。)

丧失规范意义,流于"未臻精确,不能令人满意"之讥[103]。

柒、结　论

《民法》第 191 条之 3 的制定公布,带给台湾地区民法新的生机,开阔无限解释空间,为往后法院在实务运作上,提供一则可以大量解释适用的规定。依据本文所述,外国法上关于危险责任之案例,在台湾地区法系由《民法》第 191 条与第 191 条之 3 分别规范。二者规范之对象,有重叠之可能(例如若干公害事件),在实际案件适用上,是否认为《民法》第 191 条之规定优先于第 191 条之 3 而适用,尚有疑问。再就《民法》第 191 条之 3 与同法第 184 条第 2 项之规定观察,二者同为推定过失责任,在某些案件既违反保护他人之法律(例如,违反水污染防治法或土壤污染防治法),被告活动性质又具有异常危险性时,二者之适用关系如何,尚待斟酌。

《民法》第 191 条之 3 之规范内容所以发生疑义,在于该条将危险责任之案例类型规定为推定过失责任,而采过失责任主义。此项立法是否妥当,不无疑问。本文认为,该条之规范意旨既为危险责任之规定,应采无过失责任,而非推定过失责任。至于该条规定为推定过失责任后,除发生本文所述之适用范围问题外,是否因与侵权行为法之其他规定(如《民法》第 184 条第 2 项、第 191 条)同采推定过失责任,而发生该条规定之适用对象已为其他规定所规范,因而即使无本条规定,亦属无妨之情况(换言之,本条规定因而成为"无用"之条文),尚待另文就实际案例,与其他法律规定之解释适用,加以比较分析。

本文曾发表于月旦法学杂志第 55 期,第 16—40 页(1999)

---

[103]　参见前注 4 所附之本文说明。

第五章 消保法有关服务责任之规定在实务上之适用与评析

壹、前 言

《消费者保护法》自1994年施行迄今,已近5年,其间相关论述著作陆续发表,丰富此间消费者保护之法制[1]。消费者保护法就企业经营者之责任,无论商品或服务,均课以无过失责任,就商品责任,尚无争议,但就服务业者适用无过失责任,则引起学界与服务业者之广泛质疑。各国和地区立法例对服务业者采取无过失责任者,甚为少见,仅巴西之消费者保护法与中华人民共和国之消费者权益保护法而已[2]。欧洲共同体于1990年提议就服务业者之责任加以立法,虽采推定过失责任,由服务提供者就无过失举证免责,但仍未获欧洲理事会通过[3]。足见就服务提供者课以无过失责任,系属罕例。台湾地区消费者保护法就商品与服务一体适用无过失责任,就服务未加定义,学说对服务业亦未加以类型化,台湾地区法院判决对于服务业之适用消费者保护法,亦未加以明

---

[1] 例如:台湾大学法律系与韩忠谟教授法学基金会、消费者保护委员会等单位联合于1998年3月11日联合举办"消费者权利之保护——消费者保护法实施四周年学术论文研讨会",学者提出论文四篇讨论。参见,台大法学论丛,第27卷第4期,1998年。另见,林益山:《消费者保护法》,台北,五南图书公司,1994年。

[2] 朱柏松:《消费者保护法论》,台北:翰芦图书公司,1998年,第87、178页。

[3] Geraint Howells and Thomas Wilhelmsson, EC Consumer Law, 28—29 (Aldershot: Dartmouth, 1997).

确限制,似乎所有服务业者均为消费者保护法无过失责任适用之对象,与大多数国家和地区之立法迥异,是否妥当,实有研究之余地。

本文首先介绍台湾地区最近四则有关服务责任之法院判决。在肩难产案件,法院以医疗服务为消费者保护法无过失责任适用之对象;在帛琉旅游受伤事件,法院因原告请求慰抚金赔偿,认为旅游服务系属消费者保护法无过失责任规范之对象;在保全公司被诽谤案件,法院认为保全业者与消费者之契约应受消保法有关定型化契约之规范。在台北市公车车祸案件,法院因原告请求惩罚性赔偿金,而适用消费者保护法,并认为大众运输业者之服务有无过失责任之适用。上述案例,涉及何种服务业应受消费者保护法之规范,以及法院适用消费者保护法于服务业时,如何认定该服务业者是否应适用无过失责任。

本文将指出,台湾地区法院以企业经营者提供之服务是否与消费者之安全或卫生上之危险有关联,为认定服务业者是否受消费者保护法适用之对象,并非妥当。盖何谓有安全或卫生上危险之服务业,甚不明确。再者,本文将探讨英美法院对服务业者之责任认定原则。依据英美判例,服务业者之责任区分为商业上交易行为与专门职业人员之服务,二者适用不同责任。在商业上交易行为之服务,英国法院对服务提供者系采无过失担保责任,美国法院则认为,只在服务与商品混合契约,始有无过失责任之适用,至于纯粹服务契约,仍不适用无过失责任。至于专门职业人员之服务,无论是否涉及商品之使用,英美二国法院均认为专门职业人员仅负担过失责任。基于英美判例学说之检讨,本文认为,在商业上交易行为之案件,消费者保护法采取无过失责任,尚值赞同。但就专门职业人员,尤其医疗服务之提供,本文则认为应采过失责任为适当。

贰、四则有关服务责任之法院判决

一、肩难产案件（台北地方法院1996年度诉字第5125号民事判决）

本案原告起诉主张其母自1994年6月起至被告医院委请郑姓医师进行产前检查，并于同年12月5日生产，由郑姓医师为其接生，产下原告。原告双亲不久发现原告有右手不能活动之现象，经诊断为右臂神经丛受伤，系属肩难产。郑姓医师疏未注意各种产前及产时检查之讯息，致未能事先考虑为原告安排一切确保安全之服务，依《消费者保护法》第7条第3项及《民法》第193条规定，请求被告赔偿减少劳动能力之损害100万元。被告则以其提供予原告之服务已具通常可合理期待之安全性，且符合当前医学认知，已无安全或卫生上之危险，主张其依法不负任何责任。

就医疗服务是否属消费者保护法所称服务之范围，台北地方法院谓："按消费者保护法固仅对'商品'加以定义，并未对'服务'加以任何定义，亦未作任何限制，是以提供服务为营业者，不问其是否与商品有关，由于其与消费者之安全或卫生有关，均为受到消费者保护法所规范之企业经营者。又消费乃一为达成生活目的之行为，凡是基于求生存、便利或舒适之生活目的，在衣食住行育乐方面为满足人类欲望之行为，均属之。易言之，凡与人类生活有关之行为，均属消费行为。准此，医疗服务之行为，核其性质，自提供医疗服务者观之，故与商品无关，且无营利性，惟其与消费者之安全或卫生有莫大关系，而自接受医疗服务者观之，此属于人类基于求生存之生活目的，为满足人类欲望之行为，其为以消费为目的而接受服务之消费者甚明（消费者保护法第2条第1款规定参照），参以'消费者保护法'第7条第1项规定：'从事提供服务之企业经营者应确保其提供之服务无安全或卫生上之危险。'足见本法所称服务之性质在于消费者可能由于该服务之提供陷于安全或卫生上之危险，是以医疗服务行为固非属于商品买卖交易，而属于提供专业技术与服务之关系,且于诊断或治疗之过程中,均无法确保'无安全或卫生之危险',具有医疗不确定性及危险性,然其与公民生活卫生健康安全攸关,本于保护消费者权益,促进公民消费生活安全,提升公民消费生活品质之立法目的(消费者保护法第1条参照),应将之列为消费者保护法之规范对象,况每一行业均有其不确定性及危险性,医疗服务业甚难以此为由拒绝消费者保护法之适用,正因医疗行为特别具有不确定性及危险性,更需提供医疗服务者负有更高之注意义务;再者,消费者保护法对于提供服务者所负之无过失责任并非毫无界线,此观诸消费者保护法施行细则第5条对于法文所称'安全或卫生上之危险'定有明确认定标准至明,限缩无过失责任之范围,至于医疗过程中可能发生不可控制之变量,此若符合施行细则第5条之认定标准,自可排除无过失责任之适用。倘若医师为规避无过失责任之危险,而采取拒看危险病人、不再尝试无完全把握之手术或增加许多不必要之检查、检验、治疗或手术而造成医疗资源之浪费及医疗费用之高涨,此乃医师个人拒绝负责之心态,医疗行为攸关病人身体生命健康,岂容医师为自己利益而罔顾病人权益?综言之,医疗服务应属消费者保护法所称服务之范围。"[4]

就被告提供之服务是否符合当时之科技或专业水准,而得以免责,台北地方法院谓:"消费者保护法施行细则第5条第1项但书之规定自不得以相关企业经营者之行为方式是否具有可非难性为解释之基准,否则因该但书之规定终究不过使现行消费者保护法关于商品责任之制度成为推定过失之责任制度,原冀望建立无过失责任制度以妥适分配危险之立法意旨亦将因而无法实现,准此,关于科技水平并非客观典型之注意及义务之标准,而系表示危险探知及评价之方法或手段,因而,具决定性者并非系特定制造人或一个客观典型之群体标准已为相当注意之制造人是否能知悉存

---

[4] "行政院"消费者保护委员会:《消费者保护法判决函释汇编(一)》,第20—21页(以下称消保法汇编(一))。

在于其商品中之危险或瑕疵,而系产品之危险在客观上是否得被任何人所认识,依此,惟能证明事实上无人处于得认识该危险或瑕疵之状况者,方得充分免责之举证要件。"[5]台北地方法院据此认为,被告雇用之郑姓医师于第二次超音波检查之际,即已预估38周之原告体重相当于40周足月之胎儿,且于最后一次产检时,即可预估原告之母体重过重,依据台湾大学医学院及卫生署医事审议委员会之意见表与鉴定书谓:"胎儿体重成长与肩难产之发生有相当因果关系",可认为被告"客观上当可预测于分娩时可能发生肩难产之危险"[6]。换言之,被告既能预测原告于分娩时可能发生肩难产之危险,非"无人处于得认识该危险或瑕疵之状况",因而被告不得依其提供之服务已符合当时科技或专业水准,而举证免责。

就被告对本案肩难产之发生是否具有过失,长庚纪念医院认为原告受创之原因,系因胎儿过重或肩胛太宽,造成拉产困难所致。台湾大学医学院意见书谓:"肩部难产在产科学上有时是不可预测",卫生署医事审议委员会之鉴定书亦谓:"现代医学认为肩难产是个不可预知,无法完全预防的紧急状况,……本案肩难产之后,医师处理过程符合目前医学的认知。"台北地方法院依据前开意见,认为本件郑姓医师就原告之母之产前检查、接生过程与发生肩难产后之处置,并无应注意且能注意而不注意之情事,或有预见其发生而确信其不发生之情形,因而认定被告对本件肩难产之发生并未具有过失,乃依《消费者保护法》第7条第3项,减轻被告十分之一之赔偿责任[7]。

本案判决之特色系,法院将医疗服务认为系《消费者保护法》第7条之"服务"范围,医疗服务之提供者,应负担无过失责任;本件被告不得以其提供服务已符合当时科技或专业水准,而举证免

---

[5] 《消保法汇编(一)》,第22页。
[6] 《消保法汇编(一)》,第24页。
[7] 《消保法汇编(一)》,第22—28页。

责;被告就肩难产之发生,固无过失,但仅得减轻赔偿数额,不得据此免除责任,因消费者保护法对企业经营者系采无过失责任。

二、帛琉旅游受伤案件(台北地方法院 1997 年度诉字第 1326 号民事判决)

本案原告主张与被告甲乙二家旅行社共同签订旅游契约,参加被告乙旅行社举办之帛琉五日游,于 1996 年 12 月 27 日搭乘乙旅行社安排之当地快艇出海观光,因团员人数众多,原告乃与另三名团员挤乘前座原为二人至三人座之快艇。该快艇除安全设备不足外,驾驶员亦喜开快船,讵一阵大浪打来,原告遭抛入空中,继之陡然跌落,致受有腰椎压迫性骨折之伤害,依消费者保护法与民法之相关规定,请求损害赔偿。被告甲旅行社抗辩其仅系将原告并入乙旅行社举办之旅行团,行程为乙旅行社安排,团号为乙旅行社之团号,故应由乙旅行社负责。被告乙旅行社则辩称,原告系与甲旅行社签约,乙旅行社仅于副署处签名,与原告间无任何契约关系,原告不得依债务不履行之法律关系向其请求赔偿。又被告乙旅行社对本次旅行行程之安排,并无故意或过失,原告亦不得请求慰抚金。再者,旅行业者非消费者保护法规范之客体,被告就本案应无须负无过失之企业经营者责任。

就旅行业者是否为消费者保护法规范之客体,台北地方法院谓:"按消费者保护法对于商品或服务既未加以定义,倘企业经营者提供之商品或服务攸关消费者健康与安全之确保,为促进国民消费生活安全及其品质,即应有本法之适用。经查旅游业者提供团体旅游行程,其内容兼括行程规划、餐旅、食宿及交通之安排,诸此皆已涉及消费者之健康与安全,依上开说明,自应确保其提供之商品或服务,无安全或卫生上之危险,因此旅游业者有本法之适用,应属无疑。"[8] 台北地方法院并据此认为:"消费者保护法对于企业经营者乃采无过失责任制度,其对因消费关系所产生之侵权

---

[8]《消保法汇编(一)》,第 37 页。

行为虽无任何故意、过失,亦需负损害赔偿责任,仅其赔偿范围因消费者保护法未规定,依该法第1条第1项之明文,而需适用民法相关规范条文,非谓有关慰抚金请求之构成要件,亦应回归民法之规定,因之,原告依消费者保护法之规定,请求被告连带赔偿慰抚金,并无须被告就侵权行为之发生具有故意、过失。"[9]

值得注意的是,台北地法方院认为,本案"被告所提供之快艇旅游服务,除该快艇应有合法注册,并具有适航及堪载性外,驾驶员于快艇行使过程中,更应随时注意海面状况变化,以采取适当之处置,然被告所雇用之快艇驾驶员,高速驾艇且未注意海相变化,其不仅未虑及海面风浪增大,小心驾驶,且不顾乘客安全执意加快船速,致遇大浪不及应变,酿成祸事,故该驾驶员就此事件之发生,实难谓无任何过失"[10]。

基于旅游契约为消费者保护法之规范客体,以及上述过失行为之认定,台北地法方院谓:"本件旅游契约服务,原告乃经由与被告甲旅行社签约,而参加被告乙旅行社所举办之旅行团,是被告甲旅行社应系居于经销商之地位,而销售被告乙旅行社前揭旅游行程之服务,而此一旅游服务之实际提供者,乃被告乙旅行社,其应负企业经营者之责任,亦属当然。再者,被告乙旅行社就有关帛琉之旅游行程委由当地旅行社办理,系属雇用他人以履行其提供旅游服务之义务,故该海上行程中之快艇驾驶员为其受雇人,实堪认定,而该驾驶员驾驶快艇运送旅客进行海上之旅,亦属职务之执行,其因违反消费者保护法之规定,不法侵害原告之健康及身体,依上开民法(第188条)之规定,被告乙旅行社自应与之负连带损害赔偿责任,而如前所述,被告乙旅行社为系争消费关系之企业经营者,被告甲旅行社居于经销商之地位,亦未举证以明其对于损害之防免已尽相当之注意,或纵加以相当之注意而仍不免发生损害,是依首揭消费者保护法之规定,被告即应就原告因本事件所造成

---

[9] 《消保法汇编(一)》,第39页。
[10] 《消保法汇编(一)》,第36—37页。

之伤害,负连带赔偿责任。"[11]

本案之特色系,被告之受雇人之行为,对损害之发生具有过失,台北地方法院认定旅游契约为消费者保护法规范之对象,主要目的有二:一则使甲旅行社为消保法第8条规范之经销商,而负担推定过失之责任;再则使原告对于慰抚金之请求权,不必证明被告对损害之发生具有故意或过失,即可成立。就后者而言,因本案被告之受雇人事实上具有过失,纵不依消费者保护法之规定,而依民法侵权行为之有关规定,亦可使原告获得慰抚金之损害赔偿,因而就此部分而言,适用消费者保护法尚无重大实益。就前者而言,因快艇驾驶员为乙旅行社之受雇人,就侵权行为而言,原告难以向甲旅行社行使损害赔偿请求权,从而适用消费者保护法,以认定甲旅行社为本件旅游服务之经销商,或有实益。惟依据债务不履行请求时,因原告与甲旅行社具有契约关系,快艇驾驶员实为甲旅行社之使用人之使用人,甲旅行社应就其履行债务时之故意或过失,负同一责任[12]。

三、保全公司被诽谤案件(高雄地方法院1997年度诉字第1784号民事判决)

本案原告保全公司主张,两造于1996年9月间签订保全服务契约书,就被告经营之珠宝行装设保全设施。1996年5月23日凌晨5时1分,原告收到被告珠宝行保全设施传来异常讯号,立即派员处理与确认,并同时通报警方支持,警员在3、4分钟内即到达现场,原告保全人员亦随即赶到现场,发现被告之珠宝行后铁门被撬开侵入,触动原告设置之保全器材而发报异常讯号,该珠宝行内展

---

[11] 《消保法汇编(一)》,第37—38页。本案法院另就被告之债务不履行责任,认定被告甲及乙旅行社为本件旅游契约之当事人,适用民法第224条关于债务履行辅助人之规定,并依不可分之债之性质,就原告之伤害负连带赔偿责任。因与消费者保护法无关,故从略。
[12] 关于债务人就使用人之使用人的行为负责,参见王泽鉴:《为债务履行辅助人而负责,民法学说与判例研究》(6),第80页。

示柜遭破坏而凌乱,柜内物品架上部分已空着(物品未依约放置于保险柜者)。原告分析上开情况,确认保全器材正常发报讯号,且于收到异常讯号后,立即派员处理并通报警方支持,保全人员毫无失误。虽然被告主张珠宝行内财物有损失,但非可归责于原告,依据两造保全服务契约书之约定,原告不负补偿或损害赔偿责任。嗣被告要求原告补偿162万元,双方未能达成和解,被告乃在其营业所悬挂、张贴"抗议声明",原告认为该"抗议声明"所载内容纯属片面传述虚伪之情事,足以诋毁侵害原告之信誉,且被告一再争执对原告有损失补偿请求权,原告乃起诉请求被告拆除该"抗议声明",并确认被告之债权或请求权不存在。被告则反诉主张原告所提供之防盗器材,不足以发挥防盗功能,致发生此次窃案,酿致重大损失。原告既为不完全给付,致生损害于被告,即应赔偿被告之损害。

就保全业者是否为消费者保护法适用之对象,本案法院认为:"服务业者如其所提供之服务有安全或卫生之危险者,亦应受消费者保护法之规范,非仅商品制造商而已。查原告系保全业者,其与消费者所定之契约内容系与不特定多数人订立契约之用而单方预先拟定之条款,为定型化契约,本应受消费者保护法之审查,而其提供与消费者,除提供专线安全系统之器材设备外,尚包括设计安装、检查设备提供意见、巡视环境、监视现场并报警处理等服务,……而原告之器材及服务涉及消费者生命财产上等之安全,自应受消费者保护法之规范。"[13]

就本案原告保全公司提供之服务,是否具有过失,法院认为,被告珠宝行后门有二道铁门,第一道旧铁门曾装有风鸣警报器,原告未装置保全器材,第二道新铁门,被告加装二道锁,原告亦装设防盗器材磁磺片。法院认为,原告就第一道铁门应装设保全器材而未装设,或应本于专业知识向被告提供建议,更改门扉,以配合装设保全器材,而未提供任何安全上之建议,因而原告就本件保全

---

[13] 《消保法汇编(一)》,第154页。

契约之履行具有过失[14]。

本案原告之行为既有过失,法院认定本件保全业者属于消费者保护法之服务,其目的在于适用消费者保护法关于定型化契约条款之规定[15]。盖本件保全契约约定,财产在1万元以上者,必须收放在装有防护器材之金库(柜)内并上锁,始受保全防护,片面将保全之防护范围,限缩在装有防护器材并上锁的金库或金柜内,与被告经营珠宝古董生意,甚多古董字画无法受到保全之契约目的不合,对消费者显失公平,应为无效[16]。

四、台北市公车车祸案(最高法院1997年度台上字第1445号民事判决)

本案被上诉人主张其于1994年5月8日搭乘上诉人即台北市公共汽车管理处之公共汽车,自文化大学至台北市区,途经阳明山仰德人道时,该车辆因平时疏忽未保养及行车前亦未注意,致刹车失灵而发生车祸,被上诉人因而受有骨折伤害。原审高等法院认为,本案肇事系因公车于行车前未注意检查刹车是否确实有效,因而发生刹车失灵,导致发生车祸,被上诉人身体受伤,因而上诉人之受雇人司机对其驾驶具有过失,上诉人依《民法》第188条规定,应负连带损害赔偿责任。

本件具有争执者系,被上诉人是否可依消费者保护法请求惩罚性赔偿金[17]。原审法院认为:"上诉人系提供大众运输服务企业经营者,被上诉人则系搭乘大众运输工具之消费者,上诉人自系负有提供安全运输服务义务之企业经营者,被上诉人因搭乘上诉

---

[14] 《消保法汇编(一)》,第153页。
[15] 关于消费者保护法与定型化契约之基本问题,参见詹森林:《消费者保护法与预售屋买卖定型化契约》,载台大法学论丛,第27卷第4期,1998年,第99—115页。
[16] 《消保法汇编(一)》,第154页。
[17] 关于惩罚性赔偿金在美国法之发展与台湾地区法之立法评论,参见拙著,《美国惩罚性赔偿金的发展趋势——改革运动与实证研究的对峙》,载台大法学论丛,第27卷第1期,1997年,第231—264页。

第五章 消保法有关服务责任之规定在实务上之适用与评析 163

人所提供之交通工具而受害,其所提起之本件诉讼,自属消费诉讼,而有《消费者保护法》第51条、第7条第1项、第3项规定之适用。"[18]因而原审法院除判决上诉人赔偿财物损失、精神慰抚金、劳动能力损失及人工关节装置费外,并判决上诉人应赔偿被上诉人惩罚性赔偿金,以损害额二分之一计算,即104万6175元。最高法院在本件上诉案,除废弃原审关于劳动能力损失及人工关节装置费之判决外,其余维持原判。

　　综合上开四则有关消费者保护法"服务"之判决,在肩难产案件,法院系因被告之行为无过失,若依民法侵权行为法之规定,原告无法请求赔偿,因而有适用消费者保护法,使被告负无过失责任之必要。在帛琉旅游受伤案件,法院以消费者保护法之无过失责任,认定原告具有慰抚金请求权。在保全公司被诽谤案,法院系因适用消费者保护法关于定型化契约条款,而认为保全业者提供之服务为消费者保护法规范之服务内容。在台北市公车车祸案,法院因受害人请求惩罚性赔偿金,而认定大众运输业者提供之服务,为消费者保护法所规范。值得注意者系,在台北市公车车祸案,法院认为该案之消费诉讼,有《消费者保护法》第7条第3项之适用。换言之,在上开四则判决中,有三则案例(保全公司被诽谤案除外)明白肯定医疗契约、旅游契约及大众运输契约所提供之服务,为《消费者保护法》之规范对象,适用无过失责任,负担对他人之损害赔偿责任。在论述各该服务属于消费者保护法之规范对象时,法院均对消费者保护法之"服务"加以界定。值得研究者系,台湾地区法院对于"服务"之论述,是否足以课医院、旅行社及公车处以无过失责任?再者,《消费者保护法》所规范之"服务"是否毫无界限?

---

[18] 《消保法汇编(一)》,第260页。

叁、英美法上的服务无过失责任

一、英国法

英国法有关商品与服务之区分,始于19世纪之诈欺法(the Statute of Fraud)。该法规定商品买卖需以书面为之,而服务之提供则否。为区分商品买卖契约与服务提供契约,英国在 Lee v. Griffin 发展出"要素理论"(essence test),审酌契约之要素系为工作之提供或物品之给与,而决定契约类型。若工作或劳力之结果系具体之商品,则该商品系买卖之标的;反之,若工作或劳力之结果非具体之商品,则非商品买卖契约之标的,而为服务之提供[19]。例如:在 Glay v. Yates 一案[20],认为印制500份论文之契约为服务契约,因印刷业者之技术与劳力之提供较之纸张与墨水,更具价值。

(一)商业上交易行为

商品与服务区分之理论,在英国产品责任案件并未被贯彻。在 G. H. Meyers & Co. v. Brent Cross Service Co. 一案[21],原告之汽车交由被告修理,被告安装6支由制造人提供之连接杆,其中之一有瑕疵,其后断裂,汽车之引擎因而受损。本案法院认为,本案契约虽属服务契约而非商品买卖,但被告对提供之连接杆应担保其适合使用。无论原告系自己购买、安装连接杆,或由零售商为买受人安装连接杆,两者应无不同。提供服务之人提供之商品具有瑕疵,即为违反默示担保之义务,应予负责。

Meyers 一案虽放弃商品与服务区分之理论,但其认为被告违反默示担保责任,乃因汽车修理厂提供引擎连接杆,正如零售商一般,负有担保之义务。据此,英国法院认为,服务提供者之默示担保责任,仅限于同时提供服务与商品之契约关系,即商品与服务混

---

[19] 121 Eng. Rep. 716 (K.B. 1861).
[20] 156 Eng. Rep. 1123, 1125 (Ex. 1856).
[21] [1934] 1 K.B. 46, 53—54 (1933).

合契约。英国法院在其他案例亦遵循此项原则。例如:理发师使用之染发剂有瑕疵;地板修理工人提供之地板用瓷砖有瑕疵;兽医注射有毒物质于牛只以及牙医师装置之假牙不适宜,均为其例[22]。

除上述商品与服务混合契约对服务提供人课以担保责任外,英国法院后期对仅提供服务而未伴随商品买卖之契约,亦认为被告有担保义务而负担赔偿责任。例如在 Jarvis v. Swans Tours Ltd. 一案[23],原告在1969年有2周假期,参加被告主办之旅行活动计划。依据被告之旅游介绍手册,原告前往瑞士山上游乐区时,将可享受拥有阳光与冰雪的宽广溜冰山区,住宿之旅馆主人会讲英语,且每周有数日夜晚,旅馆主人将主办类似家人聚会之酒会。但于原告实际参加该旅游计划时,发现第一周参加家庭聚会之旅客仅13人,第2周则仅剩被告一人,主人不谙英语,家庭聚会取消;下午茶之甜点只剩马铃薯片,而非瑞士蛋糕;溜冰场地狭小,无法尽情溜冰。原告认为被告提供之旅游内容与其旅游计划之期待全然不同,游兴尽失,因而请求赔偿。法院认为,被告之旅游介绍手册系属服务品质之担保,就其实际旅游品质未符旅游介绍手册之说明,应负损害赔偿责任。至于赔偿数额,法院认为,不能仅以原告获得之旅游服务品质之价值,与原告原本支付之费用差额计算,而应考虑原告因旅游品质不佳,内心产生之沮丧、失望、愤怒与挫折,以衡量损害赔偿数额[24]。

[22] 参见 William R. Russell, *Products and the Professional*: *Strict Liability in the Sale-Service Hybrid Transaction*, 24 Hastings L. Rev. 111, 115 (1972)。

[23] [1973] 1 All ER 71, [1973] QB 233, Court of Appeal. See C. J. Miller & B. W. Harvey, Consumer and Trading Law: Cases and Materials, 127—129 (London: Butterworth, 1985)。

[24] *Id.* 关于本案例在精神上损害赔偿请求权之意义与解释,参见王泽鉴:《时间浪费与非财产上损害之金钱赔偿》,收录于氏著,民法学说与判例研究,第七册,第158—159页。

同样地,在 Steward v. Reavell's Garage 一案[25],原告汽车具有高速驾驶装置,因而配备强力刹车系统。在交由被告调整刹车股轮时,被告因技术欠缺,转由另一专业公司承作。该公司未依原告要求,而使用焊接方式整修刹车系统。其后由被告试车妥当后,交还原告。原告于试用时,煞车器发生巨响与震动,整辆汽车摔向右方,撞击树木而毁损。经查,事故之发生系因刹车股轮之接线有瑕疵,焊接之铁片不足以承受巨大动力,以及转承揽之专业公司未妥适装置之故。法院认为本案非属商品买卖契约,而系提供工作与材料之契约。在此类契约,若汽车修理者明知其提供之服务,具有担保适宜使用之目的,而顾客亦信赖修理厂之技术与判断时,被告即负有明示或默示之担保义务。被告既交付原告具有高度危险性之汽车,因而导致原告汽车受损,自应负责赔偿原告之损害。

(二) 专门职业人员之服务

专门职业人员因其无法担保服务之成果,因而不负担无过失责任。例如:在医疗契约之服务,不同病人对相同治疗方法可能发生不同反应,其结果无法预知。清洗与处理衣物时,衣物对洗衣店使用之化学物品亦有不同反应。再者,以医疗过失为例,其服务具有高度危险性,若课以无过失责任,医师不免负担过重之责任[26]。

据此,英国法院并未对专门职业人员课以服务无过失责任。服务提供者仅负担保护消费者安全,与确保提供服务时,对服务所实施之物品不生损害之注意义务。此项注意义务即为过失责任之合理注意义务。英国法院认为,是否具有合理注意义务,"应依据执行该特殊技术之一般技术人员的标准",亦即服务提供者无须具备最高级的专业技术,而只需具备胜任该特殊技术之人员通常所

---

[25] [1952] 1 All ER 1191, [1952] 2 QB 545, Queen's Bench Divisional Court.
[26] Geraint G. Howells & Stephen Weatherill, Consumer Protection Law, 197—199 (Aldershot: Dartmouth).

具有之技术即可[27]。就医疗责任而言,英国法院认为:"若医师执业时,符合一群负责,且在特殊领域具有专业知识的医疗人员,认为适当的职业标准,医师之行为即无过失。换言之,若医师已依照此等职业标准执行业务时,纵使对此职业标准有不同观点,医师仍然无过失。"[28]亦即,对于医疗过失之认定,英国法院认为需依合理适任之专业人员,依据通常之注意,是否具有临床判断上之错误,而为判断[29]。从而医师之医疗行为,基本上均能主张符合一般专业标准,而免于负担损害赔偿责任。

英国法院基本上严守上述医师仅就过失责任负责之立场,但在医师未尽告知义务时,法院则尽可能认定医师具有过失,令其负担赔偿责任。例如在 Sidaway v. Bethlem Royal Hospital Governors 一案[30],法院认为:"揭示特殊危险,对于患者作成决定而言,显属需要,任何合理谨慎之医疗人员,均不可能疏忽而未为。"至于告知危险之范围,法院认为,"系属医师临床判断之事务",只要给予合理之手术意见即可,无庸依病患之立场,全部告知。然而,若医师之危险告知对病患之决定显属必要时,其未告知,纵使系属多数医师之习惯,亦应负责[31]。法院从宽认定医师告知义务之违反,意味着英国法官已开始挑战专业人员之服务责任,盖一般人对医师

---

[27] Bolam v. Friern Hospital Management Committee, [1957] 2 All ER 118, 121.

[28] *Id.* at 122. 同说参见 Maynard v. West Redlands Regional Health Authority [1983] W. L. R. 634, 639。

[29] Whitehouse v. Jordan, [1980] All. E. R. 650, 658. 参见, Gary T. Schwartz, *Product Liability and Medical Malpractice in Comparative Context*, in The Liability Maze: The Impact of Liability Law on Safety and Innovation, 53 (Peter W. Huber & Robert E. Litan eds., Washington, D. C.: The Brookings Institution, 1991).

[30] [1985] 1 All ER 643, 663. 参见 Howells et al., *supra* note 26, at 226, n. 100。

[31] [1985] 1 A. C. 871, 900—901. 参见 Schwartz, *supra* note 29, at 58。

在医疗过失案件轻易免责之判决,显然无法接受[32]。

英国判例法对于服务提供者仅负担过失责任之原则,在1982年之商品与服务供给法(Supply of Goods and Services Act 1982)具有突破性发展。该法第二部分第12条及第13条规定,服务提供契约,无论是否伴随商品之转让或寄放,经营商业之服务提供者,就其服务均默示担保,其以合理之技术并尽合理之注意,以提供服务[33]。然而,依据英国学者之解释,此项担保责任之规定,仅系英国判例法之法典化,亦即在契约关系中,审酌当事人是否已尽合理之注意与技术,以决定是否具有过失。亦即,当消费者发现服务提供者欠缺执行业务所需之技术时,消费者仍须进一步确认,事实上其所提供之服务是否具有过失,始可主张服务提供者之责任。换言之,英国1982年之商品与服务供给法并未对服务提供者课以无过失担保责任[34]。例如在该法制定后,1986年之Thake v. Maurice 一案[35],原告为铁路工人,育有5位子女,被告外科医师为其进行输精管结扎手术,告以此一手术并不复杂,保证原告于手术后,将永远不孕,结果手术失败,然而医师并未因其保证服务品质而负担严格责任。法院认为:"在医学领域,所有事物均不确定。……这项知识系人类一般经验的一部分。"医师并未担保其进行之输精管结扎手术,必定使病人无生育能力,其仅保证以"合理之注意与技术"进行手术。

二、美国法

美国法在服务责任之发展,类似英国法院之判决,将商品买卖与服务契约分别处理,亦可分为商业上交易行为与专门职业人员

---

[32] Howells et al. , *supra* note 26, at 226. 另参见 Lloyd's Bank Ltd. v. E. B. Savory & Co. [1933] AC 201:银行之服务虽遵循其他所有银行之职业标准,在导致损害发生时,法院认为仍应负赔偿责任。

[33] 参见 C. J. Miller et al, *supra* note 23, at 114—115。

[34] Howells et al. , *supra* note 26, at 227—228。

[35] [1986] 1All ER 497。

之服务两类。前者包括房屋整修不当、餐厅提供不洁食物、理发师使用有害整发剂;后者包括医院供应受感染之血液、医师使用之手术器材有瑕疵等。基本上,在商业上交易行为案件,若涉及商品与买卖混合契约时,法院对服务提供者课以无过失责任;但在纯粹提供服务时,则仍适用过失责任。在专业职业人员服务契约,原告则应证明被告有故意或过失之行为,始得请求赔偿。

(一) 商业上交易行为

依美国侵权行为法整编(American Law Institute, Restatement (Second) of Torts)第402节规定,产品具有瑕疵,对消费者造成不合理之危险时,从事买卖商业行为之出卖人应负担严格责任,赔偿消费者或使用人之损害。所谓"出卖人",系指商品制造人、经销商及零售商。单纯提供服务者不包含在内,无该节严格责任规定之适用[36]。然而在商品与服务混合契约,若干判决对服务责任采取无过失责任。其中最著名之案例系 Newmark v. Gimbel's Inc. 一案[37]。本案被告为美容院老板,原告因被告之受雇人使用永久发型定型液过敏,导致头发掉落,原告因而主张被告违反担保责任,诉请损害赔偿。陪审团认为,本案当事人间之交易系属服务之提供,而非商品之买卖,因而被告只就过失行为负责。

本案上诉法院反对陪审团之见解,主张出卖人之默示担保责任亦可适用于商品与服务之混合契约。法院之主要论点如下:(1) 统一商法(Uniform Commerical Code)关于担保责任之规定,其适用范围不限于出卖人与买受人之买卖契约。在物品租赁时,亦有适用。(2) 出卖人就商品适用性之担保责任,可适用于任何交易行为,只要该交易行为具有如下特性:一方当事人比他方当事人更容易知悉与控制交易标的物之内容,且更容易分散标的物危险导致

---

[36] Richard A. Epstein, Cases and Materials on Torts (5th ed.), 638, 659 (Boston: Little, Brown and Company, 1990).

[37] 102 N. J. Super. 279, 246 A. 2d. 11, Aff'd 54 N. J. 585, 258 A. 2d 697 (1969).

之损害。(3)零售商应负严格责任之理由在于,消费者信赖零售商选择商品来源之技术与判断力,零售商应承当损失,作为企业经营之风险。再者,零售商因其交易行为而获利,且得以对供货商施加压力,以促进商品安全。更重要者系,消费者一般仅知悉零售商,而不知商品制造人为何人;亦且商品制造人未必为消费者所在地之法院管辖。此外,零售商亦得将商品瑕疵发生之损失,经由谈判或诉讼,转由供货商负担。参照上述零售商负担无过失责任之理由,本案被告美容院使用发型定型液之来源为被告所知悉,亦仅被告知悉该产品之使用说明。被告之经营商业获有利润,亦可对商品供货商施加压力,以促进商品安全,因而使用该发型定型液之危险,应由被告承担[38]。

新泽西州最高法院维持上诉法院之判决,认为本案美容院老板之责任与医师责任大不相同。医师看诊费用单纯系为支付医师之服务,医师使用仪器、药物,或提供药品供病人家中使用,尚非因而使医师之服务成为商业上之交易。反之,美容师乃从事商业活动,对大众提供之服务非属必须,而仅系一种美观或奢侈品,非属专门职业之服务;其使用之商品,亦为费用支付之对象。此与医师之服务来自于病人之需要,并非相同[39]。

Newmark 一案以默示担保责任,认为美容院应对其提供之服务负无过失责任。此外,美国法院尚有直接肯定服务提供者应适用美国侵权行为法整编第 402 节之严格责任者。例如:在 Shaffer v. Victoria Station, Inc. 一案[40],原告在被告餐厅饮酒时酒杯破裂,割伤手掌,法院不仅认为原告可依统一商法(UCC)主张被告违反商品适用性之默示担保责任,亦可依据侵权行为法整编第 402 节 A 项之严格责任,请求赔偿。

---

[38] Id.
[39] 54 N.J. 585, 258 A.2d 697 (1969).
[40] 91 Wash. 2d 295, 588 P.2d 233 (1978).

上述案例事实均涉及商品与服务混合之契约类型。有疑问者系，在纯粹服务契约时，法院之意见如何？在 Lewis v. Big Powderhorn Mountain Ski Corp. 一案[41]，原告主张因被告公司之滑雪设备所装置的拉绳具有瑕疵而受伤害，被告违反默示担保义务，应对原告负赔偿责任。法院认为，在商品与服务混合之契约，因提供之商品具有瑕疵，服务提供者固应负担默示担保责任。然而在纯粹服务契约之本案，原告并未主张任何"商品"（如本案之拉绳）具有欠缺适用性之瑕疵，而仅主张"服务之瑕疵"，以及拉绳之操作具有安全性之默示担保，而所谓"安全性之默示担保"无非系指拉绳之操作，不得有过失之谓。本案被告对操作拉绳若无过失，即无庸负责。

类似之案例尚有 Hoffman v. Simplot Aviation, Inc. 一案[42]。本案原告将其飞机交由被告修理，被告之受雇人在事故现场修理后，告知原告该飞机可安全飞行至被告维修厂做进一步修复。讵原告于飞行至被告维修厂时，机翼之螺丝钉因生锈，导致机翼故障，飞机失事撞毁。原告主张被告之修理人员应可发现螺丝钉生锈，却未予修理，造成损害，应依严格责任或担保责任，负责赔偿损害。法院认为，个人之服务并未涉及大量生产，被害人对过失之证明并无困难。且接受个人服务之消费者通常与服务提供者直接接触，知悉或能确定何人提供服务及提供何种服务，因而与商品制造人之严格责任不可同日而语。

至于默示担保责任，法院认为，在买卖交易所谓默示担保，系指出卖人应担保商品可供买卖(merchantable)或商品适合购买之特殊目的。在个人服务契约，所谓默示担保系指其提供之服务应以"如同工人一般地方式"(a workmanlike manner)提供服务。其标准则依行为人之专门技术、服务之性质以及行为人之过失可能导致他人损害之危险性定之。本案法院引述另一有名案例(Gagne v.

---

[41] 69 Mich. App. 437, 245 N. W. 2d 81 (1976).
[42] 43 Cal. 2d 481, 276 P. 2d 15 (1954).

Bertran)之见解谓:"专家之服务乃在于提供其特殊技能。专家有义务以其专业人员之通常技术与能力执行业务,该义务之不履行即应负担过失行为之赔偿责任。雇用此等专业人员之人不能期待其服务毫无瑕疵,而只能期待合理之注意与能力。接受服务之人所购买者系服务,而非保险。"[43] 本案法院因而认为,原告固有权依默示担保之理论请求赔偿,但在提供个人服务之契约,行为人之行为若无过失,则不违反默示担保责任而无庸负责[44]。

(二) 专门职业人员之服务

美国法院,如同英国法院,对于专门职业人员之服务,并未课以严格责任。主要理由有二:首先,专门职业人员之交易行为系以服务为主要内容,而传统上,在非买卖之场合,无过失即无责任。其次,专门职业,如医师或牙医师,所提供之服务为社会之必要需求,此项要求比课以专门职业人员无过失责任之任何理由,更加重要[45]。兹以医师、牙医师以及药剂师之服务责任等案例,说明之[46]。

---

[43] Id.

[44] 97 Idaho 32, 539 P. 2d 584 (1975).

[45] Russell, supra note 22, at 120.

[46] 就医疗服务所生之纠纷,在美国尚有关于输血之血液不洁导致伤害时,是否适用无过失责任之争执。在早期判决,法院认为无担保责任之适用。例如 Permutter v. Beth David Hospital (308 N.Y. 100, 123 N.E. 2d 792, 1954)一案,原告因被告医院输血之血液处理不当,致生损害,主张被告提供之血液有瑕疵,被告应负担保责任,因原告对该血液另行付费,构成商品之买卖。法院则认为,在医院输血时,原告所购买者,主要系医院诊断治疗之服务,而非血液。至于服务之提供,则无担保责任之适用。但在后期判决,法院则认为医院与血液银行就提供之血液有瑕疵,应负无过失责任。例如:Cunning-ham v. MacNeal Memorial Hospital (47 Ill. 2d 443, 266 N.E. 2d 897, 1970)一案,法院赞同原告之见解,认为原告既就血液另行付费,构成买卖交易,因而输血与其他医疗服务应可区分,医院就提供之血液有瑕疵,应负无过失担保责任。

值得注意者,Cunningham 一案对医院提供之不洁血液课以无过失责任,乃认为医院就提供血液时,另行成立买卖契约,并非认为医院应就"医疗服务"负担无过失责任。

第五章 消保法有关服务责任之规定在实务上之适用与评析　173

在 Hoven v. Kelble 一案[47]，原告之夫在进行肺部组织切片检查时，发生心脏血管阻塞，原告乃依美国侵权行为法整编第 402 节 A 项之严格责任请求损害赔偿[48]。原告主张，若一位具有丰富知识，在设备良好之医院工作之医师，能避免原告之不幸结果时，则本案被告虽已尽其合理之注意义务，原告仍可请求赔偿。法院则认为，采取上开原告之主张，将使医疗行为之职业标准，达到该专门职业实际上无人能及的最高要求。

本案法院认为，主张对医疗服务课以严格责任之理由在于，医疗服务之于病人与商品买卖之于消费者，有其类似之处。由于医疗服务之复杂性与病人并非时常购买医疗服务，因而病人通常无法衡量医疗服务注意义务之品质。医疗服务市场对于病人鲜少提供购买医疗服务时的评价标准。通常系医师而非病人决定提供服务之种类及提供服务之频率。对于附加于医疗服务之药品、治疗方法或住院与否，亦均由医师而非病人决定。对于决定与改进服务品质，医师比病人居于更有利之地位得以加以控制。病人对医师技术、注意与信誉之信赖，较之商品消费者之信赖，犹有过之。医疗纠纷之原告对证明医师过失，显有困难。而医院及医师比病人更有能力承担损失及分配损失之危险。

然而本案法院基于医疗服务之提供与商品交易之不同，判决医院与医师不负严格责任。法院认为，医疗与其他专业服务经常具有实验性质，非专业人员所能控制，亦欠缺结果的确定性与稳定性。医疗服务对于社会系属绝对必要，人们必须可以随时获得医疗服务。严格责任将增加医疗服务之成本，超出许多消费者之支付能力，而使医疗服务获得不易。且课以严格责任将阻碍新的医

---

[47]　79 Wis. 2d 444, 256 N. W. 2d 379 (1977).
[48]　美国侵权行为法整编第 402 节 A 项规定："贩卖产品具有瑕疵，对于使用者、消费者，或其财产具有不合理之危险者，贩卖之人对于因而造成使用者或消费者之人身或财产上损害，在以下条件下，应负赔偿责任：（a）出卖人从事贩售产品之商业行为；且（b）贩售之商品到达消费者时，其商品品质尚无重大改变。"

药与医学技术之发展[49]。

不仅在医师诊断或医疗行为失误,导致病患伤害发生时,医师仅就过失责任负责。在医师使用之医疗器材具有瑕疵,而致病患发生伤害之案例,美国法院仍认为医师不负担严格责任。例如在 Cafazzo v. Central Medical Health Services, Inc. 一案[50],原告在被告医院进行下颚弥补手术,事后发现被告植入原告下颚之装置有瑕疵。原告对被告医院及进行手术之医师起诉,主张被告"贩卖、提供或使用弥补手术用之装置,使产品于市场流通",应依美国侵权行为法整编第 402 节 A 项负严格责任。

本案法院认为,就商品与服务混合契约,例如电影院贩售爆米花或糖果于观赏电影之顾客,若爆米花或糖果有瑕疵,造成顾客受害,电影院固需负担严格责任。但在医疗伤害案件则不同,医师植入病患下颚之装置,为治疗过程所必要之附属物,在提供医疗服务过程中扮演特殊角色,与电影院中贩卖糖果,顾客可以选择是否购买,并非相同。病患进入医院,并非在于购买药品、绷带、碘酒、血清或血液,而在于获得医疗过程,以获取健康[51]。

就商品供应者应负严格责任之立论基础而言,医师或医院在提供医疗服务具有过失时,固需负责。对于选择使用医疗器材,具有过失,以至于医疗器材不适宜使用时,亦应负责。但本案被告并未主张医院或医师选用医疗器材具有过失。再者,医院或医师对于医疗器材之研发、制造及贩卖并无影响力,由于设计或制造产品有瑕疵,而对医院或医师课以责任,并无法使该产品因而更趋安全。且就产品之流通而言,被告亦无比消费者更具有控制之能力。至于只因被告较有能力分散损害赔偿之成本,即课以赔偿责任,将使严格责任之目的仅在于寻求富有财力之被告(深口袋)负责,并非妥当。何况实际上分散成本者系医院或医师之保险公司,采取

---

[49] 79 Wis. 2d 444, 256 N. W. 2d 379 (1977).
[50] 668 A. 2d 521 (Supreme Court of Pennsylvania, 1995).
[51] Id.

严格责任,必然提高保险费率,将使原已艰困之医疗体系,更加雪上加霜[52]。

基于以上理由,本案法院认为原告之请求为无理由,医院与医师对原告之损害,不适用严格责任之规定。

对于医师不应课以严格责任之理由,前述新泽西州最高法院在 Newmark 一案之说明,亦值参考[53]。该法院认为:"牙医师或医师不得广告,盖其服务之需求来自于病人之需要。在响应病人之召请时,医师或牙医师乃以其最佳之判断,诊断病人之病痛与残疾、开处药方及提供伊认为可以减缓或治愈病情之药物或其他治疗方法。医师之执行业务,并非机械式或例行性之工作,因为每一位病人均需依据其生理上或精神上之残疾与病情,个别研究,形成专业判断。无论医药或牙医,均非精确科学(exact science),因而对于治愈或减缓病情,并无默示之担保,更毫无瑕疵之保证,吾人不应要求专门职业人员需达到如此完美之地步。诊断更无法保障必然正确。无论如何解释,医师并非产品制造人或出卖人。医师系基于对当事人陈述所为主观与客观的经验分析,对病人之病情提供意见,以及建议医药与诊疗方式等形式,以提供服务。在多年研读与准备之后,经由国家给予执照,而进行执业,因而医疗人员应视为在社会中扮演特殊且重要的角色。此项角色,即为研究吾人之生理与心理疾病,减缓与治愈疾病之方法,应用他们的知识、经验判断及技术,以诊断、减轻或治愈病人之疾病。因而医师之主要功能,应在于意见与服务之提供。他们独特的地位与提供独特的服务,与大众健康与福祉,形成必要与紧密之关系,他们的责任因而必须系对病人尽到合理之能力与注意。"法院因而基于医疗服务之本质、医疗服务对人类之实用性与必要性、医疗对人类健康生存以及一般福祉之重要性,认为课医疗人员严格责任之理由,无法超

---

[52] Id.
[53] 关于 Newmark v. Gimbel's Inc. 一案,参见前述第叁节、(二)、1.。

越上述考量[54]。

就牙医师之医疗责任，著名案例为 Magrine v. Krasnica 一案[55]。本案被告牙医师为原告进行牙齿矫治时，以皮下注射方式进行麻醉。不料注射针断裂，嵌在原告咽喉部位。原告主张，严格责任应不限于买卖契约，盖依学者之见，只要交易行为之一方当事人较另一方当事人更能知悉影响物品品质之原因，较能控制事情之发生，较能分散危险物品导致之损失，而此危险并非通常可期待，他方当事人不可能采取防范措施时，一方当事人即需负担无过失责任。

法院认为，民事责任仅在一方当事人制造物品，创造危险，或拥有比受害人较佳之能力与专门知识，得以控制、检查及发现瑕疵时，始课予严格责任。就此而言，牙医师并无比原告居于更有利之地位，因其既未创造危险，亦未拥有较强之能力或专业知识，以发现或纠正瑕疵。

此外，课以严格责任之另一理由系，被告使产品流入市场，且对大众促销商品买卖。本案被告牙医师并未使注射针流入市场或促销买卖。至于零售商与牙医师之区别在于，零售商从事贩卖商品之商业行为，消费者支付之费用即为该商品之代价。反之，牙医师或医师提供者，以及病人支付之对象，为专业服务与技术，与商品买卖大不相同。

就危险分散之观点而言，严格责任理论认为被告得以保险之方式，或向商品供货商、制造人请求赔偿，以分散风险。然而危险分散理论主要适用于商品交易中，当事人拥有巨大财产与大规模商业活动，危险得以借由广泛活动而分散风险。大企业成为承担损失之主体，赔偿责任对大企业的影响较小。然而，医师或牙医师仅为个人执业，医疗保险通常不涵盖担保责任，分摊损失之机能对医师而言，并不存在。再者，若医师果真以保险方式担保设备瑕疵

---

[54] 54 N. J. 585, 258 A. 2d 697 (1969).
[55] 94 N. J. Super. 228, 227 A. 2d 539 (Hudson County Ct. L. Div. 1967).

之严格责任,该危险将因保费增加而转嫁于病人。此项结果与严格责任论者认为,损失应由有能力承担损失之人(如商品制造人)负担之见解不符,盖病人绝非有能力负担损失之人。

就被告得以向商品制造人请求赔偿而言,本案被告牙医师并未确知该注射针之制造人为何人。再者,在医疗过失责任,通说认为医师或牙医师仅就其服务之提供,违反其执业之标准而有过失时,始负责任。医师就其专门职业技术得以控制,仅只负担过失责任,则对其使用医疗器材之瑕疵无法控制,更不应负担严格责任[56]。

在英国法院,对医疗契约采取过失责任,但于医师未尽告知义务时,则从宽认定医师应负担损害赔偿责任。美国法院对于医疗服务契约同采过失责任,对医师告知义务违反之认定,较之英国法,更为宽松。纵使医师取得病患对手术之预先同意,病患仍可主张医师未提供手术危险之相关讯息,以供病患表示同意手术,而负担赔偿责任[57]。在 Canterbury v. Spence 一案[58],法院认为病患有权自行决定是否进行手术,病患之此项权利只有在获得充分信息后,始能作成正确决定。因而医师告知义务之范围,应依病患之需要,告知病患作成决定所需之所有讯息,所有影响病患作成决定之危险,均应予以告知。美国法院对医师告知义务之要求,以病患之需要作为决定标准,显然高于英国法院以医师临床诊断之判断标准。

除上述医师与牙医师之医疗责任外,更具争议性者为药剂师之严格责任问题,因药剂师系依医师之处方出售药品,与一般商品之零售商如何区别,实具争议。在 Murphy v. E. R. Squid & Sons, Inc. 一案[59],原告之母于怀孕期间向被告药房购买另一被告制造

---

[56]　Id.

[57]　Schwartz, supra note 29, at 57.

[58]　464 F. 2d 772 (D. C. Cir. 1972). See Epstein, supra note 36, at 191—199.

[59]　40 Cal. 3d 672, 710 P. 2d 247, 221 Cal. Rptr. 447 (1985).

之 DES 安胎药，被告于 23 岁时发现有癌症征兆，系因该安胎药引起，乃主张被告药房应依严格责任负赔偿责任，因药房出售药物，与一般商品之零售商出售商品，并无不同。本案两造对于提供服务者仅负过失责任并无异议，因而本案之争点在于，药剂师提供处方药，究为提供服务或商品买卖。

本案法院认为，药剂师所从事者为提供服务与贩卖处方药之混合业务。就提供服务而言，药剂师需接受严格教育与职业训练，取得执照后，始得调配处方药。药剂师不仅需以其技术与注意精确调配处方药，且需知悉药物治疗之相关问题，以提供医师及病患相关建议。在病患征询时，其提供处方药之信息有如医师提供者然。药剂师提供处方药与一般零售商最大之不同在于，药剂师需依据医师之指示调配药物，因而药剂师系对医师提供服务，而成为医师之延伸，犹如拍摄 X 光摄影之技术师或分析血液样本之分析人员。

就买卖处方药而言，药剂师系经营贩卖处方药之事业，而具有买卖契约之特色。药剂师之服务必然与其药物买卖相结合，一般病患至药局，多数在于购买药物而非征询意见，因而药剂师之调配处方药确与医师、医院或牙医师不同。

依据加州法律，药剂师不仅系专门职业人员，且系应用科学知识，使用药物及相关治疗方法，而提供以病患健康为目的之服务。本案法院细绎其立法理由，认为理由有三：(1) 对药剂师采取严格责任，不符大众利益，盖以低成本取得处方药之利益，显然高于个人以严格责任获得赔偿之利益。(2) 采取严格责任，药剂师可能因避免责任而拒绝调配处方药，使处方药不易获得，因而对病患造成伤害。药剂师因虑及药品瑕疵可能被诉，将选用老牌药品制造人之昂贵药品，以求将来被诉时，得以求偿。(3) 更重要的是，开立处方药之医师就药品之瑕疵既无庸负责，对必须依据医师处方调配药物之药剂师反而课以严格责任，显然不公平，且负担过重[60]。

肆、案例之综合检讨

就英国法而言,在商业上交易行为之服务案件,无论提供之服务是否伴随商品买卖,英国法院均认为被告有担保义务而负担无过失责任。例如旅游契约与汽车修理之服务供给契约[61]。反之,在专门职业人员之服务契约,尤其医疗契约,英国法院仅要求医师需尽合理注意义务之过失责任,亦即医师若以具备胜任该特殊技术之人员通常所具有之技术,即无过失,而无庸负责。然而若医师未尽告知义务时,则被认为有过失,而负损害赔偿责任。

就美国法而言,在商业上交易行为之服务契约,若系商品与服务之混合契约,美国法院认为,被告应负契约上担保责任或侵权行为上无过失责任[62],然而在纯粹服务提供契约,例如旅游契约与飞机修理之服务契约,被告则仅就过失责任负责。盖个人服务之提供并非商品之大量生产,服务契约之消费者通常与服务提供者直接接触,知悉提供服务之人与服务之内容,只要服务提供者已依其专业人员之通常技术与能力执行业务,即无须负担过失责任[63]。至于专门职业人员之服务契约责任,美国法如同英国法,认为仅就过失责任负责,医师等只需尽到合理之注意与能力,即无需负责。其主要理由系:医药或牙医并非精确科学,医疗服务经常具有实验性质,医师或牙医师执行业务需要个案专业判断,诊断无法保障必然正确,医疗结果亦不具确定性与稳定性。再者,医疗严

---

[60] *Id.*

[61] 参见前述 Jarvis v. Swans Tours Ltd. 及 Steward v. Reavell's Garage 二案。

[62] 参见前述 Newmark v. Gimbel's Inc. 及 Shaffer v. Victoria Station, Inc. 二案。

[63] 参见前述 Lewis v. Big Powderhorn Mountain Ski Corp. 及 Hoffman v. Simplot Aviation, Inc. 二案。

格责任必然增加医疗服务成本，转嫁之后，增加之成本即由病患负担，使医疗服务获得不易，显非病患之福。此外，医师无从保险，分摊损失之机能并不存在。犹有进者，医疗行为为人类所必需，与大众健康具有紧密关系，与一般商品买卖，并非相同，仅为赔偿特定病患之损失，而采取无过失责任之立论基础，较之上述政策考量，实未具有更强之说服力[64]。

台湾地区法院就服务无过失责任，并未区别商业上交易行为与专门职业人员之服务契约，而为不同评价。对于保全业者提供之服务，法院认为被告提供之专线安全系统之器材设备，及设计安装与提供意见、监视现场等服务，涉及消费者生命财产上之安全，应有消费者保护法规定之适用，似认为保全业者之服务兼有商品之买卖，属于英美法关于商业交易服务中之商品与服务混合契约，适用消费者保护法，保全业者对其服务造成之损害，应负无过失之责任，与英美法院之见解相同。

在帛琉旅游受伤事件，法院认为旅行业者提供之服务，涉及消费者健康与安全之确保，因而系属《消费者保护法》无过失责任之适用对象。在台北市公车车祸案件，法院认为提供大众运输服务之企业者，具有提供安全运输服务之义务，应可适用《消费者保护法》之无过失责任。比较英美法判例之见解，上述案例系属商业上交易行为之服务契约，且未伴随商品之买卖交易，依据英国法，被告应负无过失担保责任，依据美国法，则仅负担过失责任。台湾地区概依《消费者保护法》之规定，采无过失责任，较接近英国法院之见解。值得注意者，英国法院课服务提供者以担保责任，系由契约义务立论，台湾地区《消费者保护法》之责任，系属侵权行为责任，立论基础尚有不同。

最值研究者，厥为专门职业人员之服务责任。台湾地区法院在肩难产事件，对医院之医疗伤害采无过失责任，明显与英美两国

---

[64] 参见前述 Hoven v. Kelble、Magrine v. Krasnica 及 Murphy v. ER. Squid & Sons, Inc. 三案。

法院之判决不同。依台湾地区法院之见解，医疗行为之诊断或治疗过程，虽无法确保"无安全或卫生之危险"，具有医疗不确定性及危险性，但正因为"医疗行为特别具有不确定性与危险性，更需提供医疗服务者负有更高之注意义务[65]。"与英国法院基于医疗服务具有高度危险性，不应对医师课以严格责任；美国法院认为医疗行为具有实验性质，欠缺结果的确定性与稳定性，因而不应令医师负担严格责任之判决理由，完全相反。

再者，就医师提供之服务，是否符合当时之科技或专业水准，台湾地区法院认为："具决定性者非系特定制造人或一个客观典型之群体标准已为相当注意之制造人是否能知悉存在于其商品中之危险或瑕疵，而系产品之危险在客观上是否得被任何人所认识。"依据该案件事实，被告医师"客观上当可预测于分娩时可能发生肩难产之危险"，因而被告无法免责[66]。此项判决与英国法院认为服务提供者无须具备最高级的专业技术，只需具备胜任该特殊技术之人员通常所具有之技术即可，"若医师执业时，符合一群负责，且在特殊领域具有专业知识的医疗人员，认为适当的职业标准，医师之行为即无过失"[67]。之见解，大相径庭。美国法就提供医疗服务契约，无论是否伴随使用有瑕疵之工具或仪器，均认为医师不负担严格责任。医师应尽之责任"系对病人尽到合理之能力与注意"，专家之服务"系以其专家人员之通常技术与能力执行业务，雇用此等专业人员之人不能期待其服务毫无瑕疵，而只能期待合理之注意与能力"[68]。亦与台湾地区法院认为"产品"之无瑕疵需非任何人所得认识，有所不同。台湾地区法院之判决，似系以"商品"之责任论断服务责任，要求服务之危险需任何人所无法认识，其标准之高是否已属医疗专业所无法达成，应有斟酌之余地。

---

[65] 参见本文关于肩难产事件之案例（本文前述贰、一）。
[66] 同上。
[67] 参见本文前述第叁节、一、（二）。
[68] 参见本文前述第叁节、二、（一）之 Gagne v. Bertran 及前述第叁节、二、（二）之 Newmark v. Gimbel's Inc. 二案。

实者,肩难产之事实既为法院认定为医师"客观上当可预测于分娩时可能发生肩难产之危险",则医师当有告知之义务,以询问当事人是否以其他方式生产。医师未尽告知义务,法院尽可认定医师具有过失,而判决负担赔偿责任,符合上述英国与美国法院从宽认定医师违反告知义务之见解,亦可免除医疗无过失责任之争议,不失为可采之解决方式。

伍、立法论上之检讨

台湾地区《消费者保护法》第 7 条第 1 项规定:"从事设计、生产、制造商品或提供服务之企业经营者应确保其提供之商品或服务,无安全或卫生上之危险。"同条第 3 项规定:"企业经营者违反前二项规定,致生损害于消费者或第三人时,应负连带赔偿责任。但企业经营者能证明其无过失者,法院得减轻其赔偿责任。"对商品与服务提供者同采无过失责任。就服务无过失责任之规定,学者称之为超前立法,盖比较法上对服务责任采取无过失责任者,仅属少数,对服务契约广泛采取无过失责任,是否对业者产生过重负担,使其无法正常经营事业,并因而阻碍台湾地区经济成长,甚有疑问[69]。

《消费者保护法》对"服务"并未加以定义,消费者保护委员会于研商同法施行细则时,就"服务"决议不设明文,留待法院及学说,依社会、经济发展及消费者保护之需要决定[70]。该法既将服

---

[69] 朱柏松,前揭书,注 2,第 16 页。
[70] 在同法施行细则研拟阶段,曾提出四项议案:一、将服务设定义性文字,其内容参考欧体指令第 2 条;二、就服务不设明文,留待法院及学说,依社会、经济发展及消费者保护之需要决定之;三、将服务界定为"本法第 7 条第 1 项所称服务,系以处理或使用商品为内容而提供之服务";四、将服务规定为:"称服务者,系指医疗诊治、提供住宿饮食、从事车船运输等本质上具卫生或安全危险之劳务行为。"经研究小组决议采第一案及第二案并陈行政院消费者保护委员会决议。该会决议采第二案。参见,朱柏松,前揭书,注 2,第 195 页,注 46。

务之范围,让诸法院与学说解释,依据本文前述四则法院判决,台湾地区法院在肩难产事件,认为医疗服务"与消费者之安全或卫生有莫大关系","其与人民生活卫生健康安全攸关",因而有消费者保护法之适用[71]。在帛琉旅游受伤事件,法院认为"倘企业经营者之商品或服务攸关消费者健康与安全之确保,为促进人民消费生活安全及其品质,即应有本法之适用"[72]。在保全公司被诽谤案,法院认为"服务业者如期所提供之服务有安全或卫生之危险者,亦应受消费者保护法之规范"[73]。在台北市公车车祸案,法院认为大众运输服务业者系"富有安全运输服务义务之企业经营者"[74]。足见台湾地区法院系以企业经营者提供之服务,是否与消费者之人身财产具有安全或卫生上之危险,为认定消费者保护法适用之范围。

学者朱柏松教授亦认为:"解释上应该是任何被加以提供之服务,不论系属于作为或不作为之情形,皆应有适用本法之余地。"但"被论断为有可归责者之服务,应以有安全或卫生上之具体危险之存在,而且消费者并因该危险而受有人身上或财产上之损害之情形,始有被论断成立服务责任之余地。"[75]似与法院采同样见解,以提供之服务是否具有安全或卫生上之危险,为认定消费者保护法规范对象之标准。但邱聪智教授则认为:"不仅其劳务供给,本质上具有卫生或安全上危险之服务如医疗、运送、餐饮、住宿、旅游等劳务提供,解释上有本法之适用,固无疑问,即其本质上无卫生或安全上危险之服务如律师、会计师、建筑师、工程师等专业技术

---

[71] 参见本文前述第贰节、一。
[72] 参见本文前述第贰节、二。
[73] 参见本文前述第贰节、三。
[74] 参见本文前述第贰节、四。
[75] 朱柏松,前揭书,注2,第180页。

人士,非因受聘(雇)而提供劳务,乃至百货业、量贩业,亦均有其适用。"[76]据此,消保法规范之服务范围将不限于有卫生或安全上危险之服务。实者,纵使依台湾地区法院及朱柏松教授之见解,将消保法规范之服务范围限于有卫生或安全上危险之服务,但朱教授同时认为,所谓"有卫生或安全上危险"并不明确[77],因而"只要是本于给付而发生之服务,则不论其服务系属积极之作为,例如医疗救助或工商之服务,亦或是消极之不作为,例如开设游乐区容由旅客前去做休闲活动,或单纯开放道路允许他人自由出入等情形皆可纳入服务概念之中。""如果一定要将类似医疗服务、教育工作等排除于服务概念范围外,显然亦非适当。"[78]据此,学说对服务范围之基本见解并无不同,无论服务之提供系一般商业上交易行为或专门职业人员之服务(如医师、律师、建筑师),均为消保法规范之对象[79]。

至于消保法规范之服务对象是否限于与产品相结合之服务(即服务与商品之混合契约),黄立教授认为:"在本法系将商品服务视为对等之规范标的。换言之,本法所称之服务,并不以与商品有关联者(配销服务业,如运输、批发、零售、进口……),与商品无关之服务业,如社会服务业(医疗、教育等);生产者服务业(如律师、会计师、通讯、金融、保险等);个人服务业(如餐饮、旅馆、修理

---

[76] 邱聪智,商品责任,消费者保护法项目研究实录,"行政院"消费者保护委员会编印,1997年。转引自黄立:《消费者保护法对医疗行为的适用》,载律师杂志,第217期,第81页,注20。

[77] 朱柏松,前揭书,注2,第88页。

[78] 朱柏松,前揭书,注2,第197、199页。

[79] 学者或有以接受服务者需具有"消费性",始适用服务无过失责任之规定者。然因"消费"定义之不确定,以"消费性"界定服务之范围,诚属不可能。参见,陈怡安:《医疗服务严格责任之解释论——兼评"肩难产案"判决》,载法学丛刊,第172期,1998年,第74页。

等),均在本法规律之范围。"[80] 在肩难产事件,法院明白表示:"以提供服务为营业者,不问其是否与商品有关,由于其与消费者之安全或卫生有关,均为受到消费者保护法所规范之企业经营者。"[81] 如上所述,英美法就商品或服务是否混合,予以不同责任评价,消保法规范之服务,依学说之见解,显然不采英美法之分类。

就服务提供者之责任,英美法区分为商业交易行为与专门职业人员之服务二类。就商业交易行为之服务,美国法再区分为商品与服务混合契约以及单纯服务契约,就前者所生之损害,服务提供者需负无过失责任;就后者,服务提供者只需负担过失责任。反之,就专门职业人员提供之服务,无论英国法或美国法,亦无论是否与商品相结合(单纯诊断失误或使用医疗仪器有瑕疵),专门职业人员均只就过失责任负责。然而,依据台湾地区消费者保护法对服务之认定,依据学说之见解,显然未做任何类型上的区分,其包含服务类型之宽广,显然大于英美二国甚巨,甚至可谓毫无限制。就台湾地区实务运作而言,无论旅游契约、运送契约或最具争议的医疗契约,全部适用消费者保护法,适用无过失责任,与学说之见解相同,将所有服务业纳入消保法之规范对象,是否妥当,颇值检讨。如何限制消保法之适用范围,以下就商业上交易行为与专门职业人员之服务,检讨之。

一、商业上交易行为

就商业上交易行为提供之服务,是否不适用无过失责任,首需

---

[80] 黄立,前揭文,注 76,第 73 页。同说参见,朱柏松,前揭书,注 2,第 201—202 页;詹森林、冯震宇、林明珠合著:《认识消费者保护法》,第 55 页("行政院"消费者保护法编印,1995)。后者认为:"不但与商品有关的服务业,例如运输业、流通业、量贩业、百货业、零售业、进口业等要负瑕疵服务责任,其他与商品无关的服务业,例如餐饮业、旅馆业、汽机车修理业以及最有争议性的医疗服务业等等,由于或多或少都和消费者之安全或卫生有关,故理论上都可能依据消保法对其所提供服务之危险负起责任。"

[81] 《消保法汇编(一)》,第 20 页。

探讨者系,商品责任与服务责任是否得以区分。在消费者受害案件,系因提供服务时,使用之产品有瑕疵而发生损害者,固常有之;但伤害之发生,究系因产品之瑕疵,或因提供服务之方法不当,有时则难以明确区辨。例如:计算机软件设计有瑕疵,究系商品或服务责任? 又如汽车修理后,驾驶修复后之汽车发生车祸受伤,究系因新换之零件有瑕疵,或因换零件之工人技术欠佳,以致发生车祸,确定不易[82]。以台湾地区实际案例而言,在保全公司被诽谤案件,珠宝公司财务损失,究系因第一道铁门未装置保全器材,或系因第二道铁门装置之保全器材,设备不佳,以致盗贼侵入,诚有疑问。若属前者,当属服务有瑕疵;若属后者,则系商品责任之范畴。且保全业者提供之保全器材,可否认定为保全服务契约以外的另一买卖契约,亦有疑问。在台北市公车车祸案件,公车肇事系因行车前未注意检查刹车是否确实有效,以致发生刹车失灵。乘客受伤,究系公车司机驾驶山路,刹车不慎,或因公车刹车机件故障,或两者皆而有之,在适用商品责任或服务责任时,认定上亦有困难。

就消费者而言,选用商品或服务,经常仅系方便或恰巧为之,无论使用商品或服务,消费者均期待安全无虞,不受伤害。例如清理汽车时,或系购买清理设备自行清洗,或系至洗车店洗车,有时仅为一时选择,应无区分服务与商品责任之必要[83]。

主张服务责任应与商品责任区分者,主要系因商品制造人得以控制最终产品之品质,但服务提供者则无法担保服务之最终结果。例如衣物送洗时,不同衣物对相同化学物质可能产生不同反应;汽车修理技师对其修理之成效,亦因个别产品之不同而不同,服务提供者均无法保证其服务品质。然而许多现代服务之提供业已自动化,与产品之制造同系大量生产,服务或修理已有一般化之

---

[82] Howells et al, *supra* note 26, at 197. Howells et al, *supra* note 3, at 29.
[83] Howells et al, *supra* note 3, at 30.

执行工作标准,消费者应可期待日常服务之提供应担保其成果[84]。

商品责任负担无过失责任之理由,主要系基于风险分担与损失分配之观点,以及商品制造人因商品之流通市场而获利。在商业上交易行为之服务业者,例如旅行业者、保全业者及大众运输业者,其企业之经营,即为获取经济上利益,若因而致生损害于他人,即应与商品制造人负担相同责任。再者,现代之商业服务业,大致采取大型企业之方式,如连锁店、全国性银行、大众运输业等,企业本身得以其大型经济规模,以及广大经济活动脉络,分担其商业交易行为可能导致之损害,就损失分散之观点,显然比一般消费者更具负担之能力。

基于上述服务业者经营交易行为获利、损失分散之考量、商业上交易行为提供之服务与商品责任,有时区分不易;消费者使用商品或服务,仅为一时之选择;以及现代服务业已如商品制造趋向大量生产化,服务内容已然规格化、标准化等理由,将商业上交易行为之服务责任与商品责任同视,使消费者易于请求损害赔偿,尚无不妥。

二、专门职业人员之服务

专门职业人员是否适用无过失责任,美国法院比较商品零售商与医师提供服务之不同,认为医师非零售商,亦无危险分摊之机制,因而不应负担无过失责任[85]。然而论者以为,零售商负担严格责任之政策考量,系因零售商构成产品生产与上市企业整体之一部,应承担瑕疵产品损害结果之成本。亦即零售商因产品之贩卖而获利,理应承担其商业行为所生损失之危险[86]。医师固非因

---

[84] Howells et al, *supra* note 3, at 30; Howells et al, *supra* note 26, at 198.
[85] 参见前述 Magrine v. Krasnica 一案。
[86] 经济获利者应承担损失之危险,在民事法律责任体系中屡见不鲜,例如民法第188条之雇用人责任与民法第224条债务人为履行辅助人负责之规定是。

贩卖商品而获得财产上利益,然其使用医疗器材或设备,则为其提供医疗服务所不可或缺。零售商直接因商品买卖而获利,医师因使用产品而间接受益,就课以无过失责任之法政策考量,两者应无不同[87]。

零售商负担无过失责任之另一理由,系因被害人可能不知商品制造人为何人,商品制造人亦可能不在原告所在地之法院管辖区,以致原告仅得对零售商提起诉讼,请求赔偿。就医疗责任而言,当医师使用之医疗器材因生产者众多,而无法知悉器材制造人时,若受害病患不得向医师求偿,病患将因无法知悉商品制造人为何人而无法获得赔偿,就诉讼上之请求而言,医师与零售商亦无不同[88]。

就危险分担机制而言,在商品责任之损失分摊观念,于服务契约,并无与异。医师应如零售商一般,就其医疗器材瑕疵所生之损害,向制造人求偿,或以保险方式分摊损失。再者,病患以手术治疗或药物治疗,全属病患或医师之偏好,对于药物不可知之危险,法律既以无过失责任保障病患之安全,对于手术不可知之危险,应无区别之必要。医师执行手术,固非担保病人必定痊愈,但不得因该手术致病情更为恶化,则甚为显然,除非该危险系手术过程中固有之危险[89]。

上述论述,系基于医疗服务使用之商品或仪器设备有瑕疵时,始主张医疗服务应与零售商一样,负担无过失责任,即仅在服务与商品混合之专门职业人员服务契约,适用无过失责任,盖仅在涉及商品时,始有模拟零售商无过失责任之可能[90]。至于纯粹医疗服务契约,如医师提供之诊断意见不正确,或进行之手术失败,若无

---

[87] Russell, *supra* note 22, at 125.
[88] *Id*, at 126.
[89] Howells et al, *supra* note 26, at 198.
[90] Russell, *supra* note 22, at 129. 关于医疗契约采取无过失责任之外国立法例与评论,参见 Shiu-I Yang, Medical Malpractice in Taiwan: Myth and Reality, Chapter Five (JSD dissertation, Stanford University, 1997)。

过失,即无庸负责。

台湾地区专门职业人员向来主张消费者保护法不应适用于所有服务业,尤其医疗服务[91]。"卫生署"更明白指出:"医疗行为不同于其他服务,不管是诊断或治疗疾病的过程,均无法确保'无安全或卫生之危险',而且医疗过程存在许多不可控制的变量,例如由合格的医师进行手术、麻醉或检查,仍有可能出现生命的危险,此时由医疗机构负担无过失之连带赔偿责任,可能迫使许多医疗机构无法经营,医师不敢轻易为病患治疗,以免惹上官司。"[92]然而台湾地区多数学者及实务见解均认为医疗服务应属消费者保护法规范之对象,而适用无过失责任。本文认为,对商业上交易行为之服务采取无过失责任,固可赞同,但对于专门职业人员,尤其医疗契约之服务,则认为不应采取无过失责任,理由如下:

1. 医疗行为之治疗过程与结果,既充满不确定性与危险性,非医师所能控制,采取无过失责任制度,非在于医疗行为之可归责性,而在于风险之承担与损害之分配[93]。由于台湾地区只有少数保险公司提供医疗伤害责任险,医疗机构无法经由保险方式,分散风险,似非最佳之危险分散者。若认无过失医疗伤害制度系属社会保险之一环,医疗伤害更应由社会全体负担,而不应要求医疗机构独立承受补偿责任[94]。

---

[91] 专门职业人员之主要反对意见系:(1) 性质上不适用。专门职业具有公益色彩,有别于一般消费事件。(2) 专门职业人员之服务已有特别法规范,无庸再适用消保法。(3) 消保法无过失之责任过重,外国立法例鲜少对专门职业人员课以无过失责任者,台湾地区应无不同。参见林慧贞:《论消费者保护法之服务无过失责任》,台湾大学硕士论文,1996年6月,第107页。

[92] "行政院卫生署","本属主管业务是否纳入消费者保护法之范畴及理由",引自黄立,前揭文,注76,第75—76页。

[93] 杨秀仪:《要求医院成担无过失责任,强人所难》,载《中国时报》1998年01月16日,11版。

[94] 陈孝平:《无过失医疗伤害,应社会保险化》,载《联合报》1987年01月17日,11版。

2. 医疗伤害损失既无法经由保险分散,则必须由病患承担损失,以分散风险,从而必定增加一般患者之医疗费用。若因增加医疗费用,使一般患者无法获得医疗服务,是否符合全民医疗之目的,应有疑问。犹有进者,台湾地区目前采取全民健保制度,医疗机构无自由调整医疗费用之权限,因而医疗机构欲以一般病患共同承担风险损失之机会,亦不可得。

3. 医疗责任负担增加,将促使医师采取"防御性医疗措施",大量浪费医疗资源,增加社会成本。以美国为例,美国法就医疗服务虽采过失责任主义,但一般医师为免于诉讼之烦,宁可采取任何可能之医疗措施,延后判断时效,以争取"百分之百"确定病患之疾病,借以免除过失责任。医疗手段之采取,不再系为病人之安全,而在于保护医疗人员。过度采取医疗措施,将剥夺其他真正需要医疗服务病人之治疗机会,增加无谓医疗资源之浪费,诚非病患与社会之福[95]。在采取过失责任之美国尚且如此,若采取无过失责任,将使医疗人员更尽其所能,采取防御性医疗,以避免一时疏忽,未使用全部可能之医疗方法,导致损害,而负赔偿责任。

4. 或谓"医师只要能证明,其医疗行为合于通常可合理期待之安全性,即可免责。"因而消费者保护法对医疗服务课以无过失责任,尚未过苛。至于所谓医疗行为合于通常可合理期待之安全性,系指"医师以完整之病历表及其他证据证明其在治疗过程中并无任何错误,手术失败未由于医师的过失,而是客观上未能预见所有的危险"[96]。惟欲以病历表等证据证明医疗无过失,必然需要医师穷尽当时医学程度所有之医疗诊治方法,始可该当消费者保护法施行细则第 5 条所谓"具有通常可合理期待之安全性"之抗辩,则上述美国医学界采取过渡防御性医疗之情形,在台湾地区将更为恶化。

---

[95] Stanley Joel Reiser, *Malpractice, Patient Safety, and the Ethical and Scientific Foundations of Medicine*, in Huber et al (eds.), supra note 29, at 229—235.

[96] 黄立,前揭文,注 76,第 77 页。

5. 台湾地区多数学者认为，医疗服务应一体适用消费者保护法之无过失责任，或系因为采取过失责任，病患通常由于医学知识之欠缺，无法证明医师之医疗过失，以致难以获得赔偿。惟医疗过失举证责任之不易，应以举证责任之倒置，推定医疗过失之存在等方式，对医师课以举证免责之义务加以解决，而非直接对医师课以无过失责任。反之，单就医疗服务课以无过失责任，不仅有上述不妥之处，且无过失责任并非绝对责任，病患仍应就不当医疗行为与病患伤害之间具有因果关系，负举证责任。此项因果关系之举证，与医师过失责任之举证，就病患而言，同感困难。若以立法方式，将过失免责与因果关系不存在之举证，同时转由医师及医疗机构负担，更有利于病患请求损害赔偿[97]。

在美国，对于医疗行为之责任采取过失责任，而非无过失责任，即以"推定过失"之方式，减轻被害人之举证责任，可供参考。例如在 Ybarra v. Spangard 一案[98]，被告 T 医师诊断原告罹患盲肠炎，由被告 S 医师在另一被告 W 医师经营之医院进行盲肠切割手术。原告接受皮下注射后，由医师与护士推入开刀房。麻醉师对其躺卧姿势进行调整，使原告肩膀依靠于二个硬件物之间后，进行麻醉，使原告陷入昏迷。原告苏醒时，已开刀完毕，安置于病房。

原告主张，在开刀前其右手或肩膀从未发生疼痛，但在开刀苏醒时，在颈部与右肩之间感到剧痛。其后，该剧痛延伸至手臂，导致手臂无法弯曲、提起，肩膀肌肉发生瘫痪及萎缩。依据其他医师

---

[97] 台湾地区新修订《民法》第 191-3 条规定，对于经营一定事业或从事其他工作或活动之人，因危险活动导致损害发生时，推定行为人具有过失，并推定因果关系成立。本条关于危险责任之规定，学者有认为于医疗行为亦有适用者（例如黄立：《民法债编总论》，1999 年，第 321 页）。但本条规定之适用范围无限扩张的结果，可能导致侵权行为法体系之重新调整，是否适当，尚值研究。关于本条适用范围之检讨，参见拙著：《危险责任与过失推定》，载月旦法学杂志，第 55 期，1999 年，第 16—40 页。

[98] 25 Cal. 2d 486, 154 P. 2d 687 (1944). See Richard Epstein, Cases and Materials on Torts, 308—313 (6th ed. 1995).

鉴定,原告之症状系因右肩与颈部之间遭受压力或拉力之故,并非病态性伤害,而系外伤性伤害。原告因而主张依据 res ispa loquitur 原则,应推定被告具有过失。被告则抗辩,本案原告将医师、护士、麻醉师等均列为被告,但未明确指明何人利用何种手段,导致原告受害,因而不应适用 res ispa loquitur 原则[99]。

所谓 res ispa loquitur 原则系指,当引发损害发生之工具或方法系被告独力控制,且在一般情形下,若无被告之过失,不幸事件无由发生时,被告行为之过失应予推定[100]。在本案,法院认为在麻醉状态中进行手术,导致伤害发生,原告之伤害必然系因某人过失行为所导致。若医师与护士不愿揭露过失行为人之身份与责任发生之事实,则受害之原告将无法获得赔偿。为避免不正义发生,在此案例,虽不适用无过失责任,对被告课以责任,但仍应适用"过失推定"之原则,使原告易于获得赔偿。亦即,在医疗行为中,原告于昏迷状态下遭受异常伤害时,对于原告身体或治疗手段具有控制力之所有被告,均应推定具有过失[101]。

陆、结 论

消费者保护法就商品与服务契约之责任,同采无过失主义,消费者无须证明企业经营者之过失,即可就其因商品或服务有瑕疵所生之损害,请求赔偿。就商品责任而言,无过失责任之采取,符合世界各国法制保护消费者之趋势,学说与实务界,均无争议。然而服务无过失责任之规定,则属罕见之例。依台湾地区实务见解,消费者保护法规范之服务业,仅以企业经营者提供之服务是否与消费者之人身或财产具有安全或卫生上之危险,为认定消费者保

---

[99] 25 Cal. 2d 486, 154 P. 2d 687 (1944). See Epstein, *supra* note 98, at 309.

[100] See Black's Law Dictionary, 1305 (6th ed. 1990).

[101] See Epstein, *supra* note 98, at 310, 312.

护法适用之范围,其标准不够明确,实际适用上可能无所不包,毫无限制。尤其依台湾地区学说之见解,消费者保护法适用服务业之范围,更为广泛,是否妥当,似有斟酌之余地。

诚如本文所述,英国法就服务提供者之责任,仅就商业上交易行为所生之服务契约,采取无过失担保责任。就专门职业人员提供之服务,则仅负担过失责任。美国法院不仅就专门职业人员提供之服务未课以无过失责任,即就商业上交易行为之服务契约,亦仅就商品与服务之混合契约,课以无过失责任,至于纯粹服务契约,例如旅游服务与飞机修理,服务提供者仅负担过失责任。综合言之,英美法制对服务提供者之责任,明显采取比商品责任较轻之责任制度。台湾地区判决与学说,均未对服务责任采取类型上之区分,征诸英美法例,似有未妥。

本文认为,在商业上交易行为之服务契约,基于现代服务业之营业方式、损失分摊之考量与消费者保护之趋势,消费者保护法采取无过失责任,尚值赞同,英国法院之判决即采此项立场。至于专门职业人员之服务责任,英美两国均未课以无过失责任,就医疗责任而言,在美国,不仅医师及牙医师不负担无过失责任,即使药剂师"贩卖"处方药,亦不负担无过失责任。本文斟酌医疗服务之特性与台湾地区医疗伤害保险、全民健康保险等医疗环境,认为医师应仅就过失责任负责。至于病患面临过失举证之困难,则以举证责任倒置之方式处理,使病患易于请求损害赔偿。台湾地区法院在肩难产事件,认为医师需"能证明事实上无人处于得认识该危险或瑕疵之状况者,方得充分免责之举证要件",对医师之要求,未免过苛[102]。

---

[102] 关于肩难产事件判决的进一步评论,请参见陈忠五:《医疗行为与消费者保护法服务责任之适用领域》,载台湾本土法学杂志,第 7 期,2000 年,第 36—61 页。

文后补述

关于台湾地区争议最为激烈的医疗服务是否适用无过失责任,本文引述之"肩难产案件",台北地方法院虽然认为,适用消费者保护法第 7 条之规定,医师应负无过失责任。但台湾高等法院 2002 年度上字第 215 号民事判决则采取目的性限缩,依据消保法第一条之立法目的,将医疗服务排除于消保法之适用范围内。该判决谓:"消费者保护法及其施行细则就所规范之服务意义为何,并无明确定义,故就何谓消费性服务为一般性之定义,有其困难,自更无从仅以文义解释判断医疗行为有无消保法之适用,而应分别各个法律行为之性质,而为合目的性之解释。按消费者保护法第一条第一项规定:'为保护消费者权益,促进国民消费生活安全,提升国民消费生活品质,特制定本法。'此为消保法就该法之立法目的所为之明文规定,是为法律条文之解释时,即应以此明定之立法目的为其解释之范围。在消保法中之商品无过失责任制度,由于消费者无论如何提高注意度,也无法有效防止损害之发生,是借由无过失责任制度之适用,迫使制造商担负较重之责任,换言之,制造商在出售危险商品时,会将其所可能赔偿之成本计入售价之中,亦即将使产品危险的讯息导入产品价格之内,带有分担危险之观念在内。但就医疗行为,其医疗过程充满危险性,治疗结果充满不确定性,医师系以专业知识,就病患之病情及身体状况等综合考量,选择最适宜之医疗方式进行医疗,若将无过失责任适用于医疗行为,医师为降低危险行为量,将可能专以副作用之多寡与轻重,作为其选择医疗方式之惟一或最重要之因素;但为治愈病患起见,有时医师仍得选择危险性较高之手术,今设若对医疗行为课以无过失责任,医师为降低危险行为量,将倾向选择较不具危险之药物控制,而舍弃对某些病患较为适宜之手术,此一情形自不能达成消保法第一条第一项之立法目的甚明。另相较于种类及特性可能无限之消费商品,现代医疗行为就特定疾病之可能治疗方式,其实相当有限，若药物控制方式所存在之危险性，经评估仍然高于医师所能承受者，而医师无从选择其他医疗方式时；或改用较不适宜但危险较小之医疗行为可能被认为有过失时，医师将不免选择降低危险行为量至其所能承受之程度，换言之，基于自保之正常心理，医师将选择性的对某些病患以各种手段不予治疗且此选择势将先行排除社会上之弱者，而此类病患又恰为最需医疗保护者。此种选择病患倾向之出现，即为'防御性医疗'中最重要的类型，同样不能达成《消费者保护法》第1条第1项所明定之立法目的。而医师采取'防御性医疗措施'，一般医师为免于诉讼之烦，宁可采取任何消极的、安全的医疗措施，以争取'百分之百'之安全，更尽其所能，采取防御性医疗，以避免一时疏忽，因未使用全部可能之医疗方法，借以免除无过失责任。医疗手段之采取，不再系为救治病人之生命及健康，而在于保护医疗人员安全，过渡采取医疗措施，将剥夺其他真正需要医疗服务病人之治疗机会，延误救治之时机，增加无谓医疗资源之浪费，诚非病患与社会之福。依此所述，医疗行为适用消费者保护法无过失责任制度，反而不能达成《消费者保护法》第1条所明定之立法目的。是应以目的性限缩解释之方式，将医疗行为排除于消费者保护法适用之范围之列。是本院认将医疗行为适用于消保法，反而违背该法明定之立法目的，是纵文义解释之最可能外延包括医疗行为在内，亦应用目的性限缩方式加以排除。从而，医疗行为即无消保法之适用，上诉人主张依《消费者保护法》第7条，被上诉人应负无过失责任云云，即非有据。"

此外，医疗法于93年4月28日修正时，第82条规定："医疗业务之施行，应善尽医疗上必要之注意。医疗机构及其医事人员因执行业务致生损害于病人，以故意或过失为限，负损害赔偿责任。"此项立法修订，目的在于排除医疗服务，作为消保法适用之对象。据此，在台湾地区法，医疗服务不再适用无过失责任，而回归侵权行为法上之过失责任主义。

第六章　美国法上之惩罚性赔偿金制度

壹、前　言

惩罚性赔偿金系英美普通法的损害赔偿制度,虽始于英国普通法,但在英国有逐渐限制其应用的趋势[1]。在美国法,因近年来惩罚性赔偿金制度适用于产品责任案件,而引起惩罚性赔偿金广泛运用的疑虑。从而,在所谓"民事责任制度"改革浪潮下,学说与各州州法试图限制惩罚性赔偿金的适用范围与判决额度,或其至建议废除之[2]。在大陆法系国家,无论德国、法国或日本,均无惩罚性赔偿金制度。台湾地区属于大陆法系,民事损害赔偿法一如其他大陆法系国家和地区,强调损害填补观念,并无惩罚性赔偿之制度。然而台湾地区自消费者保护法明文引进惩罚性赔偿金制度后,惩罚性赔偿金制度之研究逐渐受到此间学者重视[3]。其后,立法机关陆续将惩罚性赔偿金制度应用于消费者保护法以外

---

[1] See B. S. Markesinis & S. F. Deakin, Tort Law, 726—729 (4th ed., Oxford: Clarendon Press, 1999).

[2] 关于美国民事责任制度改革,参考 Roger Clegg (ed.), State Civil Justice Reform (D. C.: National Legal Center for the Public Interest, 1994).

[3] 参见,陈聪富:《美国惩罚性赔偿金的发展趋势——改革运动与实证研究的对峙》,载台大法学论丛,第 27 卷第 1 期,1997 年,第 231—264 页;林德瑞:《论惩罚性赔偿》,载中正大学法学集刊创刊号,1998 年,第 25—66 页;林德瑞:《论惩罚性赔偿金可保性之法律争议》,载中正大学法学集刊第 2 期,1999 年,第 103—129 页;谢哲胜,惩罚性赔偿:《财产法专题研究(二)》,1999 年,第 1—49 页。何建志:《惩罚性赔偿之法理与应用——论最适赔偿金额之判定》,载台大法学论丛,第 31 卷第 3 期,2002 年,第 237—289 页。

之法律。例如健康食品管理法第 29 条规定，贩售健康食品之人未经许可而制造、输入健康食品，违反健康食品之安全卫生管理，及健康食品之标示及广告规定者，买受人如受有损害，得请求出卖人零售价 3 倍以下或损害额 3 倍以下之惩罚性赔偿金。根据报载，两性工作平等法对于工作场所性骚扰事件，规定雇主应与加害之受雇人连带负损害赔偿责任，且被害人得请求 30 万元以下之惩罚性赔偿金。就此，台湾地区似有逐渐扩大惩罚性赔偿金适用范围的趋势。

值得注意者为，德国与日本不仅法规本身不采惩罚性赔偿金制度，即使在美国法院对德国与日本之公司企业作成惩罚性赔偿金判决时，基于"公共秩序"与德日二国民法只承认填补性损害赔偿制度之原则，该判决亦难在德国与日本法院获得完全承认与执行。德日二国所以不承认惩罚性赔偿金的理由，主要在于惩罚性赔偿金制度之惩罚与吓阻目的，与回复原状之填补性赔偿性质迥然不同，系属"刑事处罚"之性质，应属刑法或行政法所规范，基于"公共秩序"，在私法领域不应承认。且美国法院经常对于被告课以过高之惩罚性赔偿金额，亦非妥当[4]。换言之，惩罚性赔偿金判决，在德日二国的主要争执点，在于该制度的性质及判决之数额过高，与填补性损害赔偿之性质不符或与填补性赔偿之数额不成比例。

---

[4] 德国法院关于惩罚性赔偿金判决之承认范围，限于该赔偿金系为赔偿当事人之精神上损害，且该赔偿金数额非不适当者为限。日本法院则完全拒绝承认美国法院关于惩罚性赔偿金之判决。See Norman T. Braslow, *The Recognition and Enforcement of Common Law Punitive Damages in a Civil Law System: Some Reflections on the Japanese Experience*, 16 Ariz. J. Int'l & Comp. Law 285, 294 (1999); Hartwin Bungert, *Enforcing U. S. Excessive and Punitive Damages Awards in Germany*, 27 The International Lawyer 1075, 1083 (1993); Ernst C. Stiefel, Rolf Sturner & Astrid Stadler, *The Enforceability of Excessive U. S. Punitive Damage Awards in Germany*, 39 Am. J. of Comp. L. 779, 784—793 (1991).

再者，惩罚性赔偿金制度在美国本土引起的问题，主要在于被告何种行为应负担惩罚性赔偿责任，以及判决惩罚性赔偿金数额是否过高等疑虑。美国许多州法律，对于陪审团告知事项（jury instructions），在作成惩罚性赔偿金判决时，即针对何种行为始构成判决惩罚性赔偿金的要件、当事人的举证责任程度，以及惩罚性赔偿金数额的量定因素等问题加以规范〔5〕。

综合德日二国与美国关于惩罚性赔偿金判决之争议，可知惩罚性赔偿金的主要问题，可归类为以下三项：（1）为什么需要采用

---

〔5〕 例如规定最为详尽的明尼苏达州法律，关于陪审团告知事项的规定如下：

"若您依据清楚而具说服力的证据（clear and convincing evidence）发现，被告行为表现出，有意漠不关心他人的权利或安全，您得于其他损害赔偿外，判决原告获得某项金额，足以惩罚被告，并阻止他人从事类似的行为。

所谓'清楚而具说服力的证据'系指，该证据将使您认定，被告极度可能（highly probable）刻意漠不关心他人的权利或安全而为［不法］行为。换言之，证据必须在您的心中，产生一项坚定的信念或确信，认为被告系刻意漠不关心他人的权利或安全而为［不法］行为。

所谓'被告刻意漠不关心他人的权利或安全而为［不法］行为'，系指被告必须在行为时，故意欠缺对于他人权利或安全的关注。

在您认为应判决惩罚性赔偿金，而就其数额加以决定时，应考虑至少以下与惩罚性赔偿金目的相关的因素：

（1）被告不法行为对于大众所生危险性的严重程度。

（2）不法行为对于被告的获利程度。

（3）危险的持续期间与逾越［可容忍］危险的程度。

（4）被告在发现不法行为后的态度与行为。

（5）被告之受雇人参与不法行为或隐藏不法行为的人数与程度。

（6）被告的财务状况。

（7）由于该不法行为，被告可能承受其他惩罚的全部后果，包括给予原告或其他［被害人］的填补性赔偿与惩罚性赔偿。

（8）被告可能负担刑事处罚的严重程度。" See Richard Blatt, Robert Hammesfahr & Lori Nugent, Punitive Damages: A State by State Guide to Law and Practice, 64—65 (St. Paul, Minn: West Publishing Co., 1991).

惩罚性赔偿金制度？此项问题涉及惩罚性赔偿金的性质与目的功能，同时涉及该制度是否与填补性损害赔偿制度相冲突。(2) 被告何种行为得判决惩罚性赔偿金？即被告何时应负担惩罚性赔偿责任？(3) 在判决惩罚性赔偿金时，以何种数额为适当？亦即作成惩罚性赔偿金判决时，其数额之量定应斟酌何种因素？本文之目的，即在于回答上述问题，以作为台湾地区法院是否承认与执行美国关于惩罚性赔偿金之判决，以及立法机关判断何种行为得课以惩罚性赔偿金之参考。

本文的主要论述脉络为，首先确定惩罚性赔偿金的性质与目的，再借由惩罚性赔偿金制度的性质与目的，论述该制度在理论上与学说上的争执，以及检讨各项改革方案，是否符合惩罚性赔偿金的制度目的。因而本文第贰节首先讨论惩罚性赔偿金制度的缘起与目的，以探求惩罚性赔偿金的性质与功能，作为与大陆法系国家损害填补原则的比较。第叁节检讨何种不法行为得判决惩罚性赔偿金，亦即被告不法行为须具有何种非难程度，始负担惩罚性赔偿责任。第肆节说明惩罚性赔偿金数额的量定因素，力求惩罚性赔偿金判决数额公平合理，符合客观性要求，并与该制度目的相符。第伍节说明惩罚性赔偿金数额量定的改革方案，并检视该等方案是否符合惩罚性赔偿金的制度目的。

贰、惩罚性赔偿金制度的源起与目的

一、历史源起

惩罚性赔偿金制度之建立，与英国普通法的发展历史具有密切关联[6]。首先，惩罚性赔偿金制度的建立与陪审团制度有关。在早期英国普通法时期，陪审团扮演调查与审判的角色；有权判决

---

[6] 本文所谓"惩罚性赔偿金"，意指关于超越实际损害额度之赔偿，包括本文下述之罗马法、德意志普通法及英国普通法的超额赔偿，而非仅指当代的惩罚性赔偿金制度。

超越损害填补赔偿数额之赔偿金额。陪审员对于诉讼当事人与纷争事件之事实甚为熟悉,在审判过程中居于重要地位。当时法官对于损害赔偿数额并无明确衡量标准,法官既无能力审查陪审团判决赔偿之数额,亦因无权推翻陪审团之判决赔偿金额,而无审查之利益。及至 18 世纪末期,普通法法院对于侵权行为、契约与财产案件逐渐建立损害赔偿标准后,法院仍不愿对陪审团超越损害金额的判决加以干涉,盖当被告之行为系基于恶意时,超越实际损害金额之赔偿,应属妥当[7]。

其次,早期英国普通法对于非具体损害(intangible injuries),例如精神痛苦与情绪受挫,无法以金钱计算,认为不得请求损害赔偿,惩罚性赔偿金制度即在于补其不足。此外,在当事人地位不平等的情形,例如医师对病患为性侵害、官员对人民不当拘禁,或在种族歧视等侮辱案件,损害填补制度对于当事人尊严的丧失或生活享受的损害等,并未加以赔偿,此等损害只能以惩罚性赔偿金补偿之[8]。目前美国康涅狄格州、密歇根州与新罕布什尔州法院仍承认,惩罚性赔偿金之性质在于填补损害,而将判决金额限于实际损害之填补,例如诉讼费用之花费与情感之受损等[9]。

再者,在古罗马法时期,民事与刑事责任并未明显区分。十二表法对于窃盗、抢夺或伤人等应由国家制裁的刑事责任,认为仅属私人间的侵权行为。换言之,在罗马法,侵权行为法的制裁功能,不仅在于填补损害,而在于替代纷争当事人的私人报复或械斗。为鼓励当事人行使侵权行为损害赔偿请求权,而非诉诸报复或械

---

[7] See David F. Partlett, *Punitive Damages: Legal Hot Zones*, in Julie A. Davies et al., (eds.) A Torts Anthology, 509 (Cincinnati, Ohio: Anderson Publishing Co., 2nd ed., 1999); Jane Mallor & Barry Roberts, *Punitive Damages: Toward a Principled Approach*, 50 Hastings L. J. 969, 973 (1999).

[8] Partlett, *supra* note 7, at 514; Steven R. Salbu, *Developing Rational Punitive Damages Policies: Beyond the Constitution*, 49 Fla. L. Rev. 247, 271—272 (1997).

[9] Mallor et al., *supra* note 7, at 973, n.28.

斗,在偷窃与抢夺等案件,被害人得请求被偷窃或抢夺物品物价的2至4倍,作为损害赔偿。此外,在古罗马时期,警察组织薄弱,无法有效惩罚犯罪,鼓励私人进行诉讼,以遏止不法,对于社会治安至为重要。换言之,超越实际损害额之赔偿,具有鼓励私人担任"检察官"与维持社会公共安全的功能[10]。

罗马法时期民事与刑事责任不分的情形,在欧洲大陆都市国家兴起之后,产生改变。中央政府出现,极需经由课税与刑事罚金增加政府收入。且国家既有保护公共秩序之利益,刑事不法行为的受害人乃由个人变为国家,刑事责任与民事责任体系因而区分为二。在现代德国国家形成过程中,罗马帝王与地方贵族冲突频繁,帝王乃以掌控法律体系的方式,展现国家权力控制地方势力与一般人民(包括贵族与新兴的商人阶级)的表现。对刑罚权的控制,乃成为国家权力有效施行的表现。在此走向中央集权国家的过程中,以私人作为"检察官",或由私人获取多倍赔偿,无非剥夺国家权力与攫取国家获取罚金的利益。因而德意志普通法固然具有与罗马法类似的多倍赔偿民事制度,但该制度在现代国家制度形成过程中,不利于中央集权国家的形成,因而德国虽然继受罗马法,但并未继受多倍赔偿的民事制度[11]。

反之,英国普通法则具有不同法律发展历程。最常被引用为英国法最早承认惩罚型赔偿金制度者为1763年的 Wilkes v. Wood 一案[12]。本案与英国当时政治冲突具有紧密关系。在1760年英王乔治三世登基后,英国政府腐败,贵族贪图个人利益,不顾人民生活。但同时,伦敦商人阶级兴起,政治活动活跃,企图影响政府政策。英国国会分裂为不同集团,John Wilkes 即为英国国会中反对英王政府的议员,创办杂志,批判政府作为。在1763年,英王与法国签署巴黎和约,结束7年战争。依据该和约,英国保有北美统

---

[10] Braslow, *supra* note 4, at 316—319.
[11] Braslow, *supra* note 4, at 319—325.
[12] 98 Eng. Rep. 489 (K.B. 1763).

治权,但放弃对加勒比海岛屿的统治权与加拿大东海岸的渔业权。反对党认为该和约赋予法国有权取得与英国商业利益对抗的能力,因而大加挞伐。Wilkes 即在其创办刊物中为文批评英国政府无能,谴责英王为叛国贼。英王因而下令以破坏治安与诽谤,起诉该杂志之出版商与该文作者。

  英国行政机关因而签发 45 份逮捕搜索令,但该命令中仅载明控诉之不法行为,而未载明特定之罪犯姓名。Wilkes 因而被捕至伦敦铁塔讯问,其书房被搜索,文件被携走。Wilkes 被释放后,对执法人员起诉请求侵权行为损害赔偿,主张法官并未签发逮捕搜索令,且该逮捕搜索令并未特定应逮捕拘禁之人。陪审团在本案判决被告应赔偿 1000 元英镑作为损害赔偿,被告则以判决赔偿金额过大提起上诉[13]。法官认为:"陪审团有权判决比(实际)损害额更高的赔偿金额。损害赔偿制度不仅在于满足被害人,且须惩罚该罪行,吓阻未来类似事件发生,并彰显陪审团对该行为本身的厌恶。"[14]

  实者,英国法关于惩罚性赔偿金制度的肯认早于 Wilkes 一案之判决。英国自 1066 年威廉大帝征服英格兰后,为有效执行法律,即制定具有惩罚性赔偿金规定的法规。例如,为贯彻经济政策,管制国内市场,在早期反拖拉斯法中,即对不法行为课以 2 或 3 倍的损害赔偿金。再者,另一类法规规定,罚金并非缴交国库,而系交付于受害之当事人。其目的在于,使私人扮演"检察官"角色,可以节省政府建立检察体系的经费。其次,英国人民不愿建立强

---

[13] 关于 Wilkes v. Wood 的政治背景,参见 Braslow, *supra* note 4, at 325—334。

[14] 98 Eng. Rep. 498—499 (K. B. 1763). 美国学者认为,传统上英国对于未特定被告的搜索逮捕令并未认为非法,但在本案,若认为该命令合法,则将危及政治反对者的权力、影响力与财富,因而陪审团与法官乃斟酌该案特殊情况,而认为损害重大,判决惩罚性赔偿金。基于 Wilkes 一案的政治背景,惩罚性赔偿金是否在通常侵权行为案件得以适用,尚有疑问。参见 Braslow, *supra* note 4, at 337—339。

大警察制度或检察制度,以避免行政权过大,有侵犯人民自由之虞。由于执法人员欠缺,对于公共秩序的维持,尤其经济管制法规的执行,有赖于私人诉讼,以达成国家目的。实际损害额以外的赔偿,即在于鼓励人民诉讼,作为人民兴讼的代价。此项目的,与罗马法及普鲁士普通法采取惩罚性赔偿金的立意相同[15]。

二、目的功能

自上述惩罚性赔偿金的发展历史可知,惩罚性赔偿金具有损害填补、惩罚被告行为、吓阻被告或他人从事类似不法行为,及鼓励私人担任"检察官",以执行法律等功能。其目的在于维护社会治安,避免私人、家族械斗等。惩罚性赔偿金的目的功能,正足以作为检讨该制度适用对象的基准,以避免惩罚性赔偿金制度流于滥用。以下再就惩罚性赔偿金的功能,逐项论述。

(一) 损害填补功能:填补无法请求之损害

惩罚性赔偿金之损害填补功能,在于填补精神上损害与"加重损害"(aggravated damages)等无法以金钱计算之损害[16]。传统上,当被告"恶意"(maliciously)、"怀恨"(vindictively)或"粗暴"地(outrageously)侵害被害人,令被害人感受尊严受损,精神受辱时,被告基于损害填补原则,应得请求损害赔偿。例如,在诽谤侵权行为案例,被告不法行为侵害者为原告之荣誉、尊严与人格,属于"加重损害"之范畴,依法应填补之。此项损害,无法以刑事罚或一般损害填补原则加以救济,因而以惩罚性赔偿金补偿之[17]。

著名的英国案例为 Cassell & Co. v. Broome 一案[18]。原告为

---

[15] Braslow, *supra* note 4, at 340—343.

[16] 所谓"加重损害"之赔偿(aggravated damages)系指,被告因不法行为导致原告遭受屈辱与挫折时,应填补的额外损害。参见 Bruce Chapman & Michael Trebicock, *Damages*: *Divergence in Search of A Rationale*, 40 Ala. L. Rev. 741, 747 (1989)。

[17] Chapman et al., *supra* note 16, at 765.

[18] [1972] All. Cas. 1027 (H.L.).

退休之英国皇家海军船舰舰长,被告为一本记述第二次世界大战书籍的作者与出版商。该书描述原告于第二次世界大战时期,在德军控制的水域中担任护舰任务时,放弃该舰队任务,导致 22 艘商船被攻击受害,原告应对该损失负责。被告于出书前,由海军纪录资料得知该观点并非真实,但基于该故事描述有利于书籍销路,因而仍予出版。原告以被告诽谤其名誉,起诉请求损害赔偿。

法院认为,本案被告基于获利,事前明知原告对于书籍描述已提出异议,且知悉该书可能对原告造成诽谤,却仍出版该书,应负赔偿责任。被告处心积虑,基于计算而为不法行为,纵使原告获得之赔偿,远高于基于回复原状所得之赔偿,亦属合法[19]。

当事人一方故意利用他人之信任,而违反信赖责任者,亦常发生应以惩罚性赔偿金予以补偿的"加重损害"。在此类案件中,原告与被告之间具有某种特殊关系,致使原告特别易于受到被告利用,被告果加以利用,即构成粗暴之行为[20]。例如破坏婚约事件,在美国 Coryell v. Colbaugh 一案[21],被告允诺与原告结婚,但于原告怀胎后,拒绝履行婚约。法官对陪审团宣示,被告之行为"极其令人厌恶,败坏他人名誉,应负惩罚性赔偿责任"。"陪审团无庸估计原告实际损害之数额,基于设定'范例'(for example's sake)(之理由),避免将来相同案例发生,(陪审团)即得判决被告赔偿。"陪审团无须考虑被告财力,仅须考虑原告"终其一生可能因此受到的不利益"、过去的损害与将来的所有结果[22]。换言之,被告应予赔偿者,即为"填补"原告过去、现在及将来的所有损害,包括精神上

---

[19] See id. at 1088—1090.
[20] Chapman et al. , *supra* note 16, at 766, 768—769.
[21] 1 N. J. 90 (1791).
[22] *Id.* at 91.

的损害赔偿[23]。

以惩罚性赔偿金填补因信赖关系而生的损害赔偿,经常发生于保险契约中,被保险人投保第三人责任险,当危险事故发生时,保险人明知无理由,却主张保险契约不保事项条款,拒绝赔偿第三人,致使被保险人必须自己支付赔偿费用。保险人既违反契约上的诚信原则,多数法院认为保险人应负侵权行为之损害赔偿责任,包括惩罚性赔偿责任。盖保险人与被保险人具有信赖关系,后者依赖前者,前者具有权力,后者易于遭受信赖关系被破坏的损害,因而前者应负契约约定额以外的赔偿。此时,惩罚性赔偿金具有完全填补损害与避免信赖关系破裂的功能[24]。

惩罚性赔偿金除补偿名誉丧失,生活享受减损及信赖关系破灭等无法以金钱计算的损害外,并经常使用于填补原告诉讼费用的支出与因诉讼所生的精神上耗费。在侵权行为事件,不法行为可生二种损害：一为原告的主要损害,如意外事件发生时,原告发生身体受伤,支出医药费、丧失工资所得等；另一为次要损害,即原告因加害事件,而必须介入纷争及纷争解决的损害,包括对于主要损害补偿的不确定,而引起的精神紧张,对于法院诉讼压力的担忧,对于纷争解决过程所生劳力与时间的花费等。次要损害为非一般损害填补原则得予以计算的损害,因而惩罚性赔偿金具有填补该损害漏洞的功能[25]。

---

[23] Braslow, *supra* note 4, at 352. 其次为破坏雇佣关系之案件。雇佣关系系基于信任与相互依赖的契约关系,若雇主粗暴、错误地终止雇佣关系,因雇用人与受雇人之间具有显然地位不对等关系,应得判决惩罚性赔偿金。反之,若受雇人偷窃雇主货物或商业机密,或受雇人于任职期间,违约自立公司,与雇主竞争,亦得判决惩罚性赔偿金。参见加拿大 Ribeiro v. Canadian Imperial Bank of Commerce, 67 O. R. 2d 385 (H. C. J. 1989); Vorvis v. Insurance Corp., No. 18, 844, at 23 (1989); Edwards v. Lawson Paper Converters Ltd., 5 C. C. E. L. 99 (Ont. H. C. J. 1984). See Chapman et al., *supra* note 16, at 766, n. 138; 767, at 140。

[24] Chapman et al., *supra* note 16, at 768; Parlett, *supra* note 7, at 515.

[25] Salbu, *supra* note 8, at 272.

惩罚性赔偿金的填补损害功能，尚包含填补原告支付的律师费用与其他诉讼相关花费。依据交易成本的概念，在契约履行事件，订立契约的成本不仅包含履行契约内容，且包含谈判、草拟与执行契约的成本，后者即为交易成本。对于侵权行为事件，由于美国法院并未判决诉讼费用由败诉当事人负担，因而损害填补时，原告因诉讼程序的费用及律师费用的支出，并未获得赔偿，有必要以惩罚性赔偿金"填补之"[26]。

以惩罚性赔偿金作为"填补"损害的方法，学者有持反对见解者，认为以惩罚性赔偿金"填补"损害，系属过时的方法，盖早期普通法固然限制被害人请求赔偿无法以金钱计算的损害，但当代法律已承认精神上损害（pain and suffering）、精神遭受挫折（emotional distress）、生活享受的损失（loss of enjoyment）等早期不承认的损害赔偿请求权，此类"加重损害"既可依法请求赔偿，无须再以惩罚性赔偿金填补被害人精神上痛苦等损失之必要[27]。

再者，以惩罚性赔偿金作为"填补"被害人在一般损害赔偿原则下填补不足之损失，将仅对某些被害人有利，对其他被害人不利。盖惩罚性赔偿金并非于全部案件均予适用，而仅适用于被告不法行为，应予严重谴责之案件。基此，原告之损害是否"全部"获得填补（包括一般损害赔偿与惩罚性赔偿金），将取决于被告不法行为的严重程度。如此，将仅有部分被害人得以获得全部赔偿，而与损害填补原则，应使所有被害人获得相同赔偿之原则不符。且被告不法行为可归责程度系属该行为是否应予"惩罚"的问题，而非损害填补的问题[28]。

至于诉讼费用是否应由被告负担，系属立法政策的问题，不应

---

[26] Salbu, *supra* note 8, at 273—274.
[27] James B. Sales & Kenneth B. Cole, Jr., *Punitive Damages: A Relic That Has Outlived Its Origins*, 37 Vand. L. Rev. 1117, 1130 (1984); Dan Dobbs, *Ending Punishment in "Punitive" Damages: Deterrence-Measured Remedies*, 40 Ala. L. Rev. 831, 848—849 (1989).
[28] Salbu, *supra* note 8, at 274—275.

由法院依个案决定,而应由立法机关考量。美国法律传统上由当事人个别负担自己的诉讼费用,亦反对律师费用由败诉当事人负担。其他国家固有败诉当事人负担诉讼费用之制度,但是否改采外国制度,应属立法机关之权责,若有需要填补被害人支出的律师费用,自可立法由加害人负担。否则由法院以惩罚性赔偿金方式,依据个案判决诉讼成本的负担当事人,违反法律安定性与一致性的要求[29]。

(二) 吓阻功能:经济效率与赔偿

惩罚性赔偿金作为吓阻被告与其他第三人从事相同不法行为,为学说与实务所肯定。法院判决经常认为惩罚性赔偿金在于"设立典范",供为后人之殷鉴。"特别吓阻"在以惩罚性赔偿金使被告不敢再犯相同的过错,以免负担重大赔偿。"一般吓阻"在于设立"典范"(example),使一般人不敢从事与被告相同或类似的不法行为[30]。

按侵权行为损害赔偿制度不仅具有损害填补功能,现代损害赔偿法同时注重吓阻功能,因而问题在于何以在某些案例有必要再以惩罚性赔偿金加以吓阻?单纯损害填补是否不足以"吓阻"被告从事相同不法行为?为什么?

依据刑事罚的"完全吓阻理论"(complete deterrence theory),惩罚必须完全排除犯人从事不法行为,因而应将犯人所得完全去除,使犯人全无所获。反之,民事侵权行为强调者为"最佳或有效吓阻理论"(optimal or efficient deterrence theory)。依该理论,吓阻被告从事不法行为,必须社会对吓阻不法行为花费的成本,不能大于该不法行为所生的社会成本。否则,即令不法行为发生,就社会整体而言,即无加以吓阻之必要,盖其所生社会成本未大于从事吓

---

[29] Salbu, *supra* note 8, at 275—276; Gary T. Schwartz, *Deterrence and Punishment in the Common Law of Punitive Damages*: *A Comment*, 56 S. Cal. L. Rev. 133, 140 (1982).

[30] Dobbs, *supra* note 27, at 844—846.

阻该不法行为之花费[31]。依据有效吓阻理论，加害人应将不法行为造成的所有成本，内化为自己的成本，亦即加害人应赔偿受害人全部损失，而使加害人仅在其行为产生之利益大于损害赔偿数额时，始会从事一定行为。

在侵权行为损害赔偿机制中，若所有被害人的损害均得以获得赔偿，则该机制将可迫使加害人内化其行为的成本，而避免加害人从事不法行为。但在许多侵权行为事件，一般损害赔偿，并不足以吓阻所有社会有害行为。例如在诈欺或偷窃案件，被告之民事责任仅系将所诈得或窃得之物返还即可，且可因未被发现，或未被起诉而脱逃赔偿责任。如此，损害填补之机制显然无法吓阻加害人从事不法行为[32]。

同样地，在若干案例，加害人对于不法行为的期待利益可能大于对被害人的损害赔偿责任，而从事不法行为。例如在商品瑕疵案件，商品制造人可在产品获利必然大于损害赔偿责任时，忽略产品制造上瑕疵，或放弃瑕疵的修改，而侵害消费者权益。超过实际损害赔偿的惩罚性赔偿金，正足以吓阻商品制造人从事类似不法行为。

损害赔偿数额不足，将使损害赔偿机制无法达成有效吓阻的功能(under-deterrence)。反之，若损害赔偿过多，将会使被告过度投资于避免不法行为发生，而造成过度吓阻(over-deterrence)，对社会整体效益，亦属不佳。因而法律经济学家认为，在加害人获得的利益超越被害人之损失时，课以惩罚性赔偿金，正足以使加害人充分内化被害人的损失。惩罚性赔偿金的课予即在于填补因法律制度执行不足造成损害无法完全填补的损失，使加害人对于侵权行

---

[31] 关于最佳吓阻理论，参见 Guido Calabresi, The Cost of Accidents: A Legal and Economic Analysis 26—31 (1970); William M. Landes & Richard A. Posner, The Economic Structure of Tort Law 58—62 (1987).

[32] Salbu, *supra* note 8, at 270.

为造成的所有成本内部化[33]。

举例言之,设加害人对每一位被害人造成美金 10 万元损失,而加害人被发现并请求损害赔偿的几率为四分之一(即每 4 位被害人只有 1 位起诉请求赔偿并胜诉),则加害人应对胜诉的被害人给付的全部损害赔偿数额应为 40 万元。其中 10 万元为填补性损害赔偿,另外 30 万元则为惩罚性赔偿金。如此法律上虽有 75% 的"执法落差"(enforcement gap),加害人仍应就全部损害负责[34]。亦即损害赔偿之数额系依据实际负担赔偿责任的可能性加以区分,惩罚性赔偿金的目的即在于填补执法落差所生的问题。

法律经济学家同时认为,在加害人获得的利益少于或等于被害人的损失时,课以惩罚性赔偿金之目的在于剥夺"所有"加害人的获利。例如,加害人出售汽车,造成被害人实际损害为 4000 元,加害人因每一被害人之受损所获得之利益亦为 4000 元,但因加害人出售之车辆为 1000 辆汽车,则加害人应负之惩罚性赔偿金为 400 万元[35]。

依据"有效吓阻理论"解释惩罚性赔偿金的功能,可以得知:(1)惩罚性赔偿金的吓阻目的在于设定"典范",避免将来类似事件发生,系惩罚性赔偿金"对将来"的效力。此项功能与惩罚性赔偿的报复、惩罚目的,显然不同。盖后者在于回顾事实的严重程度,对被告行为的可归责性加以"惩罚"。(2)基于吓阻功能,惩罚性赔偿金数额之判决,无须考虑被告行为在道德上的可归责程度,而只须考虑原告的实际受损与被告逸脱责任的可能性。(3)被告

---

[33] A. Mitchell Polinsky & Steven Shavell, *Punitive Damages*: *An Economic Analysis*, 111 Harv. L. Rev. 869, 874 (1998); Robert D. Cooter, *Punitive Damages for Deterrence*: *When and How Much?* 40 Ala. L. Rev. 1143, 1148 (1989).

[34] Polinsky et al., *supra* note 33, at 874—875. See also, Cooter, *supra* note 33, at 1148.

[35] Keith N. Hylton, *Punitive Damages and the Economic Theory of Penalties*, 87 Geo. L. J. 421, 423, 430, 446—448 (1998).

的财富多寡对于决定惩罚性赔偿金数额并无关重要,盖只须损害赔偿(包括执法落差的损害计算)得以吓阻被告从事不法行为,即可达成目的[36]。

惩罚性赔偿金的吓阻目的,固然受到许多学者与法院肯认,但惩罚性赔偿金在实际上是否果真可以达成吓阻目的,美国学者 Kip Viscusi 采取怀疑态度。他依据实证研究,认为对于有毒化学物质环境污染事件,对污染源公司课以惩罚性赔偿金的美国各州,与未课以惩罚性赔偿金的各州加以比较,发现后者的有毒化学物质意外事件与有毒物质排放事件并未高于前者。惩罚性赔偿金不仅无吓阻功能,且对公司的研究与发展造成成本增加。惩罚性赔偿金造成的成本经由转嫁,由消费者负担高商品价格,其成本亦大于意外事件发生后,受害人可获得的利益。依据 Viscusi 的见解,损害填补原则一般而言已足以达成吓阻目的,市场机能与政府管制法规已足以担保有毒物质安全排放,惩罚性赔偿金对于吓阻目的之达成,诚属不必要[37]。

再者,若将吓阻功能作为惩罚性赔偿金的惟一目的,将与公平正义的观念不符。盖基于不法行为之吓阻目的,社会利益之考量将大于个人权益之维护。个人之道德非难性既非重要,则为社会整体之安全,足以牺牲个人之性命[38]。基于吓阻目的,只须对于不法行为具有控制能力者,无论有无过失,均应以惩罚性赔偿金作

---

[36] *Development in the Law-the Paths of Civil Litigation* Ⅲ. *Problems and Proposals in Punitive Damages Reform*, 113 Harv. L. Rev. 1783, 1796 (2000). 应予注意者系,一般学说认为,基于吓阻理论,惩罚性赔偿金的数额应考虑被告的财力状况,盖若被告财力甚巨,却仅判决少额赔偿金,对于被告将不生任何吓阻效果。参见本文下述肆。

[37] W. Kip Viscusi, *The Social Costs of Punitive Damages Against Corporations in Environmental and Safety Torts*, 87 Geo. L. Rev. 285 (1998). 批判 Viscusi 之观点者,参见 Theodore Eisenberg, *Measuring the Deterrent Effect of Punitive Damages*, 87 Geo. L. Rev. 347 (1998); David Luban, A Flawed Case Against Punitive Damages, 87 Geo. L. Rev. 359 (1998).

[38] Partlett, *supra* note 7, at 516.

为利诱其采取损害避免的手段,以内化其行为的成本,对于无辜之被告,似非公平[39]。

最后,基于经济学上的有效吓阻理论,吓阻目的考量者已非被告行为在道德上是否可归责,而系因执法落差所生的损害是否被补偿或予以剥夺,其论点是否与"惩罚性"赔偿金制度相符,尚有疑问。盖若执法落差不发生时,在道德上显可非难的行为,将无须负担惩罚性赔偿金。反之,在道德上无可非难之被告,却可能因执法落差甚大(如该不法行为不易被发现),而负担巨额惩罚性赔偿金[40]。

有效吓阻理论成立的前提系,假设任何人于行为之前均会从事成本效益分析,而采取利益极大化的行为。在产品责任事件或公害污染事件,事业体固可从事成本效益分析,而正当化惩罚性赔偿金的判决依据。但对于个人行为,例如医师从事个别医疗行为,似未有类似的成本效益分析,如何正当化惩罚性赔偿金的判决,尚待斟酌[41]。

有效吓阻理论以加害人被请求赔偿的几率计算惩罚性赔偿金数额,则请求赔偿的原告人数愈少,所获得的惩罚性赔偿金将愈高。结果是,愈早提起诉讼的原告,愈容易获得高额赔偿。其他被害人固得引据原告之赔偿数额加以主张,但起诉原告获得愈高赔偿,加害人的赔偿能力反而减低,将造成其后起诉之被害人求索无门。最早起诉原告之赔偿数额依制度上的设计,必然导致高额赔偿,如强迫加害人再度赔偿相同赔偿金额,是否合理,亦有疑问[42]。

以"执法落差"计算惩罚性赔偿金数额,如何评估"执法落差"大小,诚属困难。法院判决时,不仅应计算过去业已起诉的案件,

---

[39] Id.
[40] Marc Galanter & David Luban, *Poetic Justice: Punitive Damages and Legal Pluralism*, 42 Am. U. L. Rev. 1393, 1449—1450 (1993).
[41] Development in the Law, *supra* note 36, at 1797.
[42] Id.

并应估量将来可能起诉的案件,对于后者,毋宁系属猜测而不确定,法院如何决定,甚有疑问[43]。

(三) 报复、惩罚功能:道德非难与赔偿

报复主义源于刑事罚的制裁,在民事法中表现为惩罚性赔偿金。报复主义与损害填补原则不同,损害填补原则依据被害人的损害多寡予以补偿,报复主义则依据不法行为的恶性加以惩罚。一般过失车祸事故可能导致严重伤害,但行为人恶性不重。反之,被告故意将小孩自高楼上抛下,恶性重大,但可能因小孩穿着的吊裤带幸运钩住旗杆而受害甚小。二者依据损害填补原则或报复主义,被告应负责的赔偿数额,显有不同,单纯赔偿实际损害,无法衡量被告的恶性与应受的处罚[44]。

主张报复主义之学者认为,加害人恶意伤害他人,或因具有可非难性的过失伤害他人时,意涵着加害人的价值高于被害人的价值,被害人系属"次级"人民,加害人得予以侵害。加害人"有权"牺牲他人福祉,造就自己自由。亦即,加害人特别具有价值,被害人理该受到差别对待。举例言之,商品制造人若可因疏失任意出售有害商品,则意味着商品制造人"有权"蔑视消费者权利,而无视于消费者之人的尊严[45]。

依据报复主义学者之见解,法律本应保障人与人之间具有公平正义关系。个人与个人之间应属公平对待,可以公平参与社会及公平对谈,而表现平等的公民关系。任何人无权未经他人同意,要求他人放弃其权利。强迫他人放弃权利,而与自己权利交换,纵使符合经济效益,亦与道德观念有违。盖若非如此,则个人将成为

---

[43] Development in the Law, *supra* note 36, at 1799.

[44] Dorsey D. Ellis, *Fairness and Efficiency in the Law of Punitive Damages*, 56 S. Cal. L. Rev. 1, 58—59(1982).

[45] Jean Hampton, *The Retributive Idea*, in Jean Hampton & Jeffrie B Murphy, Forgiveness and Mercy 111, 157 (1988). See Galanter et al., *supra* note 40, at 1432.

权利交易的客体,而非主体[46]。在侵权行为事故中,隐含着加害人对被害人具有一种不当的主从与优越关系,加害人对于社会价值表现一项错误评估,认为可以利用他人,成就自我。惩罚的目的即在于,以公开可见的处罚方式,重新恢复加害人与被害人之间相对的价值关系。换言之,报复性的处罚在于重新肯认被害人因侵害行为丧失的"人的价值",并修复被害人因侵害事件无法实现其价值的损失[47]。

基于报复性目的,惩罚程度必须反映加害人与被害人因不法行为造成的不平等,亦即处罚必须与犯行轻重符合比例原则。加害人行为恶性越重大,表示对于被害人的价值越轻视,加害人与被害人的"价值差别"越悬殊,必须处以较重的处罚,始足以表现大众对于被害人价值的重新界定,去除加害人对被害人所"宣称"的价值优越性。处罚过轻,无疑表示社会整体赞同被害人之价值应被轻视,被害人应受不当的对待,而加害人的蔑视他人权利,获得许可。例如,在家庭暴力事件,法院对于施暴者经常处以较轻惩罚或不予处罚,无疑承认妇女实际上为丈夫的财产,或认为妇女为"物"而非"人"[48]。反之,处罚过重,可能导致社会整体错误地否定加害人与被害人的相对平等关系,而形成另一种犯罪。盖惩罚手段若已侵害加害人尊严,减损加害人的价值,该处罚本身无疑已然违反人类价值平等之原则。例如,加害人砍断被害人手脚或毁损其颜面,若惩罚之手段亦为砍断加害人手脚或毁损其颜面,该手段已否定加害人为"人"之价值,并非妥当。盖基于报复之目的,加害人与被害人的价值均应兼顾,否则以贬损加害人价值的惩罚手段加诸于加害人,将表示加害人比其他人更不具价值[49]。

---

[46] Partlett, *supra* note 7, at 517.

[47] Galanter et al., *supra* note 40, at 1432—1433; Jean Hampton, *Correcting Harms Versus Righting Wrongs: The Goal of Retribution*, 39 UCLA L. Rev. 1659, 1686 (1992). Hereinafter cited as Hampton, [*Correcting Harms*].

[48] Hampton, *supra* [Correcting Harms] note 47, at 1691—1692.

[49] Hampton, *supra* [Correcting Harms] note 47, at 1690—1691.

基于上述，报复主义与吓阻理论不同，报复主义系"向后观察"，考量加害人不法行为的恶性程度，而予以制裁。反之，吓阻理论系"向前观察"，如何处罚足以达成阻绝被告事后再犯，或避免他人从事相同不法行为之目的。盖吓阻理论非因被告行为道德上应受处罚而受惩罚，而系为将来社会上某特定目的而处罚。"处罚"本身成为一种手段而非目的，因而可能罔顾人民之权利。既然处罚具有目的取向，无辜之人，亦可能受罚。然而，报复主义之惩罚仅考虑加害人道德上应受谴责与处罚，依据加害人恶行之程度予以惩罚，无视于惩罚轻重对于社会整体利益之影响，就此而言，报复主义亦受质疑[50]。

然而英美法早期关于惩罚性赔偿金之判决，大多系对于被害人尊严有所伤害之案件，例如诽谤、诱惑奸淫、以攻击方式侮辱他人、不当起诉、违法监禁、违法侵入私人住宅、恶意侵入私人土地与违法搜索私人文书信件等，符合报复主义的见解。在该等案件中，加害人与被害人的相对价值被错置，加害人"利用"被害人之人的价值，达成自我目的，贬损他人尊严。具体言之，在多数关于惩罚性赔偿金判决的案例中，法院一般要求被告行为须具有"恶意"（malice），而以被告行为的"非难程度"（degree of reprehensibility）作为考量惩罚性赔偿金数额多寡的重要因素，与报复主义的主张相符。因而在加害人死亡时，法官即不再判决惩罚性赔偿金[51]。

有疑问者系，刑事罚具有"报复主义"的功能，何以民事法尚需实现"报复主义"？基于罪刑法定主义，刑事处罚应有法律明文规定。惟刑法对于减损被害人作为平等公民价值之不法行为，并未完全规范，而予以报复处罚[52]。例如，恶意违反契约、违背婚约、或商品瑕疵而拒绝回收等侵害行为。纵使刑法对于不法行为加以

---

[50] Galanter et al., *supra* note 40, at 1435; Terry Pinkard, Democratic Liberalism and Social Union 178—179 (1987) (cited in Galanter et al., *supra* note 40, at 1435).

[51] Galanter et al., *supra* note 40, at 1433; Schwartz, *supra* note 29, at 144.

[52] Partlett, *supra* note 7, at 517.

规范,但因刑事政策的考量,或因公权力资源不丰,执行刑事责任不足,导致刑事处罚未符报复惩罚之目的,均使民事责任有借用惩罚性赔偿金予以报复处罚之必要[53]。

刑事罚对于处罚犯罪之不足,特别表现在白领阶级犯罪与公司法人犯罪之案件。白领阶级犯罪,一般较街头犯罪,更不易被追诉处罚。盖白领阶级对于损害事件的讯息来源更具影响力;其犯罪证据散布各地,不易被发现;犯罪的罪名经常定义不清,被告容易行走于法律边缘,利用检察官与法官对于犯罪定义的界定困难,而逃脱责任;白领阶级的犯罪被告拥有更多资源,且更为精明干练;调查人员对于白领犯罪之人通常给予更多抗辩机会,且较不易逮捕、拘禁或从事人身搜索;对于白领犯罪的起诉通常较慢,而给予被告更多准备防卫的机会;至于白领犯罪经常雇用较优秀律师,更毋庸置疑。基于上述优势,不易在刑事上惩罚白领阶级,应可想见。反之,民事责任则因举证责任较轻,且被告可与原告进行和解,被害人之利益,较能获得保护[54]。

公司法人犯罪,不仅不易被发现与判刑,且纵使被判罚金,通常亦较自然人犯罪为低,不足以达成惩罚之目的,而使许多公司将低额的惩罚,视为公司营运的必要成本。为使公司受到应有的处罚,以高额的金钱——所谓"公司的血"——赔偿被害人,始足以彰显不法行为的可非难性与无法令人接受的程度[55]。

实务上以报复主义解释惩罚性赔偿金判决者,例如,美国著名案例 Grimshaw v. Ford Motor Co. 一案[56],被告出产之 Pinto 汽车具有瑕疵,导致汽车爆炸,车上小孩严重烧伤。陪审团判决被告惩

---

[53] 反对说者认为,以民事责任达成刑事罚所欲达成的"报复"目的,侵犯刑事立法裁量权。且惩罚的对象若为公司法人,则何人(公司职员或股东)应成为惩罚的对象,显有疑义。参见 Schwartz, *supra* note 29, at 145; Partlett, *supra* note 7, at 518—519。
[54] Galanter et al., *supra* note 40, at 1443。
[55] Galanter et al., *supra* note 40, at 1443—1444。
[56] 174 Cal. Rptr. 348 (Ct. App. 1981)。

性赔偿金 1 亿 2500 万美元。其理由系,被告福特汽车公司依据一项报告显示,被告回收 Pinto 汽车加以修复的成本为 1 亿美元,高于火烧车致人于死每件赔偿 20 万美元,受伤每件赔偿 6 万 7000 美元的损失,因而被告决定不予回收修复。惩罚性赔偿金数额即为 1 亿美元加上利息[57]。

本案被告福特汽车公司基于成本效益分析,视被害人为一种价格,而非人的尊严,其不法行为严重蔑视被害人的价值,基于报复主义,应予以金钱惩罚。被告既以成本分析的方式,表现对于消费者的不尊重,陪审团亦以被告使用的成本分析,作为惩罚,适足以反应本案具有的道德性。被告明知汽车有瑕疵,仅因财务上考虑,而不愿收回修复,显示被告不法行为的不道德性,在于只重金钱,不顾消费者性命。由于被告之贪婪,而判决金钱赔偿作为惩罚,应属妥当。盖从事不法行为者,最终应承受该不法行为的恶果,乃道德上正义的要求[58]。

Pinto 汽车一案,系因福特公司为节省 1 亿美元,而不愿回收、修复汽车瑕疵。设若被告因此而节省之费用为 2 美元,则被告行为的不道德性非在于贪婪,而在于对他人生命价值的刻意轻忽。类似的案例为,设有某产科医师于欣赏歌剧时,虽其病患已进入产房,而受召唤回诊,但为欣赏歌剧,未立刻回诊,嗣歌剧结束后返回产房,新生儿脑部已然受损。

本案被告医师不法行为的不道德性非在于贪婪或过度依赖经济理性,而在于对病患身体价值的恶意轻忽。若以 Pinto 一案的赔偿计算方式,而以歌剧票价计算惩罚性赔偿金数额,显然有误,盖被告医师未立即回诊,并非仅为获取歌剧票价的所有金钱价值。因而在本案,惩罚性赔偿金数额不应以歌剧票价计算,而得以受害小孩长大成年后,成为一位产科医师所可获得的收入计算之。此项赔偿数额表示,若非被告对于人类价值恶意轻忽,受害小孩或可

---

[57] 本案法官最后减少该惩罚性赔偿金为 350 万美元。Id, at 358.
[58] Galanter et al., *supra* note 40, at 1436—1438.

成为如同被告一般的产科医师,如此始可回复被害人与加害人的平等价值[59]。

(四) 私人执行法律功能

依据有效吓阻理论,惩罚性赔偿金在于弥补因执法落差所生刑罚吓阻不足(under-deterrence)的缺失。依据报复主义,惩罚的结果必须使被告负担"应得"的处罚,但因法律制度与执法程度,导致惩罚不足,有失报复之目的,因而借助惩罚性赔偿金,强化惩罚功能。据此,二项惩罚性赔偿金制度的基本目的,得知该制度具有填补执法落差、惩罚不足的功能。换言之,惩罚性赔偿金具有鼓励私人,调查不法案件,起诉请求赔偿,并对被告课以"私人罚金"(private fines),达成社会公平正义的目的。据此,惩罚性赔偿金制度在于鼓励被害人成为"私人检察官"(private attorney general),实现执法目的,不仅有利于被害人,更有利于社会公共福祉。

由于并非所有社会不当行为均构成刑事责任或民事责任,且国家执法机关因预算限制,无法充分执行法律。再者公务员仅有固定薪资,并无诱因促其取缔、追诉所有不法行为,因而形成执法不足的现象。尤其在若干案件,例如所谓"无被害人的犯罪"(crimes without victim)[60],一般人并无动机监督公权力之执行。在若干故意不法行为,例如对消费者实行诈欺,或违反证券交易法的内线交易等,因受害人甚为广泛,可能发生"搭便车"(free rider),互相观望的心态,而未真正执行法律规定。凡此,均有赖于鼓励私人介入执法机制,以达成法律目的[61]。

惩罚性赔偿金赋予被害人获得实际损害额以外的赔偿数额,具有鼓励私人对加害人起诉请求赔偿之功能。此项功能在被害人实际损害甚为微小时,甚具实益。盖若无惩罚性赔偿金判决,被害人因诉讼所得甚少,不愿起诉请求,加害人将因而免受惩罚,亦无

---

[59] Galanter et al., *supra* note 40, at 1438.
[60] 无被害人的犯罪,例如吸食安非他命或其他麻醉药品等。
[61] Chapman et al., *supra* note 16, at 788.

法吓阻加害人再度从事相同不法行为。惩罚性赔偿金适足以作为被害人担任私人检察官的代价。纵使在实际损害巨大之案件,惩罚性赔偿金足以转嫁被害人因诉讼行为产生的负担(如诉讼费用),亦具有鼓励被害人起诉请求的功能。再者,惩罚性赔偿金以加害人的费用,作为被害人财产上所得,足以鼓励被害人寻求诉讼途径,解决纷争,避免自力救济,有益于社会安宁[62]。

鼓励被害人从事私人检察官的角色,无非在于强化执法机制,而执法机制的强化,毋宁在于达成惩罚性赔偿金吓阻与惩罚之功能。因而所谓惩罚性赔偿金执行法律的功能,相对于前述之吓阻与报复,应属次要功能。惩罚性赔偿金的主要功能,应在于吓阻与惩罚加害人,尤其报复主义的思想,毋宁系惩罚性赔偿金制度的最主要目的。

叁、何种行为得课以惩罚性赔偿金?

一、英美法之发展

在早期英国普通法,惩罚性赔偿金制度在于补充刑事责任体系的不足。在以损害赔偿为原则的民事法体系,该制度毋宁应属例外制度。因而何时始得判决惩罚性赔偿金,不至于过度滥用,值得检讨。被认为建立惩罚性赔偿金制度的 Wilkes v. Wood 一案[63],原告对于国务卿发布的违法搜索与逮捕令,控告不法搜索他人住宅。法官判决:"陪审团有权判决超越实际损害的赔偿。损害赔偿不仅在于满足被害人,并对于犯罪作为一种惩罚,以吓阻未来相同事件发生,并作为陪审团对该行为本身表示厌恶的证明。[64]"本案

---

[62] Mallor et al., *supra* note 7, at 979—980; Salbu, *supra* note 8, at 277. 关于私人介入执法机制可以更有效率,且避免被告贿赂执法人员等讨论,参见 Chapman et al., *supra* note 16, at 788—790。

[63] 98 Eng. Rep. 489 (C. P. 1763). See also Huckle v. Money, 95 Eng. Rep, 768 (C.P. 1763). 关于 Wilkes 一案之案情与政治背景,参见本文前述第贰节。

[64] 98 Eng. Rep. 498—499 (C.P. 1763).

揭示的原则,其后被应用于诱奸、伤害、诽谤、恶意追诉犯罪、错误监禁、故意侵害他人财产权等案件[65]。

早期关于惩罚性赔偿金案例,集中于被害人尊严受害之情形。但在英国著名的 Rookes v. Barnard 一案[66],法官则质疑民事案件判决惩罚性赔偿金的妥当性。本案原告为英国航空公司伦敦航空站制图工人,与工会干部意见不合。在工会与英国航空公司的某次集体协约中,约定英航应解雇原告,否则工会将发起罢工运动。英航为避免罢工而解雇原告,原告因而起诉主张,工会干部利用不法方法引诱英航终止其雇佣关系,应负赔偿责任[67]。

本案法官 Lord Devlin 认为惩罚性赔偿金系属刑事制度,惩罚性赔偿金的目的,在于惩罚与吓阻,本质上系属于刑事罚的性质[68],依理不得适用于民事责任。但鉴于过往的案例与法规,只得予以承认。惟应限于下述三类案件,始得准许惩罚性赔偿金:(1)由于政府人员压迫、专断或违宪行为造成的损害。此类诉讼不及于对于私人公司、工会或个人的诉讼。(2)被告基于计算,其不法行为之获利超越该行为可能赔偿原告的损失。(3)依据法令,明文承认得判决惩罚性赔偿金的规定[69]。除此而外,Lord Devlin 并认为,不法行为必须具有故意、鲁莽、恶意、压迫或粗暴等特性,始得判决惩罚性赔偿金[70]。

英国法院事后并未遵循 Lord Devlin 对于惩罚性赔偿金加以限制的见解,多数法官认为在侵权行为法,除损害填补外,对于被告的惩罚,亦属必要。例如,在 Broome v. Cassell 一案[71],英国法官

---

[65] W. Page Keeton et al., Prossor and Keeton on The Law of Torts (5th ed.), 10—11 (ST. Paul, Minn: West Publishing Co., 1984).
[66] [1964] App. Cas. 1129 (H. L.).
[67] Rookes, [1964] App. Cas. at 1133.
[68] Id. at 1221.
[69] Id. at 1226—1227.
[70] Id. at 1221—1222.
[71] 1972 App. Cas. 1027, 1114.

认为,侵权行为法以损害填补为目的,并非理论上之当然。在民事赔偿事件中包含惩罚因素,并非不恰当。在若干案例,刑法并非系宣示社会对该案件反感,或对不法行为予以救济的较佳手段。

英国法规委员会(English Law Commission)建议在以下情况,可扩大惩罚性赔偿金的适用:(1) 在不法行为作成时,当事人间具有不对等关系,且(2) 被告不法行为系有意识且故意为之,而显示被告傲慢、不尊重原告权利。对于不对等关系的不法行为,英国法院依据普通法判例,认为在过失不法行为,仍不得请求惩罚性赔偿金[72]。

惩罚性赔偿金在美国最早的判决为 Genay v. Norris 一案[73],原告与被告酒醉发生争吵,准备以手枪决斗。被告医师于酒中加入斑蝥干燥剂后,邀请原告干杯,原告因而感觉剧烈疼痛,严重受伤。被告被判决惩罚性赔偿金作为吓阻他人类似行为的典范。在 Goryell v. Colbaugh 一案[74],被告与原告订婚,原告怀孕后,被告拒绝结婚,法官告知陪审团,"无庸考虑实际损害数额,而应基于设立典范的理由,以吓阻将来同样犯行,给予损害赔偿。"[75]

一如英国法院,早期美国法院经常对于故意而鲁莽地损毁他人尊严,伤害他人,导致精神痛苦等案件判决惩罚性赔偿金。对于恃强凌弱、利用社会权势伤害他人,或对于妇女施以攻击、打伤、强奸或性骚扰等案件,美国法院经常以惩罚性赔偿金惩罚、吓阻该行为,进而维护社会和谐与道德价值。据此,惩罚性赔偿金所规范的行为,均属恶意侵害他人,并导致个人受辱或遭受压迫等残暴行为[76]。

19 世纪后,美国法院开始对故意忽视原告权利的行为,判决惩罚性赔偿金。例如,被告故意毁损原告马车,或强行侵入原告住宅[77]。

---

[72] See Partlett, *supra* note 7, at 511.

[73] 1 S. C. L. (1 Bay) 6 (1784).

[74] 1 N. J. L. 77 (1791).

[75] Id.

[76] Michael Rustad & Thomas Koeing, *The Historical Continuity of Punitive Damages:Reforming the Tort Reformers*, 42 Am. U. L. Rev. 1269, 1292—1294 (1993).

[77] Tift v. Culver, 3 Hill 180, 181 (N. Y. 1842); Bateman v. Goodyear. See Rustad et al., *supra* note 76, at 1294, n. 127.

19世纪后期,惩罚性赔偿金判决逐渐自处罚强势的个人,转为惩罚大公司企业。盖法律具有维护公共安全之目的。而公司企业只能经由其职员与大众接触,始得运作。基于保护大众利益之目的,公司职员应视为公司企业本身,职员之不法行为,应由公司承担。刑法对于大型公司贪婪与压迫行为并未加规范,因而惩罚性赔偿金足可作为监视公司企业的社会控制(social control)手段[78]。

---

[78] Rustad et al., *supra* note 76, at 1294—1297. 惩罚性赔偿金近年来逐渐在产品责任案件广泛运用,且判决大多有利于消费者而不利于商品制造人,学说上认为,系受到"企业责任理论"(the theory of enter-prise liability)之影响。所谓"企业责任理论"系指,公司企业应为产品所生的损害负责,盖产品系因公司企业追求其经济利益而流通市场,其导致的损害应由公司企业负责。公司企业之所以应负产品责任,乃因消费者对于使用产品或其他公司活动可能导致的损害,并无避免能力。产品安全性仅可由公司企业花费人力与财力,始得加强。对于意外事故的避免,只能经由商品制造人的技术投资,予以保障。由商品制造人或其他企业团体将保险费用附加于产品价格,可以有效达成侵权行为法损害分散的功能,因而应由其负担损害赔偿责任(George Priest, *Punitive Damages and Enterprise Liability*, 56 S. Cal. L. Rev. 123, 123—128 (1982).)。批评此说者认为,"企业责任理论"暗示消费者对于产品安全性无可置喙,且借由加重产品制造人责任,可以提升产品安全性。责任越重,对于产品安全性的投资将越多,产品将越安全。然而,就消费者的偏好而言,产品可能"太安全"了,因为产品价格将因而提高。就惩罚性赔偿金的判决而言,商品制造人可能因负担惩罚性赔偿,而对于产品安全性作过度投资,以致其投资成本超过消费者减少损失的利益。增加惩罚性判决,将减少损害事件发生,但也减少小型车与节省油料等汽车的生产。许多资源均于汽车生产过程中被消耗殆尽。汽车安全性固然提高,但价额亦因而上升,制造人收入因而减少,整体利益而言,并非有利(Ellis, *supra* note 44, at 47—50)。再者,就法律经济分析的观点,责任问题应就当事人双方的互动关系考量。商品制造人或消费者对于产品安全或避免意外事故的投资,系属可以互相替代的因素。因而一味加重制造人的责任,将导致产品安全的降低而非增长产品的安全性。加重制造人的责任,促使其增加汽车安全性的投资,但整体安全性与意外事件的避免将因而降低。由于单纯加重制造人责任,理性消费者将减低其对安全性的投资,结果将导致降低安全性,而非增加安全性(Priest, id, at 130—131)。

20世纪后,惩罚性赔偿金开始扮演消费者保护的角色。法院对于被告在商业交易行为中(如买卖、银行与顾客关系、票据交易等),具有恶意、诈欺、侮辱或鲁莽而轻率地轻忽原告权利时,判决被告应负担惩罚性赔偿责任。例如被告以诈欺贩售商品、出售无用油品、出售瑕疵建筑物、伪造公司股票、将旧表以新表出售、对于汽车品质为错误陈述,或故意贩售染有霍乱的猪只等,被告均应负担惩罚性赔偿责任[79]。

二、美国各州规定

目前美国有 46 个州沿袭普通法传统,承认惩罚性赔偿金制度[80],但对于何时判决惩罚性赔偿,各州要求条件不一,可分为四类:

1. 有 14 个州要求被告行为须具有恶意(malice)而伤害被害人。其中加州最为严格,要求不法行为须为压迫(oppression)、诈欺或具有恶意。亚利桑那州要求,被告行为须基于故意、可非难的心理状态,或可推知被告系基于故意、可非难的心理状态。俄亥俄州认为,被告行为须为故意、轻率的(reckless)、鲁莽的(wanton),以及刻意的(willful)行为,或自其他情况可知行为具有恶意。较不严格的马里兰州仅要求被告行为须基于真正恶意或隐含的恶意(implied malice)。单纯过失行为不得判决惩罚性赔偿金[81]。

2. 有 23 个州要求被告行为不必基于恶意,但须被告有意漠不关心(indifference)、鲁莽而轻率地不尊重他人权利。各州虽不以被

---

[79] Rustad et al., *supra* note 76, at 1303—1304. 学说上有主张在商品责任案件应废除惩罚性赔偿金者,盖现代商品责任采无过失责任,与惩罚性赔偿金以被害人恶意不法行为为基础的要求不合。参见 James D. Ghiardi & John J. Kircher, *Punitive Damage Recovery in Products Liability Cases*, 65 Marq. L. Rev. 1, 47 (1982)。

[80] 未承认惩罚性赔偿金制度的四州为 Michigan, Nebraska, New Hampshire, and Washington. See Blatt et al., *supra* note 5, at 55。

[81] Blatt et al., *supra* note 5, at 57—58。

告故意加害被害人为必要,但被告行为须比重大过失(gross negligence)更具可非难性,而后可判决惩罚性赔偿金。例如,阿肯色州要求,被告行为须基于恶意、有意或鲁莽地不尊重他人之权利与安全。佐治亚州认为,被告行为须基于故意、恶意、诈欺、压迫,或全然不在意,而可推知其有意漠不关心事件结果之发生。较不严格的科罗拉多州要求,被告行为须为诈欺、恶意或侮辱,或鲁莽而轻率地不尊重被害人的权利或感觉,只要被告行为的可非难程度稍微大于重大过失即可。所谓"轻率"(recklessness),意指对于不法行为可能造成他人不良影响,故意不予考虑。反之,所谓重大过失(gross negligence),指未适当保护他人,免于不法行为的影响。值得注意的是,在本类型的各州法律,有些州认为重大过失行为,亦得课以惩罚性赔偿金,盖重大过失意味着被告心理上有意漠不关心他人安全上的权利[82]。

3. 有8个州仅要求被告具有重大过失即可判决惩罚性赔偿金,亦即被告对于可能造成他人损害的结果,显然未予注意。例如佛罗里达州法律认为,由于重大过失或无法容忍的过失(flagrant negligence),原告可能遭受不法行为之危险效果,而被告却轻率地不尊重其生命或安全,或有意识对于结果之发生漠不关心,或因鲁莽、轻率或重大过失,对于公众安全与福祉未加以关注。其轻率、漠不关心,如同故意侵犯他人权利时,应判决惩罚性赔偿金。密西西比州法律要求,只须被告行为具有重大过失或轻率漠不关心,如同有意或故意不法行为即可。赔偿要件最为宽松者为堪萨斯州,认为被告行为具有重大过失,即可判决惩罚性赔偿金[83]。

4. 马萨诸塞州与路易斯安那州规定,仅在特定法令规定惩罚性赔偿金时,始得为惩罚性赔偿金之判决。各个特别法令规定之要件不同,可能包含前述三种类型的不同要件,因而就类型分类

---

[82] Blatt et al., *supra* note 5, at 58—61;林瑞德,前揭文,注3,第40页。
[83] Blatt et al., *supra* note 5, at 61—63。

上，另立一类[84]。

三、综合检讨

综合前述英美法关于惩罚性赔偿金的判决事例可知：

1. 在故意（恶意）加害行为，被告既无合法原因，而意图伤害他人，或仗势欺人，或使他人受其凌辱，其行为应予惩罚（报复），并加以吓阻，应无疑义，故得判决惩罚性赔偿金。例如观赏运动比赛之被告，因不喜原告欢呼，而挥拳击伤原告鼻子；医师为增加收入，进行不必要的手术；医药制造商明知药品具有副作用，为增加销售量，故意广告药品无副作用等[85]。

2. 在单纯过失行为，被告对于不法行为及其结果并未认知，填补性损害赔偿已足作为吓阻不法行为之手段（如果过失行为得以吓阻时），故被告无须负担惩罚性赔偿责任。盖过失行为并不具可非难性（culpability），且过失行为系属社会常见之行为，惩罚性赔偿金之非常手段，不应加诸于通常可见之行为，而应限于逾越道德认可范围，无可忍受之行为。

3. 过失行为固不足以作为课以惩罚性赔偿金的依据，但被告对于损害发生之危险愈可能具有认知时，则愈可能负担惩罚性赔偿金责任。故在被告行为具有"重大过失"、"有意且鲁莽的不法行为"或"轻率不顾他人安全"，亦即被告对于可能发生的危险具有主观上认知，或应有所认知时，被告仍应负惩罚性赔偿责任。例如在 Claunch v. Bennett 一案[86]，被告与朋友在市区街道上，以时速 90 英里比赛赛车，发生事故，原告受伤。被告固无意伤害他人，但其赛车行为创造之危险重大而明显，其行为显然轻忽他人之安全，应负担惩罚性赔偿责任。

---

[84] Blatt et al., *supra* note 5, at 63.

[85] David G. Owen, *Civil Punishment and the Public Good*, 56 S. Cal. L. Rev. 103, 106 (1982).

[86] 395 S. W. 2d 719 (Tex. App. 1965).

4. 若被告对于潜在损害态度冷漠(attitude of callousness),对社会构成重大威胁,有惩罚或吓阻之必要时,亦应负惩罚性赔偿责任。例如,在美国 Tool v. Richardson-Merrell Inc. 一案[87],被告为一家著名药商,出售 MER/29,减低血中胆固醇分量,作为治疗动脉硬化之用。被告在动物实验中得知,该药物会引起不正常血液变化与眼睛模糊等症状。但被告对于医学专家及美国食品药物管理局报告时,掩饰该实验结果,对事实为不实陈述。该药物于准许上市后,被告立即大力广告促销。不久后,该药物被报导具有副作用,被告除否认该药品具有害副作用外,并于食品药物管理局要求回收后,拒绝收回。

经查,被告药品导致 5000 人以上受害,其中原告双眼罹患白内障。陪审团判决被告应赔偿 50 万美元之惩罚性赔偿金,其后双方同意和解为 25 万美元。法院认为,本案被告明知该药品具有毒性副作用,却予以促销上市,显系以轻率、鲁莽之行为,不顾该药品对于他人可能造成伤害,因而应负惩罚性赔偿责任[88]。本案以惩罚性赔偿金作为对被告与第三人可能从事类似行为的警告,宣示社会上不容许基于计算的不法行为,而使他人受害。被告基于成本与利益的计算,加害被害人,应予以惩罚与吓阻。超越实际损害之赔偿,适足以提高鲁莽轻率行为的成本,而减低不法行为对被告的吸引力[89]。

5. 法院经常以被告对于原告的压迫行为(oppression),作为惩罚性赔偿金判决之理由,亦即被告与原告权利不对等时,被告凭借该权利而伤害弱势者,达成自我目的,应负惩罚性赔偿责任。例如

---

[87] 251 Cal. App. 2d 689, 60 Cal. Rptr. 398 (1967).
[88] 251 Cal. App. 2d 689, 694, 713—715, 60 Cal. Rptr. 398, 403, 415—416 (1967).
[89] Mallor et al., *supra* note 7, at 983; Owen, *supra* note 85, at 107. 类似的案例,可参见 Grimshaw v. Ford Motor Co. 一案(详见本文前述第贰节、三)。

在 Zarcone v. Perry 一案[90]，被告任职法官，原告为法院前开车出售食物的小贩。被告法官于夜间开庭时，要求助理购买咖啡。该法官发现咖啡竟有恶臭味，乃命令助理以手铐将小贩带至被告面前。助理对原告小贩加上手铐后，于数十人面前，推拉原告至法官室。被告以如同正式训问的方式，大声严厉斥责小贩，威胁原告本身及其生计达 20 分钟。原告被准许离去，走回法庭后，再度被叫回法官室，继续进行言语伤害。原告于是请求被告赔偿，主张其遭受精神痛苦，须住院治疗，且无法工作。

本案联邦上诉巡回法院认为，惩罚性赔偿金之主要目的，系为吓阻被告或其他人在将来从事类似行为。本案被告法官明知其拥有国家权力，却为个人怨气而使用该权利。当事人之间的权利关系既不对等，强者将无所畏惧，欺压弱者，此种压迫性行为，无论来自于政府权力或经济优势，均应以惩罚性赔偿金吓阻之[91]。

在商品制造人与消费者之间，具有经济上强者与弱者的不平等地位，若前者利用经济上优势，不顾后者身体健康的安危，而销售瑕疵物品，导致消费者受害，此等权力不对等关系的不法行为，依据报复主义，应予处罚，以恢复双方之平等对待关系。依据有效吓阻理论，该不法行为所获得之利益应剥夺之，始得有效吓阻被告再为相同不法行为，故法院经常在商品瑕疵案件中，判决被告负担惩罚性赔偿责任。

6. 关于契约关系之案件，早期法官经常不愿判决惩罚性赔偿金。其后，在违反契约同时具有侵权行为之性质时，例如违反婚约、供给民生必需品之事业违约、或信托关系之违反等，始判决惩罚性赔偿金。近来美国法甚多关于保险契约之诉讼，则将恶意违约视为独立侵权行为，而判决惩罚性赔偿金。例如保险人利用被保险人遭受伤害时之不幸情境，主张不负保险责任而拒绝赔偿，其目的在于压迫被保险人和解，以获取有利条件，法院均判决被告应

---

[90] 572 F. 2d 52 (2d Cir. 1978).
[91] Id. at 53, 55. 本案被告法官因对原告之恶劣行为而去职。

负惩罚性赔偿责任[92]。

尤有进者,美国法院对于非保险契约案件,纵未涉及侵权行为,于恶意违约时,亦得判决惩罚性赔偿金。例如在 Jones v. Abriani 一案[93],原告新婚后,向被告购买旅行车一辆,原告发现被告交付之汽车非其订购之车型,且具有严重瑕疵。原告试图拒绝交付车款,但被告则威胁将没收原告已交付之分期付款,并隐藏契约担保条款,直至担保期限届满,始对原告揭露。其后,被告虽保证将修复汽车瑕疵,但并未实行。

本案法院认为,违约事件是否构成侵权行为,并不重要,而须审究公共政策(public policy)是否应判决惩罚性赔偿金。在消费者事件,消费者立于弱势谈判者地位,对于定型化契约只能签署,否则无法购买所需物品。因而基于公共利益,惩罚性赔偿金判决,适足以吓阻被告对于原告或其他人,在将来从事类似不法行为[94]。

法院对于违约案件判决惩罚性赔偿金,应予肯定。盖若违约之后果仅系要求被告履行契约上原本所需履行之义务,则被告将故意给付迟延或拒绝给付。尤其在契约当事人谈判地位不对等时,更易发生强势者违约之情事。从而契约上填补性损害赔偿,不足以达成惩罚与吓阻违约之目的,惩罚性赔偿金判决对于强势的谈判者,具有制止其滥用优越权利的功能[95]。

附带一提的是,关于是否构成惩罚性赔偿金判决之事实,涉及原告之举证责任问题。原则上,请求惩罚性赔偿金判决之举证程度与请求一般损害赔偿并无不同。在美国法系以"优势证据法则"

---

[92] Neal v. Farmers Insurance Exchange, 21 Cal. 3d 910, 582 P. 2d 980, 148 Cal. Rptr. 389 (1978). 加州法院系因加州法律规定,违反契约上义务者,不得判决惩罚性赔偿金。因而将恶意违反保险契约之行为,视为侵权行为而判决惩罚性赔偿金。See Mallor et al., *supra* note 7, at 990.

[93] 350 N. E. 2d 635 (Ind. App. 1976).

[94] *Id.* at 650.

[95] Mallor, *supra* note 7, at 991—992. See also Timothy J. Sullivan, *Punitive Damages in the Law of Contract: The Reality and the Illusion of Legal Change*, 61 Minn. L. Rev. 207 (1977).

(preponderance of the evidence)判断之,亦即原告只须证明被告极有可能(more likely than not)从事该不法行为即可。然而惩罚性赔偿金具有准刑事责任之性质,其目的在于惩罚及吓阻,与一般赔偿目的在于填补损害,并非相同。在刑事责任,原告所负之举证责任重于民事责任之要求。在美国法,原告负有"超越合理怀疑"(beyond a reasonable doubt)的举证责任。亦即必须证明,被告犯罪之事实,已无合理怀疑之可能,而得以认其为真实。

惩罚性赔偿金既具有达成与刑事罚相同之处罚与吓阻功能,学说乃主张,原告请求惩罚性赔偿金时,应尽可能参酌刑事诉讼程序而适用。例如原告所负之举证责任纵使无庸与刑事原告之责任相同,亦应类似于刑事原告之责任。因而学说上与美国少数州法对于惩罚性赔偿金之判决,要求必须具有"清楚而具说服力的证据"(clear and convincing evidence)。换言之,原告之举证程度,必须使法院(陪审团)对于原告所称之事实,系属真正,具有坚强的信念或认知。如此始足以保护受到类似刑事处罚的被告,且对法院经常作出原告有利之判决,加以制衡[96]。

肆、惩罚性赔偿金的量定因素

美国惩罚性赔偿金制度近年来甚受批评之原因在于,法院对于如何量定惩罚性赔偿金欠缺一定客观标准。在作成惩罚性赔偿金判决时,陪审团并未被告知,应考虑或不应考虑的事项为何,多数法院对于如何量定赔偿金数额,并未给予适当指导。陪审团经常依据其主观意念,恣意判断而作成判决,因而出现赔偿金数额漫

---

[96] Kimberly Pace, *Recalibrating the Scales of Justice Through National Punitive Damages Reform*, 46 Am. U. L. Rev. 1573, 1617—1618 (1997); Baltt et al., *supra note 5*, at 65.

天开价的情形,使被告(尤其公司企业)无所适从,负担过重[97]。

批评者认为,美国大部分州法院对陪审团并未告知判决惩罚性赔偿金应考量的因素。实际损害与惩罚性赔偿之间,并无任何关联。刑事上不起诉与赔偿数额,亦无关系。不法行为之类型与惩罚程度,并无比例上的关联。对于同一不法行为在不同案件的惩罚性赔偿金,悬殊过巨,毫无标准。在决定赔偿数额时,法官并未告知陪审团应考虑何种因素或不应考虑何种因素。对于填补性赔偿的吓阻与报复功能,法官均未告知陪审团[98]。大部分州并无最高惩罚性赔偿金额之限制。与填补性赔偿无须具有一定比例,与原告之律师费用亦无一定关联。至于法官对于惩罚性赔偿金判决之审查,缺乏一定标准。多数法院认为,除非惩罚性赔偿金之判决"明显过多"(manifestly and grossly excessive)、"显然不合理"(palpably unreasonable)或判决是基于"激情、歧见或偏见"(passion, bias, and prejudice),否则大多判决均被上级法院维持。换言之,无论陪审团或上诉法院,对于惩罚性赔偿金之判决,均无任何客观规则可循[99]。陪审团毫无限制的裁量权,导致公司被告判决惩罚性赔偿金之几率与数额均较个人被告为高,且上诉审法院对于公司被告亦较不愿减低赔偿数额。惩罚性赔偿金数额之量定欠缺客观性标准,将减损该制度吓阻与报复功能之达成[100]。

一、州法规定与法院判决

为避免惩罚性赔偿金数额之酌定,漫无标准,美国在立法上与司法实务上,逐渐规定或形成一定的参考标准。就立法而言,综合美国各州在程序法上关于陪审团告知事项之规定,惩罚性赔偿金

---

[97] Malcolm Wheeler, *A Proposal for Further Common Law Development of the Use of Punitive Damages in Modern Product Liability Litigation*, 40 Ala. L. Rev. 919, 940 (1989).

[98] Wheeler, *supra* note 97, at 941.

[99] Wheeler, *supra* note 97, at 942.

[100] Wheeler, *supra* note 97, at 942—946.

数额的量定因素,在各州规定并不相同,约可分为四类:(1)有15个州对于惩罚性赔偿金数额,虽有规定,但几乎未指出任何具体考量因素,而任由陪审团裁量之。例如伊利诺州规定,陪审团得判决"可以惩罚被告并吓阻他人从事类似不法行为的赔偿数额。"[101](2)有22个州列举各种决定惩罚性赔偿金数额的考量因素。例如新墨西哥州规定惩罚性赔偿金数额必须"合理并符合正义,考虑所有不法行为的本质与加重或减轻不法行为的情况。必须与填补性赔偿及损害合理相关,并与其事实状况非不成比例。"[102]除此以外,此类州法大多数以侵权行为人的财务状况作为惟一告知陪审团之事项。(3)另有3个州法律(包括堪萨斯州)规定陪审团判决惩罚性赔偿金的计算标准,或对于惩罚性赔偿金数额予以明白限制。例如康涅狄格州规定,惩罚性赔偿金数额为被告引起的合理花费,包括律师费用、诉讼费用、可能扣税的成本,以及美金若干元[103]。(4)美国有10个州法律对于如何告知陪审团关于惩罚性赔偿金数额之量定,未作任何规定[104]。

关于判决惩罚性赔偿金应斟酌的详细因素,可以堪萨斯州法为例。该州规定由法官判决惩罚性赔偿金数额,并考量如下因素:"

1. 在事件发生时,被告不法行为可能导致严重损害的可能性。
2. 被告对于上述可能性的知悉程度。
3. 被告因不法行为所得之利益。
4. 被告不法行为持续期间,及被告是否故意隐匿其不法行为。
5. 被告发现不法行为后之态度与行为。
6. 被告之财务状况。
7. 被告因该不法行为所受其他损害赔偿与惩罚的整体吓阻效果,包括被告在类似案件,对他人负担之填补性赔偿、惩罚性赔偿,

---

[101] See Baltt et al., *supra* note 5, at 66.
[102] See Baltt et al., *supra* note 5, at 67.
[103] See Baltt et al., *supra* note 5, at 68.
[104] Baltt et al., *supra* note 5, at 68.

及可能面临的刑事处罚。"[105]

在法院审判实务上,美国法院对于判决惩罚性赔偿金,亦列举应斟酌的详细因素,可供参考。例如在田纳西州 Coffey v. Fayette Tubular Prods. 一案[106],法院认为,判决惩罚性赔偿金应告知陪审团审酌以下事项:

1. 被告之财物、财产状况及其净值。

2. 被告不法行为之性质与可归咎程度。例如被告行为对原告的影响,及被告与原告间之关系。

3. 被告对于损害数额的知悉程度及被告引发损害发生之动机。

4. 被告不法行为之持续期间,及被告是否意图隐匿其不法行为。

5. 原告因恢复损害所支出之花费。

6. 被告是否因不法行为而获利。若被告获利,惩罚性赔偿金之数额是否应超过该利益,以求吓阻将来发生类似行为。

7. 基于相同不法行为,被告曾否负担惩罚性赔偿金之赔偿,其数额多寡。

8. 在被告知悉该不法行为后,对于所生之实际损害,是否已经(或意图)提供立即而公平的和解,以补偿被害人。

9. 证据上显示,其他足以决定惩罚性赔偿金适当数额之情况[107]。

值得注意者,纵使许多美国州法与法院对于惩罚性赔偿金数额之量定,明白胪列审酌因素,但多数州并未明文规定,法院亦缺乏一致的判决标准。纵使州法与法院揭示审酌标准,许多标准亦属模糊、不确定,有待依个案决定,因而难以达成一致、客观的量定标准。因而惩罚性赔偿金之判决数额,经常被批评为恣意、武断或

---

[105] Kan. Stat. Ann. 60—3701 (b) (1994).
[106] 929 S. W. 2d 326 (Tenn. 1996).
[107] Id. at 328.

表现出法官或陪审团的偏见。关于惩罚性赔偿金判决数额,逐渐被提升为宪法问题,其中尤其关于惩罚性赔偿金数额是否过高的争执,在美国联邦最高法院,激起激烈的争议。

二、联邦最高法院判决

美国联邦最高法院对于惩罚性赔偿金数额的量定因素,首先表示意见者为 1991 年的名案 Pacific Mutual Life Insurance Co. v. Haslip 一案[108]。Haslip 为 Alabama 市的雇员,参加上诉人公司的团体健康保险,但因上诉人公司之代理人私吞 Alabama 市代扣缴交的保费,以致其住院费用 3000 美元未能获得保险给付。Haslip 及其他 3 名市政府员工因而起诉请求该代理人及其雇主即上诉人公司赔偿。陪审团判决上诉人公司赔偿 104 万美元,其中至少 84 万美元为惩罚性赔偿金。亦即该惩罚性赔偿金为填补性损害赔偿的 4 倍,为原告支出费用的 200 倍。最高法院多数意见认为,上诉人公司早已知悉该代理人有相同诈欺纪录,因而原告之请求有理由[109]。

大法官在本案强调,宪法固然对惩罚性赔偿金并无"数字上的明显界限"(mathematical bright line),本案下级法院之判决亦未"跨越到宪法认为不适当的范围",但 4∶1 的惩罚性与填补性赔偿比率,已经"接近这个界限"(close to the line)。为使惩罚性赔偿金数额与其吓阻及报复之目的相符,最高法院认为应斟酌下列因素:(1)惩罚性赔偿金与被告行为可能引起的损害或实际发生的损害之间是否合理相关。(2)被告行为之非难程度、持续期间;被告是否知悉或隐藏不法行为以及过去相同行为是否存在及其频率。(3)被告不法行为的获利可能性、应否去除该项利益以及是否应

---

[108] 499 U. S. 1 (1991). 关于本案之事实与评论,参见陈聪富,前揭文,注 3,第 237 页; Mark Hart, *The Constitutionality of Punitive Damages: Pacific Mutual Life Insurance Co. v. Haslip*, 21 Cumb. L. Rev. 585 (1991).

[109] 499 U. S. 7, 18, 23—24 (1991).

使被告承担损害。(4) 被告之财务状况。(5) 所有诉讼成本。(6) 若被告因该不法行为受有刑事处罚时,应减轻赔偿。(7) 若被告因该不法行为受有其他民事赔偿责任,惩罚性赔偿金应减低[110]。

另一则著名判决为 TXO Production Corp. v. Alliance Resources Corp. 一案[111]。该案审查一项高于实际损害 526 倍的惩罚性赔偿金是否违反被告实质上正当法律程序所保护之权利。本案上诉人 TXO 公司为石油及天然气生产公司,被上诉人为专门出租石油及天然气权利之公司。TXO 公司希望获得某地之石油与天然气权利,被上诉人则对该地拥有租赁权。上诉人试图购买被上诉人该地之租赁权,但为被上诉人所拒。双方乃约定,TXO 公司得开发该地,探勘石油,但须支付被上诉人权利金。同时约定,若被上诉人对该地之石油、天然气与租赁权利有所减损时,该权利金应予减少。

其后 TXO 公司为减低其权利金之支付,发现第三人对该地某些采矿权已获得权限。但该第三人向 TXO 公司表示,其所享有之权利仅止于开采煤矿权,而不及于被上诉人开发石油与天然气权利。TXO 公司希望该第三人在宣誓书上谎称其权利包含石油与天然气权利,但为该第三人拒绝。嗣后,TXO 公司仍以该第三人拥有之权限,向被上诉人要求降低权利金数额,但被上诉人拒绝之。

在 TXO 公司起诉主张减低其权利金数额后,被上诉人反诉主张上诉人对该地权利之争执,系意图将该地之石油与天然气权利变更为自己所有,以避免支付 500 万到 830 万美元之权利金。法院判决上诉人败诉,陪审团判决上诉人应支付填补性损害赔偿 1 万 9000 美元及 1000 万美元之惩罚性赔偿金[112]。最高法院认为此项惩罚性赔偿金为"合理",盖斟酌惩罚性赔偿金数额时,不必固守该

---

[110] Id., at 21—22 (1991);111 S. Ct. 1032, 1045 (1991).关于此等因素之讨论,参见 Michael Rustad, supra note 76, at 1310—1314。

[111] 419 S. E. 2d 870 (W. Va. 1992), aff'd, 509 U. S. 443 (1993).

[112] 509 U. S. 443 446—451 (1993).

234 侵权归责原则与损害赔偿

数额必须与填补性损害赔偿具有一定比例。衡量惩罚性赔偿金数额是否合理,应考量被告行为之结果,可能造成之损害。本件 TXO 公司之诈欺行为若成功,将可免除权利金之支付,获得 500 万至 800 万元之不当利益,此项因素应予考量[113]。

关于惩罚性赔偿金数额过高之争议,美国最高法院近年来最著名之案例为 BMW of North America. Inc. v. Gore 一案[114],最高法院破天荒地以 5:4 的些微多数,判决 200 万元的惩罚性赔偿金因过高而违宪[115]。本案被上诉人 Gore 为一名医生,购买 1990 年 BMW535i 型之汽车一辆,价金 4 万元。被上诉人事后发现该车于自德国运往北美途中,因受酸雨之害,外表重新烤漆。被上诉人证称,若其事先知悉此事,将不愿购买,或不愿以原价购买该车,因而起诉请求赔偿,主张该车系二手车,却支付新车车价。

经查,BMW 于 1983 年开始修复受损车,若修理费用低于汽车售价 3%,即以新车出售,并未告知买受人,亦未告知经销商。BMW 抗辩,其制定 3% 修复车出售政策时,曾研究美国各州法律,得知 20 个以上的州法规定,告知客户新车修复的事实,以修理程度超过 3%,方属必要。原告则主张,未告知 2% 修复之事实,纵使不违反消费者保护之法律,但仍然构成普通法上之诈欺[116]。

原告主张,BMW 因出售该修复车每辆获利 4000 元,共计约出售 1000 辆,因而请求陪审团判决 BMW 赔偿填补性损害赔偿 4000 元及 400 万元之惩罚性赔偿金,以阻止其出售修复车。阿拉巴马州最高法院认为陪审团不应考虑 BMW 在其他州出售修复车之事

---

[113] Id. at 459—460, 462.
[114] 116 S. Ct. 1589 (1996).关于本案之事实与法院判决理由,参见 Bruce J. Mckee, *The Implicatioins of BMW V. Core for Future Punitive Damages Litigation: Observation From A Participant*, 48 Ala. L. Rev. 175 (1996).
[115] Id. at 1598, 1604.
[116] See Mckee, supra note 114, at 180—183.

实,而减低惩罚性赔偿金为 200 万元[117]。联邦最高法院则认为该 200 万元之惩罚性赔偿金过高,而发回阿拉巴马州最高法院更新审理。

本案联邦最高法院第一次以惩罚性赔偿金额度过高,将判决发回下级法院更审,其所依据者,为该院在本案提出之三项审理惩罚性赔偿金额度的指导原则。第一项原则为被告行为的可受谴责程度。亦即,非暴力犯罪,比较暴力犯罪,具有较低之可非难性;纯粹经济上损失,比人身健康及安全之伤害,其非难性较低;反之,故意诈欺应比单纯过失,更应受谴责;反复为侵害行为之人,比单一侵权行为事件之加害人应受更重惩罚;至于善意不揭露某项事实,较之故意为虚伪陈述,其应受谴责程度,显然较低[118]。本案 BMW 未揭露事实之行为,系因信赖多数州法之规定,并非故意掩饰事实。且本案原告受害者为经济上损失,而非人身伤害。再者,被告于本案判决前,已依法改变其售车政策,于陪审团判决后,立即通令全国揭露修复车之事实于买受人,足见被告非反复为侵权行为之人[119]。

第二项原则为补偿性与惩罚性赔偿金应具有"合理"之比例。最高法院指出,TXO 一案固然认为高于实际损害 526 倍的惩罚性赔偿金,尚属合理,乃因该案被告之不法行为,可能导致被告获得巨额利益,原告受到巨额损失。亦即原告可能遭受的损害,于决定惩罚性赔偿金是否合理,应予考量。除非被告行为特别过分(particularly egregious)或难以让人发现(hard to detect)时,相对于低额度填补性损害赔偿的高比例惩罚性赔偿金判决,方属适当。本案 BMW 之隐匿行为并未使原告或其他消费者遭受其他损害,不应判决高比例之惩罚性赔偿金。且 500:1 的比率,超越以往最高法院之

---

[117] 116 S. Ct. at 1593—1594(1996);646 So. 2d 619, 627, 629(Ala. 1994).
[118] *Gore*, 116 S. Ct. at 1599—1601.
[119] *Id.*

判决数额,显然令人震惊,而无法接受[120]。

第三项原则为,比较惩罚性赔偿金与被告不法行为所受之民刑事处罚,是否合理。亦即,应参考被告不法行为所受刑事处罚之程度,决定惩罚性赔偿金之数额。盖刑事罚系立法者对于不法行为课予之适当制裁,惩罚性赔偿金之目的既在于惩罚,具有相同目的,应斟酌立法者之制裁程度,以免课以过大责任。本案被告负担200万元之经济制裁,比阿拉巴马州法律规定之罚金数额超出过大,被告应无接受如此严厉惩罚之必要[121]。

三、综合检讨

综合观察上述美国州法、各州法院判决及最高法院关于惩罚性赔偿金数额之斟酌因素,大约可归纳为几项重大因素:被告不法行为的非难程度与其获利可能性、原告受害之性质与程度、被告之财务状况,以及被告遭受其他处罚之可能性。按惩罚性赔偿金之主要目的在于惩罚被告,防止被告从事相同不法行为。惩罚性赔偿金具有"准刑事制裁"的性质,以被告不法行为之非难性作为衡量惩罚性赔偿金数额之标准,符合报复主义主张处罚应与被告非难程度相当之原则。再就惩罚性赔偿金功能之吓阻功能而言,若被告可保有不法行为之获利,就经济上之"有效吓阻理论"而言,将无法达成损害赔偿吓阻不法行为之功能,因而被告若因不法行为而获利,应予剥夺之,否则无异奖励被告从事不法行为[122]。

以原告受害之程度与性质,决定惩罚性赔偿金之数额,若认为

---

[120] *See id.* at 1602—1603.

[121] *See id.* at 1603. 关于本案对于嗣后法院判决之影响,参见 Andrew C. Clausen & Annette M. Carwie, *Problems Applying the Life of Georgia v. Johnson Case in the Product Liability Setting: Where do we go with Punitive Damages After BMW v. Gore?* 58 Ala. L. Rev. 46 (1989); Sabrina C. Turner, *The Shadow of BMW of North America, Inc. v. Gore*, 1998 Wis. L. Rev. 427 (1998):

[122] *See* Salbu, *supra* note 8, at 281—283.

惩罚性赔偿金具有填补损害之目的,则斟酌被害人损害多寡,决定惩罚性赔偿金数额与填补性赔偿具有一定比例额度,固无疑义。然如上所述,惩罚性赔偿金是否应扮演填补损害之功能,具有重大争议[123]。惩罚性赔偿金与填补性赔偿具有一定比例额度,是否能达成报复、惩罚与吓阻之功能,显有疑问。盖二者具有完全不同之目的,填补性赔偿在于回复被害人之实际损失,而惩罚性赔偿金在于惩罚与吓阻被告不法行为,二者所考虑之因素,应非相同,如何固守二者之间具有一定比例?恶性轻微之行为,可能造成严重损害,此时填补性损害固然甚巨,但不宜课以惩罚性赔偿金。反之,恶性重大之不法行为,可能造成轻微的实际损害,若以填补性赔偿之数额计算惩罚性赔偿金,显然不妥[124]。

同样地,相同不法行为,可能发生迥然不同的损害结果。例如甲故意以木棒轻击乙、丙二人,乙为正常人,仅遭受皮肉伤,支付医药费500元。丙为神经系统异常之人,被打击后,昏迷不醒,流血不止,花费医药费50万元。甲对于乙及丙之惩罚性赔偿金是否应依乙丙之填补性损害赔偿之不同而有异[125]?

以被告之财力作为斟酌惩罚性赔偿金之依据,反对者认为,被告无论财力高低,其不法行为对于社会造成之伤害,并无不同。以被告财力作为斟酌惩罚性赔偿金数额之因素,与其报复目的不符。刑罚之处罚,无论自由刑或罚金,均未因被告具有财力,而加重处罚。何况被告之财力,亦与惩罚性赔偿金之吓阻目的无涉。盖只要被告必须付出比不法行为所获利益更高之赔偿,被告即会终止行为,而达成吓阻目的。企业体乃系基于理性、危险中立与获利动机的组织,无论公司大小,企业体均不愿从事成本高于获利的行为。就吓阻功能而言,大小公司并无不同,大公司不应因其规模或财力较大,而负担较高的惩罚性赔偿责任。考虑公司规模与财力,

---

[123] 参见本文第壹节、一。
[124] See Salbu, supra note 8, at 292—293; Mallor et al., supra note 7, at 995—996.
[125] 此例改写自 Salbu, supra note 8, at 294。

反而容易引起激情与偏见的判决,对被告并不公平[126]。且单纯从财力上考量,对具有财力的大公司与不具财力的个人作成不同惩罚性赔偿金判决,容易造成对大企业偏见的判决。且企业规模越大,将遭受越高额度之赔偿判决,无异惩罚企业之发展。更何况对于大企业为高额惩罚性赔偿金判决,等于使无辜的公司职员、股东与消费者负担高额赔偿费用,后者未必具有财力,因而高额赔偿亦非合理[127]。

惟不法行为对于社会之伤害程度,固不因加害人之贫富而有不同,但损害赔偿是否得以达成惩罚被告、吓阻被告从事不法行为之目的,则与被告之财力甚具关联。盖对于贫穷之被告,任何惩罚性赔偿金均足以促使其改变行为,放弃从事不法行为。反之,对于世界排名前500名大企业,若非巨额惩罚性赔偿,实不足以令其感受惩罚,而具有吓阻不法之功能。因而被告之财力,应作为惩罚性赔偿金之审酌因素[128]。

最后考量被告遭受其他处罚之可能性,其功用有二:一则在于被告因不法行为负担其他民刑事责任时,例如填补性赔偿甚巨,或刑事处罚甚严,某程度已达成惩罚被告与吓阻不法行为之目的,此时应减低惩罚性赔偿金判决,以免造成过度赔偿或过度吓阻。再

---

[126] Wheeler, *supra* note 97, at 952; Development in the Law, *supra* note 36, at 1801—1802; Abraham & Jeffries, *Punitive Damages and the Rule of Law: The Role of Defendant's Wealth*, 18 J. Legal Stud. 415, 422 (1989).

[127] 2 A. L. I. Reporters' Study on Enterprise Responsibility for Personal Injury: Approaches to Legal and Institutional Change (1991). Cited in Salbu, *supra* note 8, at 290.

[128] Mallor et al., *supra* note 7, at 997.按刑事罚金仅斟酌被告犯罪行为之非难性,并不因被告之贫富而为不同处罚。何以具有相同惩罚功能的惩罚性赔偿金却须考虑被告之财力状况,诚属一项疑问。关于此项问题之论述,参见 Salbu, *supra* note 8, at 288; David Baldus, John MacQueen, M. D., and George Woodworth, *Improving Judicial Oversight of Jury Damages Assessments: A Proposal for the Comparative Additur/Remittitur Review of Awards for Nonpecuniary Harms and Punitive Damages*, 80 Iowa L. Rev. 1109, 1154 (1995).

者，依据美国联邦最高法院之见解，若法律上已明文规定被告行为应受处罚之程度，则参酌立法者之意思，应不得判决过度惩罚之赔偿金。

然而刑事处罚之规定，一经立法，修订不易，其罚金额度并未因经济条件改变而随时修正。且刑事处罚多数为自由刑之制裁，如何换算成为金钱赔偿，亦有疑问。再者，诸多民事不法行为在刑罚上并未加以规定处罚，必然无法参照刑罚规定决定惩罚性赔偿金之多寡。美国联邦最高法院之见解至多仅得解为，作成惩罚性赔偿金判决时，应尽可能尊重立法者对于不法行为课以惩罚的判断[129]。

伍、惩罚性赔偿金数额量定方式的改进方案

惩罚性赔偿金近年来引起重大争议，在于该制度应用于产品责任后，产生论者所谓惩罚性赔偿金判决频率过多，以及赔偿金额过高的情况。反对惩罚性赔偿金判决者认为，毫无节制的惩罚性赔偿金，对于小心谨慎的产品制造商将造成过度吓阻之效果，而减少有益产品的研究发展，使公司企业不敢推出新产品，剥夺大众享受新产品之机会，并使美国企业在世界市场上丧失竞争力。再者，高额惩罚性赔偿金使商品制造人提高产品价额，从而使消费者负担额外价额，无疑使消费者负担被告的"侵权行为税"[130]。

反对惩罚性赔偿金制度者认为，被告经常被认定应负担赔偿惩罚性赔偿责任，且赔偿数额巨大，其结果为原告成为不当受益者，而企业组织对于新科技之研发与试验陷入裹足不前，影响经济与科技发展[131]。为避免原告获得不当巨额赔偿，有主张惩罚性赔

---

[129] Pace, *supra* note 96, at 1605—1606.
[130] Pace, *supra* note 96, at 1621, 1628—1629.
[131] 参见陈聪富，前揭文，注3，第241—244页。

偿金应部分给付州政府或其他公共团体者[132]。为避免被告负担过巨之损害赔偿责任,有主张仅第一位原告得请求惩罚性赔偿金者[133]。前者对于如何决定惩罚性赔偿金数额,始足以达到适当的吓阻与报复功能,并无帮助。且若惩罚性赔偿金全部支付给州政府,而原告却须自付律师费,可能减低惩罚性赔偿金鼓励被害人起诉请求赔偿的"私人执法"的功能。后者问题在于,受害者众,却仅由一位原告获得巨额赔偿,将助长被害人竞相成为第一位原告。且原告获得巨额赔偿,可能减低被告对其他受害人支付填补性赔偿的能力,对于其他被害人并非公平[134]。

除上述建议外,美国各州州法及学者对于惩罚性赔偿之责任认定方式与数额减低方法,提出诸多改进方案,值得吾人注意,兹分述如下:

一、程序法上之改进方案

有学者建议,惩罚性赔偿金应限于集体诉讼,始得请求。盖无论刑事责任或民事责任,均只能令当事人负责一次。既然惩罚性赔偿金的目的在于惩罚不法行为人,只能对不法行为人所有的惩罚一次决定之,始符合正义与理性。对于单一过错行为实施多次惩罚,对于被告并非公平。何况多次判决惩罚性赔偿金,经常导致被告破产,仅使早期被害人获得赔偿,而减少后期被害人请求的机会,对后期被害人不利。且多次赔偿,令被告动辄破产,亦非社会

---

[132] 例如,科罗拉多州 1987 年法律规定,三分之一的惩罚性赔偿金应给付于州政府的一般性基金。佛罗里达州 1988 年法律规定,60% 的惩罚性赔偿金应支付于该州公共医疗辅助信托基金或一般性政府收入基金。爱荷华州 1987 年法律规定,除非被告之行为系特别针对特定原告,否则 75% 的惩罚性赔偿金应支付于该州民事赔偿信托基金。See Wheeler, *supra* note 97, at 926, n. 31。

[133] Sales et al., *supra* note 27, at 1169—1170.

[134] Wheeler, *supra* note 97, at 925.

之福[135]。再者，以集团诉讼方式进行惩罚性赔偿金审判，可以一次决定所有被告必要的惩罚，可在所有受害人间公平分配赔偿数额，亦可避免被告一再被诉的危险，具有符合诉讼经济原则的效果[136]。

以集体诉讼进行惩罚性赔偿金的审判方式，美国联邦法院并未采取，盖基于联邦民事诉讼程序规则第23条关于集体诉讼的程序上要求，集体诉讼必须当事人之间具有相同法律上或事实上问题，始可为之。在产品责任案件，各州关于责任规定并不相同，且人身受害的损害赔偿范围与因果关系等问题，当事人之间并非一致，因而不符合集体诉讼的要件[137]。何况集体诉讼仍然必须面临赔偿数额总额多寡始为合理的问题。

关于程序法上改进惩罚性赔偿金制度，倡议最多者应为审理方式之改革。首先为分阶段审理方式，亦即第一阶段由陪审团先就事实认定被告是否须负赔偿责任，而后第二阶段再由陪审团就惩罚性赔偿判决是否适当及其数额加以审理[138]。分别审理的目的在于避免陪审团的偏见。例如，被告之财力状况固可作为后阶段审理惩罚性赔偿金数额斟酌之因素，但在前阶段判断被告是否应对不法行为负责时，则不应予以考虑；对于填补性赔偿之量定，被告之财力状况亦不应发生影响。换言之，为避免惩罚性赔偿金的斟酌因素对被告责任成立之判断发生不当影响，在前阶段须排除该等因素之提出，须于前阶段被告责任成立后，始于后阶段就被

---

[135] Wayne F. Osoba, *The Punitive Damage Class Action: A Solution to the Problem of Multiple Punishment*, 1984 U. Ill. L. Rev. 153, 155—157.

[136] Osoba, *supra* note 135, at 163.

[137] Osoba, *supra* note 135, at 163—165.

[138] 立法上有规定在被告请求时，即应为分阶段审理者，如加州与伊利诺州法律（CAL. CIV. CODE sec. 3295（d）（West 1997）；ILL. COMP. STAT. ANN. 5/2—1115.05（c））；亦有规定填补性赔偿与惩罚性赔偿强制分阶段审理者，如新泽西州（N. J. STATE. ANN. sec. 2A：58C—5（b）&（d）（West 1987& Supp. 1997））。

告之财力,斟酌惩罚性赔偿金数额[139]。再者,法院在后一阶段,得以充分告知陪审团有关惩罚性赔偿金判决应考虑之事项,当事人亦得充分就惩罚性赔偿金问题提出证据与抗辩,对于惩罚性赔偿金判决之公平性,应有助益[140]。

在诉讼程序上对于责任成立与惩罚性赔偿金数额分成二阶段审理,其目的在于避免发生被告不应负责而负责,以及不当的高额惩罚性赔偿金判决。然而依据学者的实验研究发现,采取单一阶段审理程序时,被告被认定应负担惩罚性赔偿责任的几率为75.3%,而采取分阶段审理时,该比例为92%。换言之,采取分阶段审理方式,陪审团认定被告应负惩罚性赔偿责任的几率高于单一阶段审理方式。尤有进者,在采取分阶段审理方式时,惩罚性赔偿金的判决数额显然超越采取单一阶段审理程序之数额。根据实验,在分阶段审理程序中判决之惩罚性赔偿金中等数额超过400万元;反之,在单一审理阶段程序中,该数额为100万元[141]。从而,对于审判程序采取分阶段进行,能否解决惩罚性赔偿金判决可能太多或数额可能太大之争议,尚有疑问。

在程序法上改进惩罚性赔偿金制度的第二项改革方式为,由陪审团决定被告是否应负惩罚性赔偿责任,再由法院决定赔偿金数额[142]。本项改革原因在于反对惩罚性赔偿金者,批评陪审团经

---

[139] John T. Simpson, Jr., *Discovery of New Worth in Bifurcated Punitive Damages Cases: A suggested Approach After Transportation Insurance Co. v. Moriel*, 37 S. Tex. L. Rev. 193, 228 (1996); Pace, *supra* note 96, at 1620.

[140] Wheeler, *supra* note 97, at 947.

[141] Stephan Landsman, Shari Diamond, Linda Dimitropoulos, & Michael J. Saks, *Be Careful What You Wish For: the Paradoxical Effects of Bifurcating Claims for Punitive Damages*, 1998 Wis. L. Rev. 297, 335 (1998).

[142] 本项改革方式已为许多州法采行。例如,堪萨斯州法律规定,由陪审团决定惩罚性赔偿责任是否妥当,再由法官决定适当之赔偿数额。See KAN. STAT. ANN. 60—3701 (1994). 关于本项改革之争议,参见 Paul Mogin, *Why Judges, Not Juries, Should Set Punitive Damages*, 65 U. Chi. L. Rev. 179 (1998).

常同情被害人,对企业经营者采取敌对态度。被害人律师经常主张公司法人"视人民如统计数字",甚至形容公司法人身体所流的是"绿色的血液"(金钱),仅考虑利益,而不顾人身安全。因而陪审团在裁量惩罚性赔偿金时,不易考虑企业经营者之风险及成本,而易作出情绪性判决。反之,法官对于惩罚被害人所需考量之经济因素与社会政策,较陪审团易于进行理性考虑与判断[143]。在产品责任案件,法官对于产品责任涉及的复杂事实问题较能了解与作成适当评价。对于被告公司的非难程度,亦较能合理评估,而可免除陪审团经常受被告巨额财富的影响[144]。

按美国刑事诉讼之审理程序系由陪审团就事实部分认定被告有罪后,再由法官判决被告之处罚刑度。此种设计,主要在于避免陪审团受到被告特征与人格等因素的影响。在惩罚性赔偿金之审理程序,由陪审团决定被告是否应负惩罚性赔偿责任,再由法院决定赔偿金数额,与刑事诉讼之制度功能雷同,应属可采[145]。再者,在一般由陪审团决定惩罚性赔偿金数额之判决,系由陪审团决定赔偿金额后,再由法官撰写判决书,罗列理由,因而判决理由可能并非赔偿之真正理由,与陪审员之道德判断并非一致。从而由法官自行决定赔偿金额,应可避免上述缺陷[146]。

二、实体法上之改进方案——惩罚性赔偿金最高额的限制

为避免惩罚性赔偿金判决额度过高,有主张惩罚性赔偿金应

---

[143] Development in the Law, *supra* note 36, at 1802—1803; Mallor et al., *supra* note 7, at 993—994.

[144] Owen, *Punitive Damages in Products Liability Litigation*, 74 Mich. L. Rev. 1258, 1320 (1976).

[145] Mallor et al., *supra* note 7, at 994.

[146] Development in the Law, *supra* note 36, at 1802.

与填补性赔偿具有一定比例者[147]，有认为应设定固定最高限额者[148]，亦有认为应与被告的财产收入或净值构成一定比例者[149]。对于惩罚性赔偿金设定最高额之限制，是否符合惩罚性赔偿金的制度目的，不无疑问。

首先，就惩罚性赔偿金应与填补性赔偿具有一定比例而言，二者所欲达成之目的并非相同，前者为吓阻与惩罚加害人，后者为回复被害人之损害。前者考虑者为加害人之非难性，后者衡量者为被害人的实际损失，如何能以后者赔偿之多寡决定前者之数额？且被告恶性轻微的不法行为可能造成巨大实际损害；反之，恶性重大之行为，可能仅造成轻微实际损害，若以填补性损害赔偿为计算惩罚性赔偿金的基准，将使恶性重大之被告负担小额赔偿金，而使恶性轻微之被告负担巨额赔偿金，惩罚与恶性程度不相当，实与惩罚性赔偿金报复、惩罚之目的不符。尤其以一定实际损害比例计算惩罚性赔偿金，加害人（尤其商品制造人）可能经由成本利益的考量计算，分散其赔偿金额于消费者。自经济观点而言，被告实际上之获利仍然高于所负之损害赔偿责任，显然无法达成惩罚性赔

---

[147] 康涅狄格州1989年法律规定，惩罚性赔偿金之数额由法院决定，且限于填补性赔偿之2倍。佛罗里达州1988年法律限于填补性赔偿之3倍。德州1989年法律规定，除非被告有恶意或故意行为，否则限于实际损害之4倍。See Wheeler, *supra* note 97, at 927, n. 32。学者Owen认为惩罚性赔偿应限于填补性赔偿的2倍或仅限于诉讼成本加上1万美元(See Owen, *supra* note 85, at 119 (1982))。Wheeler认为，惩罚性赔偿金应以填补性赔偿之2倍为限，除非有"明显而具说服力的证据"证明有高于2倍的必要。盖限制2倍惩罚性赔偿并不会导致瑕疵产品的增加(Wheeler, *supra* note 97, at 953—955)。

[148] 佐治亚州1988年法律规定，除商品责任外，最高惩罚性赔偿为25万美元。弗吉尼亚州1988年法律规定，35万美元为最上限。See Wheeler, *supra* note 97, at 927, n. 33。

[149] 1988年堪萨斯州法律规定，惩罚性赔偿金不得超过本案诉讼前5年的最高年毛收入或500万美元，除非法院认为被告的不法行为所获利益超过上述限制。此时惩罚性赔偿金应限于该利益的1倍半。See Wheeler, *supra* note 97, at 927, n. 34。

偿金吓阻不法行为之功能[150]。

再者,因被告财力不同,相同不法行为本应对不同被告作成不同赔偿数额之判决,始可达成惩罚与吓阻之目的。以填补性损害赔偿比例计算惩罚性赔偿金,对于财力较小的被告,可能具有惩罚与吓阻之效果。对于财力雄厚的公司企业,无异自牛上取其一毛,无关痛痒,何能达成惩罚与吓阻之功效?

尤有进者,以填补性损害赔偿比例计算惩罚性赔偿金,可能造成对妇女与少数族群的歧视。举例言之,设有甲男与乙女因丙之侵权行为受害,而丧失劳动能力。甲男为工程师,其财产上损失为减少工资收入20万元,若以2倍计算惩罚性赔偿金,则被告丙应赔偿甲男40万元惩罚性赔偿金,与20万元填补性损害赔偿,总计为60万元。反之,乙女为家庭主妇,并无工资减少,或工资显然低于甲男,因而乙女所得获取之惩罚性赔偿金额将远低于甲男,对于乙女并非公平。由于少数族群之工资所得通常较一般人民为低,其所得请求之惩罚性赔偿金,以填补性损害赔偿计算,将发生与妇女一般,遭受不公平判决之待遇[151]。

自被告言之,被告因相同不法行为,却因被害人不同,而受不同惩罚,亦非所宜。例如,专门出售妇女与少数族群商品之制造人,将比专门出售男性商品之制造人,接受较低的惩罚。其结果为,专门以妇女与少数族群为对象,生产商品的制造商,因可能之赔偿责任较低,对于产品安全上之要求将低于一般商品,从而妇女与少数族群不仅未能获得适当的惩罚性赔偿金,且使用之商品将比男性与多数族群使用之商品更不安全。且因可能获得的赔偿金额较低,妇女与少数族群将不易聘请律师,进行诉讼。其权利之实现,将更为遥遥无期,对于妇女与少数族群显然造成歧视[152]。

其次,就惩罚性赔偿金应设定固定最高限额而言,惩罚性赔偿

---

[150] See Pace, *supra* note 96, at 1627; Salbu, *supra* note 8, at 293—295;陈聪富,前揭文,注3,第261—262页。

[151] 本例改写自Pace, *supra* note 96, at 1630—1631。

[152] Pace, *supra* note 96, at 1631—1632。

金既有最高限额,则被告得以事前计算损害成本,而以公司预算、转嫁给消费者,或购买保险等方式,去除惩罚性赔偿可能对公司企业造成之损害。公司将惩罚性赔偿金之成本外部化之后,对于公司本身并无损失,惩罚性赔偿金的惩罚、报复功能将荡然无存。且公司企业基于经济上理性与获利之考虑,足以吓阻其从事不法行为者,为赔偿金额大于其因不法行为所获得之利益。若惩罚性赔偿金规定最高限额,则可能发生公司企业因不法行为之获利大于惩罚性赔偿金最高额之情形。基于经济上理性与获利之考虑,公司企业将不惜牺牲消费者之人身安全,而从事瑕疵商品之生产制造,惩罚性赔偿金之吓阻目的势将无法达成[153]。更何况对于财力丰厚之公司企业,固定之惩罚性赔偿金可能毫无处罚之感受,如何达成吓阻不法行为之效果?

最后,关于惩罚性赔偿金应以被告的财产收入或净值为计算基础之见解,固然较易于计算惩罚性赔偿金额,但是否得以发挥惩罚性赔偿金之吓阻功能,则不无疑问。盖并非所有从事不法行为之加害人均被绳之以法,若被告公司于被发现不法行为时,仅丧失公司之获利所得,则公司企业可能甘冒被发现之危险,而从事不法行为,以获取"被发现"与"不被发现"之几率差距间,可能保有之利益[154]。基于惩罚与吓阻之目的,惩罚性赔偿金本即应审酌被告之恶性程度、不法行为发生损害之可能性,以及被告之财务状况,以决定何种金额始得达成报复与吓阻之功能。单纯以被告的财产收入作为赔偿金额的最高额度,与制度目的不合。

综合言之,对于惩罚性赔偿金设定最高额限制,自惩罚、报复与吓阻之功能而言,并非妥适。主张对于惩罚性赔偿金设定一定金额限制者,无非在于希望惩罚性赔偿金判决具有一定可预测性,不至于毫无限制,任由陪审团恣意为之,而有害于公司企业之生存与发展。然而,不可预测性似非惩罚性赔偿金的主要缺点,毋宁仅

---

[153] Pace, *supra* note 96, at 1623—1625; Salbu, *supra* note 8, at 298—299.
[154] Pace, *supra* note 96, at 1627—1628.

在惩罚性赔偿金额度不予限制,而具有不确定性时,始得发挥该制度之惩罚、报复与吓阻功能。

陆、结　论

惩罚性赔偿金制度在美国已历经200年,至今引起重大争议。台湾地区立法机关则于近年来逐步引进该制度,对于有关消费者权益之法律(如消费者保护法与健康食品管理法)及妇女尊严与安全之维护,对加害人课以惩罚性赔偿责任。若实际发生案件,系属于法院诉讼时,法院如何斟酌惩罚性赔偿金而为适当判决?再者,在现代社会朝向国际化之际,跨境公司林立,台湾地区厂商出产的商品在美国出售,若发生侵权事件,被美国法院判决应负惩罚性赔偿责任时,在台湾地区法院应否承认与执行?换言之,在立法上,如何采取惩罚性赔偿金制度,以立法加以规范,或司法实务上,如何作成惩罚性赔偿金判决,以及是否承认美国的相关判决,均有必要对于惩罚性赔偿金制度的性质与目的,以及其量定金额的考虑因素加以了解。

本文认为,依据惩罚性赔偿金制度的发展历史,惩罚性赔偿金在性质上具有"准刑事罚"的性质,其目的固有损害填补、吓阻、报复及私人执行法律等功能,但其主要目的,在于报复与惩罚的功能。基于此项功能,对于何种行为应课以惩罚性赔偿责任,本文指出故意或恶性重大等行为,无论侵权行为或违约事件,被告均应负担惩罚性赔偿责任,至于单纯过失责任,尤其轻过失而无恶意之侵权行为,无庸负担惩罚性赔偿责任,如此始符合该制度报复与惩罚的目的。

就惩罚性赔偿金量定因素上,美国法院主要以被告不法行为的非难程度与其获利可能性、原告受害之性质与程度、被告之财务状况,以及被告遭受其他处罚之可能性为考量的标准。以惩罚性赔偿金之报复与惩罚目的观之,被告不法行为的非难性显然应作为最重要的量定标准。

关于美国惩罚性赔偿金数额量定因素的改进方案,学说与实务上有主张以团体诉讼为限,有主张应分阶段审理,有认为陪审团仅认定责任成立要件,而由法官决定赔偿金额者。在美国因有陪审团制度,因而发生惩罚性赔偿金额数量漫无限制的裁判。台湾地区并无陪审团制度,且台湾地区法官在作成慰抚金判决时,一向趋于保守,在判决惩罚性赔偿金时亦同[155],似不可能发生如美国法院判决惩罚性赔偿金数额判决过巨之情形。因而关于惩罚性赔偿金制度程序上的改进方案,在台湾地区尚非重要。

最后关于惩罚性赔偿金额最高额或倍数赔偿额之限制,台湾地区消费者保护法第 51 条及健康食品管理法第 29 条均采类似规定,以避免惩罚性赔偿金额判决金额过高。惟如本文前述,惩罚性赔偿金额最高额或倍数赔偿额之限制,与惩罚性赔偿金的制度目的不合,应非可采。

本文曾发表于台大法学论丛第 31 卷第 5 期,第 163—219 页(2002)

---

[155] 台北地方法院 1998 诉字第 2253 号民事判决关于汽车暴冲事件,法院判决被告汽车公司应赔偿"原告所受之财产上损害及非财产上损害之总和之 0.5 倍,即 35 万 7000 元"为惩罚性赔偿金。台北地方法院 1998 诉字第 1427 号民事判决关于汽车驾驶不慎,致乘客受伤事故,法院判决被告汽车公司赔偿原告损害额的二分之一倍,作为惩罚性赔偿。在台湾士林地方法院 1998 年度诉字第 169 号民事判决,关于不实夹层屋广告事件,被告建设公司应赔偿原告实际损害即已付价金之十分之一的惩罚性赔偿金。(以上三则案件,参见消费者保护委员会编印,消费者保护法判决函释汇编(二),第 151、405、412 页,2000 年。)

第七章 美国惩罚性赔偿金的发展趋势
——改革运动与实证研究的对峙

壹、前　言

　　台湾地区属大陆法系传统，如德、日一般，损害赔偿法之目的与机能，仅在填补被害人之损害，且以填补损害为限，民法第216条即揭示斯旨。是以台湾地区传统上不承认在填补损害之外，对民事不法行为人予以额外处罚，因而并无英美法上之惩罚性赔偿金制度（punitive damages）。然而，台湾地区许多商业性法典则深受美国法之影响，惩罚性赔偿金制度之引进，即属其例。此项制度在英美法有其特殊之"历史性目的"及制度功能，但自开始即争议不断，即使今日，美国法学界对该制度之褒贬，仍然不一。台湾地区毅然继受，立法理由有待澄清。且台湾地区法关于惩罚性赔偿金之规定有若干特色，如何评价，有待借助美国法之经验加以说明。

　　值得注意的是，惩罚性赔偿金制度在美国虽已存在200年以上，但最近10年来则有重大变化。关于惩罚性赔偿金制度存废修正之争论，已由学术界争执转为政治及经济层面的斗争。惩罚性赔偿金制度改革论之主张，甚嚣尘上，充斥于媒体之报导，亦影响各州立法及联邦最高法院判决。了解美国法关于惩罚性赔偿金制度之最近发展，有助于理解台湾地区相关规定之利弊及厘清该制度在台湾地区法应有的地位。

　　本文以检讨近10年来美国惩罚性赔偿金之改革运动及实务演变为主旨。为使读者对惩罚性赔偿金之基本理论有背景认识，首先扼要介绍该制度在学说上的理论争执。之后，以美国联邦最高法院自1986年以来，关于惩罚性赔偿金判决的态度转变，说明该制度在美国的确已发生重大变化。其次探讨该变化的理由,即改革论之论点及其立论基础。因为改革论的立论基础系基于若干事例及实证研究统计资料,本文乃进一步援引美国至今重要的相关实证研究资料,检证改革论之论点是否成立。基于美国实证研究结果,本文最后检讨台湾地区法相关规定的利弊得失,以期充分发挥惩罚性赔偿金制度在台湾地区应有之功能。

须附带说明的是,一则因为关于惩罚性赔偿金制度之理论争执,众说纷纭,赞成论与改革论各执一词,难以检证该制度之真正优劣。再则因为改革论系以事例及实证研究为立论基础,因而检证其主张是否正确,唯有从实证研究下手。从而本文就相关理论之探讨仅作扼要叙述,而着重实证研究之说明。本文将展现二个结论:一是改革论宣称以实证研究为依据,实证研究发现之事实却与改革论之论点相反。二是美国最高法院判决及许多州立法虽逐渐趋向惩罚性赔偿金限制论,本文却依实证研究结果主张继续维持惩罚性赔偿金之原本制度设计。

贰、惩罚性赔偿金之理论争执

惩罚性赔偿金制度发端于英国,被美国法视为普通法而继受。该制度之存在理由,据研究该制度的名学者 Dorsey Ellis 教授之见,有以下七项:(1) 惩罚被告;(2) 特别吓阻,即防止被告再为相同不法行为;(3) 一般吓阻,即防止其他人实施类似行为;(4) 保障和平,即禁止私人间之报复行为;(5) 诱导私人执行法律;(6) 对受害人无法填补之损害予以赔偿;(7) 支付原告律师之诉讼费[1]。综合言之,可归纳为以下三项:

---

[1] Dorsey D. Ellis, J., *Fairness and Efficiency in the Law of Punitive Damages*, 56 S. CAL. L. REV. 1, 3 (1982). 中文文献,参考杨靖仪:《惩罚性赔偿金之研究》,第 21—27 页(台湾大学 1996 年硕士论文)。

一、惩罚被告

在道德观念上,被告应为其过错行为受到惩处,系属当然。此种"适当惩罚"之观点,类似刑罚上的报应思想。因而被告之过错行为必须十分严重,始得令其负担"惩罚性"赔偿责任[2]。自侵权行为的道德观点而言,人与人的关系应符合社会和平、团结以及公民完全、平等参与之要求。尊重他人权利,即在于实现此等社会。任何故意且有意识地侵害他人权利之行为,即应受到惩罚。此项惩罚一般委由国家之刑罚权执行。但国家独占之刑罚权,未必有效行使;对于许多应受处罚的行为,例如一些恶意贬抑被害人人身价值,剥夺被害人作为公民之平等价值的行为,刑罚典未必予以规范[3]。惩罚性赔偿金之赋予,即在于使受害人受到平等对待,惩罚加害人对被害人人身价值之贬抑行为,以回复被害人作为公民之平等价值。正如惩罚性赔偿金制度之历史意义所示,该制度在于强调"公然侮辱被害人之荣誉"者,应负担惩罚性赔偿金。从而,惩罚性赔偿金制度具有避免加害人以牺牲他人作为实现其特定目的之手段的功能,因而实践公民参与及完整公民权之理念[4]。

二、吓阻作用

惩罚性赔偿金制度之吓阻作用包括特别吓阻及一般吓阻,前者在以惩罚性赔偿金使被告不敢再犯相同的过错,以免负担重大赔偿;后者在设立一项先例(example),使一般人不敢从事与被告类似的不法行为[5]。以经济学的观点考察,惩罚性赔偿金将增加不法行为的"代价",因而鼓励行为人采取较安全的代替措施,提高

---

[2] Dan B. Dobbs, *Ending Punishment in "Punitive" Damages: Deterrence-Measured Remedies*, 40 Ala. L. Rev. 831, 844 (1989).

[3] David, F. Parlett, *Punitive Damages: Legal Hot Zones*, 56 Ala. L. Rev. 781, 800—801 (1996).

[4] *Id.* at 801.

[5] Dobbs, *supra* note 2, at 844—846.

注意程度,以防免意外事故之发生,以期减低事故之发生到理想状态[6]。再者,在许多事例,当被告因其行为所获利益,大于填补性损害赔偿时,固然造成巨大社会成本,但被害人可能因需负担高额诉讼费用而不愿兴讼。于此,只能借助惩罚性赔偿金,以可能获得高于填补性赔偿的金额,鼓励原告及其律师从事昂贵的研究与诉讼,以揭发不法行为[7]。从而,惩罚性赔偿金之吓阻,在于剥夺加害人不守法之利益,强迫潜在加害人内化其行为所造成的社会成本。若无惩罚性赔偿金,加害人将可使其行为造成的社会成本外部化,而免于应有之负担[8]。

三、赔偿功能

加害人之不法行为可能造成被害人非经济上损失,包括精神上痛苦及生活享受的丧失、人格尊严的侵害以及人与人信赖关系之破坏。此项非财产上损害,或其他难以证明之损害,不一定为侵权行为法所涵盖,被害人将无法以填补性损害赔偿获得补偿,因而只能以惩罚性赔偿金"填补之"[9]。此外,惩罚性赔偿金亦被视为补偿诉讼费用之方法。亦即,在小额损害案件,即便诉讼对社会甚具意义,被害人亦可能不愿诉讼。惩罚性赔偿金即可促使被害人进行诉讼。若无惩罚性赔偿金,许多被害人将无法支付高额律师费用。从而,惩罚性赔偿金亦可涵盖律师费用,以鼓舞被害人与律师从事"私人检察官"的工作,有利法律之执行[10]。

上述惩罚性赔偿金之目的,固为支持该制度存在 200 年的理由,但学者对该制度之批评与攻击,亦同样历久不衰。大体言之,学者批评的论点,集中于以下数端:

---

[6] Parlett, *supra* note 3, at 796.
[7] Dobbs, *supra* note 2, at 857.
[8] Robert D. Cooter, *Punitive Damages for Deterrence: When and How Much?*, 40 Ala. L. Rev. 1143, 1148 (1989).
[9] Dobbs, *supra* note 2, at 848; Parlett, *supra* note 3, at 793—794.
[10] Dobbs, *supra* note 2, at 846—847; Parlett, *supra* note 3, at 794.

1. 基于传统上公法与私法之区分,"惩罚"系属国家专有之权限,惩罚性赔偿金为刑事或准刑事之处罚,不应由民事制度规范之。纵使由民事制度规范,亦应适用刑罚上程序保障之规定[11]。例如,举证责任应与刑事诉讼作相同要求,惩罚之行为与惩罚之程度应事先明定,宪法上关于刑事被告之保护条款,应予适用[12]。

2. 惩罚性赔偿金因判决过高,以及法律制度未设有效限制,该制度已然成为失去控制的赔偿制度。对于惩罚性赔偿金额之衡量,既无明确之标准,陪审团将可恣意地以其偏见,对原告和被告的财产进行重新分配,导致许多道德上"无辜"的被告负担巨额赔偿,而"犯罪"的被告则仅负担少额赔偿之不公平现象。原告及其律师亦因受恣意赔偿之鼓励而随意进行诉讼[13]。为防止此项缺点,论者乃建议惩罚性赔偿金应由法官,而非由陪审团进行审判。

3. 由于结构上的缺陷,惩罚性赔偿金可能对所要规范的行为过分吓阻或吓阻不足。盖由于赔偿之不确定性,有些行为人对其行为之结果无法预估,因而花费过多的成本以避免损害之发生。反之,有人则因低估潜在之责任,对避免损害责任之发生,未为足够投资[14]。何况,惩罚性赔偿金判决经常审酌被告之资力,而非仅就被告之"可责性"加以审酌,更可能造成不公平。

上述理论上之争论,历经 200 年,但美国惩罚性赔偿金制度在实务上仍然实施如故。惟最近 10 年来,美国最高法院判决则有重大转变的趋势。此等现象值得注意,其原因更值探求。

---

[11] Wheeler, *The Constitutional Case for Reforming Punitive Damages Procedures*, 69 Va. L. Rev. 269, 322—351 (1983).对于以公法与私法之区分,批判惩罚性赔偿金之见解,学者亦有不同看法。参见 Angela P. Harris, *Rereading Punitive Damages: Beyond the Public/Private Distinction*, 40 Ala. L. Rev. 1079 (1989)。

[12] 参见 Dobbs, *supra* note 2, at 837, n. 11—14。

[13] Ellis, *supra* note 1, at 56; Dorsey D. Ellis, *Punitive Damages, Due Process, and the Jury*, 40 Ala. L. Rev. 975, 979 (1989).

[14] Ellis, *supra* note 1, at 57.

叁、美国最高法院的新近判例趋势

美国联邦最高法院对惩罚性赔偿金的态度，可从 1986 年以来的几则重要判例观察之。在 Aetna Life Insurance Co. v. Lavoie（1986）关于保险公司恶意拒绝支付保险金一案，上诉人保险公司主张，依宪法增修条文第八条禁止过度课处罚金之规定，350 万美元的惩罚性赔偿金不应准许。再者，对惩罚性赔偿金欠缺适当标准，亦有违宪法增修条文第十四条关于正当法律程序的要求。最高法院在本案虽未正面检讨上述主张是否有理由，但在判决旁论中指明："上述议题在适当场合，应予解决。"[15]

在 1988 年 Bankers Life & Casualty Co. v. Crenshaw 同样关于保险公司恶意拒绝支付保险金一案，上诉人保险公司主张，在 2 万美元的填补性损害赔偿之外，加上 160 万美元的惩罚性赔偿金，应属违宪。最高法院在本案之多数见解，未论及上开问题，但在大法官 O'Connor 的协同意见书则指出："在决定惩罚之轻重时，赋予全然漫无标准的裁量权，显然不符合正当法律程序"[16]。

在上述两则判决，最高法院多不愿正面检讨惩罚性赔偿金是否违宪之问题。但在 1989 年的 Browning-Ferris Industries of Vermont, Inc. v. Kelco Disposal, Inc. 关于反托拉斯法一案，上诉人主张，在 5 万美元的填补性损害赔偿之外，加上 600 万美元的惩罚性赔偿金，显然过高，应属违宪。本案最高法院多数见解认为，宪法增修条文第八条禁止过度课处罚金之规定，在政府未提起诉讼，亦未分享任何赔偿金额时，对私人间之民事诉讼不适用。至于宪法增修条文第十四条关于正当法律程序之规定，因当事人未为适

---

[15] See Aetna Life Ins. Co. v. Lavoie, 475 U.S. 813 (1986).
[16] 486 U.S. 71, 76—80, 88 (1988).

切主张,暂不论列[17]。惟大法官 O'Connor 的不同意见书则指出:"在 10 年前,上诉法院于产品责任案件判决的惩罚性赔偿金,最高是 25 万美元。自此以后,惩罚性赔偿金已高于以往 30 倍以上。"从而,正当法律程序应对惩罚性赔偿金予以程序上及实质上的限制[18]。

在最高法院于惩罚性赔偿金案件排除适用宪法增修条文第八条禁止过度课处罚金之规定后,争执之重点转为,惩罚性赔偿金之赋予,是否违反正当法律程序之规定。此项争议,在 1991 年的名案 Pacific Mutual Life Insurance Co. v. Haslip 中,最高法院第一次对此作出明确判决。Haslip 为 Alabama 市的雇员,参加上诉人公司的团体健康保险,但因上诉人公司之代理人私吞 Alabama 市代扣缴交的保费,以致其住院费用 3000 美元未能获得保险给付。Haslip 及其他 3 名市政府员工因而起诉请求该代理人及其雇主即上诉人公司赔偿。陪审团判决上诉人公司赔偿 104 万美元,其中至少 84 万美元为惩罚性赔偿金。亦即该惩罚性赔偿金为填补性损害赔偿之 4 倍,为原告支出之 200 倍。最高法院多数意见认为,上诉人公司早已知悉该代理人有相同诈欺纪录,因而原告之请求有理由。但大法官同时强调,宪法固然对惩罚性赔偿金并无"数字上的明显界限"(mathematical bright line),本案下级法院之判决亦未"跨越到宪法认为不适当的范围",但 4∶1 的惩罚性与补偿性赔偿金的比

---

[17] 492 U.S. 257, 262, 264, 277 (1989). 以上三则判决,参看 Bruce J. Mckee, *The Implications of BMW V. Core for Future Punitive Damages Litigation: Observations From a Participant*, 48 Ala. L. Rev. 175 177—178 (1996)。

[18] 492 U.S. 282, 284 (1989).

率,已经"接近了这个界限"(close to the line)[19]。

值得注意的是,最高法院在本案认为,正当法律程序条款在惩罚性赔偿金之判决程序上应予适用。亦即在审理惩罚性赔偿金时,(1)事实审法院应确认被告行为系属显然恶意重大之诈欺;(2)事实审法院应告知陪审团惩罚性赔偿金之性质及目的、确认该赔偿金系为民事上的处罚,非属强制性处罚;(3)上诉法院应对事实审法院之惩罚性赔偿金判决,进行审查,并表明其判断理由;(4)被告之财务状况不应作为决定惩罚性赔偿金之重要标准。在本案,下级法院之判决已符合上开程序上正当法律程序之最低要求[20]。

Haslip 一案肯定程序上正当法律程序规定对于惩罚性赔偿金之适用,另一则著名判例 TXO Production Corp. v. Alliance Resources Corp. 一案(1993)则审查一项高于实际损害 526 倍的惩罚性赔偿金是否违反被告实质上正当法律程序所保护之权利。本案上诉人 TXO 公司为石油及天然气生产公司,被上诉人为专门出

---

[19] 499 U.S. 7, 18, 23—24 (1991). 同样重要的是,最高法院在本案提示了几项因素,作为考虑惩罚性赔偿金是否与其吓阻及报复之目的合理有关。此等因素包括:(1)惩罚性赔偿金与被告行为可能引起的损害或实际发生的损害之间是否合理相关;(2)被告行为的可责性程度、该行为的持续性、被告的认知、隐匿以及过去相同行为是否存在及其频率;(3)被告是否因过错行为获利、应否去除该项利益以及是否应使被告承担损害;(4)被告之财务状况;(5)所有诉讼之成本;(6)被告是否受刑事处分(作为减低赔偿之依据);(7)被告之其他民事责任(作为减低赔偿之依据)。111 S. Ct. 1032, 1045 (1991). 关于此等因素之讨论,参见 Michael Rustad & Thomas Koenig, *The Historical Continuity of Punitive Damages Awards: Reforming the Tort Reformers*, 42 Am. U. L. Rev. 1269 1310—1314 (1993).

[20] 499 U.S. 1, 21—24 (1991); 111 S. Ct. 1032, 1044—1046 (1991). 关于上开程序上要求对州立法之影响,参见 Victor E. Schwartz & Mark A. Behrens, *Punitive Damages Reform—State Legislatures Can and Should Meet the Challenge Issued by the Supreme Court of the United States in Haslip*, 42 Am. U. L. Rev. 1365 (1993).

租石油及天然气权利之公司。上诉人乃购买被上诉人某地之租赁权,以探勘石油,但被上诉人享有该石油及天然气的权利金。其后 TXO 公司声称其拥有该地之权利让渡书,并起诉主张该地所有权已移转于第三人。此项主张将使被上诉人之租赁权不得对抗上诉人,而丧失享有权利金之权利。被上诉人乃反诉主张上诉人对该地所有权之争执,系意图将该地所有权变更为自己所有,而避免支付 500 到 830 万元之权利金。法院判决上诉人的权利让渡书无效,陪审团判决填补性损害赔偿 1.9 万元及 1000 万元之惩罚性赔偿金[21]。最高法院认为此项惩罚性赔偿金为合理,因为上诉人公司之诈欺行为若成功,将可获得 500 到 800 万元之不当利益[22]。

TXO 一案未宣告高于实际损害 526 倍的惩罚性赔偿金违反被告实质上正当法律程序所保护之权利。但在最近 1996 年的 BMW of North America. Inc. v. Gore 一案,最高法院破天荒的以 5:4 的些微多数,判决 200 万元的惩罚性赔偿金因过高而违宪[23]。本案判决之重要性在于,以往的审查着重于程序上的限制(如要求对陪审团的适当告知、上诉审的审查权等),但本案则标示着被告在惩罚性赔偿金的诉讼上,不仅有程序上的权利,且有实质上的权利应予保护[24]。

本案被上诉人 Gore 为一名医生,购买 1990 年 BMW535i 型之汽车一辆,价金 4 万元。被上诉人事后发现该车于自德国运往北美途中,因受酸雨之害,外表重新烤漆。被上诉人证称,若其事先知悉此事,他将不愿购买,或不顾以原价购买该车。于是他起诉请求赔偿,主张他买了一部以新车价计算的二手车。经查,BMW 于 1983 年开始修复受损车,只要该修理费用低于该车售价 3%,即以新车出售,而未经告诉买受人。哪一部车经修车出售,连 BMW 公

---

[21] 509 U. S. 443 446—451 (1993).

[22] Id. at 459, 462.

[23] 116 S. Ct. 1589, 1598, 1604 (1996).

[24] Henry J. Reske, Guidelines Instead of Bright Lines, A. B. A. J., July 1996, at 36.

司的经销商亦未被告知。原告即被上诉人于 Alabama 最高法院证明，BMW 未经告知买受人，已出售类似修复车 6000 辆。BMW 则主张，其于 1983 年制定 3％修复车出售政策时，曾研究美国各州法律，至少超过 20 个州的州法规定，告知客户新车修复的事实，以修理程度超过 3％时，方有必要。原告则主张，未予告知 2％修复之事实，或许不违反消费者保护之法律，但仍然构成普通法上之诈欺[25]。

原告主张，BMW 因出售该修复车每辆获利 4000 元，共计约出售 1000 辆，因而请求陪审团判决 BMW 赔偿填补性损害赔偿 4000 元及 400 万元之惩罚性赔偿金，以阻止其出售修复车。Alabama 最高法院认为陪审团不应考虑 BMW 在其他州出售修复车之事实，而减低惩罚性赔偿金为 200 万元[26]。联邦最高法院则认为该 200 万元之惩罚性赔偿金过高，而发回 Alabama 最高法院更新审理。

在本案，联邦最高法院第一次以惩罚性赔偿金额度过高，将判决发回下级法院更审，且联邦最高法院在本案明白揭示三项原则以审理惩罚性赔偿金额度。第一项原则为被告行为的可受谴责程度。例如，对人身健康及安全之伤害，应比纯粹经济上伤害，更应受谴责。反复为侵害行为之人，比第一次侵权者应受更重的惩罚。本案 BMW 之行为，乃信赖多数州法之规定，因而尚称合理，且本案原告为经济上受害，而非人身受害，过高的惩罚性赔偿金并不公平[27]。第二项原则为补偿性与惩罚性赔偿金之比例。最高法院指出，TXO 一案意味着惩罚性赔偿金可依被告侵权行为，可能造成的损害多寡定之。在本案，500:1 的比率，显然令人震惊，而无法接受。只有在被告行为特别过分（particularly egregious）或是难以让人发现（hard to detect）时，相对于低额度填补性损害赔偿的高比例惩罚性赔偿金判决，方属适当。本案原告或其他买受人并未因

---

[25] See Mckee, *supra* note 17, at 180—183.
[26] 116 S. Ct. at 1593—1594 (1996); 646 So. 2d 619, 627, 629 (Ala. 1994).
[27] 116 S. Ct. at 1599—1601 (1996).

BMW 之隐匿行为受有其他可能的损害，不应有高比例惩罚性赔偿金[28]。第三项原则为，应考虑被告之行为是否有其他法律处以罚金或其他处罚。亦即赔偿金之额度以能吓阻被告行为之必要程度为限[29]。

综上所述，美国联邦最高法院对惩罚性赔偿金之审查，自 1986 年以后，有明显的转变。首先，在 Lavoie 一案，最高法院仅对惩罚性赔偿金表示关切，但未加以实质审查。其后，在 Bankers Life 一案，协同意见书指出决定惩罚之轻重时，全然漫无标准的裁量权，不符合正当法律程序。在 Browning-Ferris 一案，宪法增修条文第八条禁止过度课处罚金之规定，被排除适用于私人间之民事诉讼，对惩罚性赔偿金制度尚未予以积极介入。之后在 Haslip 一案，最高法院第一次要求下级法院在审理惩罚性赔偿金时，应遵守程序上正当法律程序之要求，并表明宪法固然对惩罚性赔偿金并无"数字上的明显界限"，但 4∶1 的惩罚性与补偿性赔偿金的比率，已经"接近了宪法所容许的界限"。在 TXO 一案，最高法院固然允许高于填补性损害赔偿 526 倍的惩罚性赔偿金，惟系因为该案被告可能因其不法行为之获利已接近此项惩罚性赔偿金，而加以准许。在 BMW 一案，最高法院即首次以实质上的正当法律程序，发回惩罚性赔偿金之判决。足见，美国联邦最高法院已由不介入惩罚性赔偿金之审查，到积极设定被告在此类案件依正当法律程序应予保护之权利。

惩罚性赔偿金制度在美国并非是新制度，而是具有 200 年历史的普通法上制度。有趣的是，对于惩罚性赔偿金制度之争论，并非始于近 10 年，而是古来有之，何以最高法院在 200 年间，直到最近 10 年来才"积极地"关注此项制度，并逐渐加以限制？实者，最高法院的转变，应与美国自 20 世纪 80 年代以来的民事责任体制改革，尤其是社会上与政治上对惩罚性赔偿金制度的改革主张，有所

---

[28] See id. at 1602—1603.

[29] See id. at 1603.

关联。

肆、惩罚性赔偿金制度之改革论

早期关于惩罚性赔偿金制度之争论,在于该制度之目的是否适当以及是否能有效达成该制度之目的。惩罚性赔偿金制度之主要目的在于惩罚及吓阻[30]。就惩罚之目的而言,反对论者主张,惩罚性赔偿金制度实行刑事处罚,却无刑法上之程序保障。且陪审团在听取被告的财务状况及动机后,立即作成赔偿金之判决,亦非适当[31]。更何况,惩罚性赔偿金制度之吓阻目的并未被达成[32]。而在法人为被告时,到底法人或行为人应受吓阻,更是不无疑问[33]。即便吓阻目的为合理目的,原告个人仍不应成为意外巨大赔偿的受益者[34]。而且惩罚性赔偿金的给予将促使原告"奔途于法院"(a race to the courthouse),先到达者将耗损可供赔偿所有受害人的被告资产,显有不公[35]。

除了上述早期理论上对惩罚性赔偿金制度之质疑外,在1980年代中期以后,美国掀起一波民事责任制度,尤其惩罚性赔偿金制度改革的浪潮。他们的论点已不再是理论的争执,而是以影响社会和经济层面的实例作为诉求。他们的"战场"也不再只是学术上的论战,而是积极的、有组织的以及有财力支持的政治性活动,是利益团体为其自身利益而寻求民事责任制度改革之运动[36]。其

---

[30] 参见本文前述第贰节之说明。
[31] Ellis, *supra* note 13, at 996—999.
[32] Peters, *Punitive Damages in Oregon*, 18 Willamette L. Rev. 369, 420—423 (1982).
[33] Sales & Cole, *Punitive Damages: A Relic That Has Outlived Its Origins*, 37 Vand. L. Rev. 1117, 1158—1164 (1984).
[34] *Id.* at 1165.
[35] *Id.* at 1159—1164.
[36] Stephen Daniels & Joanne Martin, *Myth and Reality in Punitive Damages*, 75 MINN. L. REV. 1, 9—14 (1990).

诉求目标,在于告诉美国民众四个现象:法院经常判决惩罚性赔偿金;惩罚性赔偿金额度经常很高;法院判决惩罚性赔偿金的频率及额度均迅速增加;上述三个现象在美国系属全国性问题[37]。经由证明上述四个现象存在,而主张惩罚性赔偿金制度应予改革。

为证明惩罚性赔偿金制度改革之必要性,改革派首先以许多惊人的事件说明。例如:在1989年,一家华府的公关公司收集许多改革派资料,由"美国侵权行为法改革联盟"编辑为"惩罚性赔偿金最新资料"(Punitive Damages Update),用以分送媒体,宣传改革的必要性。依此等资料显示,法院在许多不同类型的案件,经常判决高额惩罚性赔偿金,而且无固定模式可寻。这种失去控制的制度,造成许多商品或服务,包括医药服务及疫苗等基本需要的商品或服务,变成昂贵或不可得。美国工业发展亦因而受阻,商人在国际市场的企业竞争力因而减弱,劳动市场及美国经济稳定也受威胁[38]。

为证实上述论述,改革派举出许多事证。例如:在1988年,一家生产木材防腐剂公司因65名原告受有人身损害,法院判决每人1美元的象征性损害赔偿(nominal damages),却判决该公司应赔偿1600万元的惩罚性赔偿金。在1989年,一家生产子宫内避孕器厂商,虽然符合美国食物及药品检验局核准出售,安全使用多年,商誉卓著,却遭判赔700万元之惩罚性赔偿金[39]。此外,一家药品公司,依据美国食物及药品检验局之规定,生产并出售小儿麻痹疫苗,陪审团却以该公司应使用较不具效力的疫苗为由,判决该药厂赔偿800万元之惩罚性赔偿金,而无视于美国食物及药品检验局医师、科学家及政策制定者对该药厂的许可[40]。依据改革派指称,美国医药协会(American Medical Association)宣称,基本生物医学研究已趋式微,小公司已延期或放弃新药品出售。美国"国家科

---

[37] Id. at 14.
[38] Id. at 16—17.
[39] 此例之真实案情为,该避孕器引起妇女骨盆感染,甚至不孕,而遭重罚。参见 Id. at 19, n.76。
[40] 以上三则事例,引述于 Id. at 19。

学研究所"(National Academy of Sciences)亦发现,由于疫苗相关伤害的高成本,许多制造商已不愿研究或贩卖防范 AIDS 疫苗。美国在避孕科技领域,亦已丧失其领先地位[41]。

　　除了上述惩罚性赔偿金对美国经济、科技、工业发展的不良影响外,改革派并引述一项 the Rand Corporation's Institute for Civil Justice 对 Cook County 及 San Francisco 所作的实证调查,作为论据。改革者宣称,依据此项调查研究,自 1965 年至 1984 年,在 Cook County 的惩罚性赔偿金增加 1500%、在 San Francisco 增加 300%。在同样年度里,Cook County 的人身受害的平均惩罚性赔偿金增加 13700%,因商业或契约案件判决的平均惩罚性赔偿金增加 543%[42]。

　　此项列举事证与统计资料的改革宣传,受到美国社会广大注意。里根政府的"侵权行为政策小组报告"支持此项改革[43];前副总统奎尔(Van Quayle)在 1992 年撰文《民事责任制度改革》,表示惩罚性赔偿金正继续以恣意、多变的方式,给予原告不成比例的高额赔偿金,而急需进行改革。奎尔认为,对惩罚性赔偿金予以额度限制,系制约该制度所不可或缺的方法[44]。在 1992 年,"总统竞争力评议会"(the President's Council on Competitiveness)提出"惩罚性赔偿金模范州法"(the Model State Punitive Damages Act),建议限制惩罚性赔偿金制度,以保护大企业的经济活动[45]。

---

[41]　*Id.* at 20.

[42]　*Id.* at 23.

[43]　*Id.* at 24.

[44]　Dan Quayle, *Civil Justice Reform*, 41 Am. U. L. Rev. 559, 564—565 (1992).

[45]　大企业抨击惩罚性赔偿金制度之理由,包括:(1)惩罚性赔偿金成为司法程序中"失去控制的赌盘"(wild card),而以不可预测的方式下赌;(2)担心高额的惩罚性赔偿金阻碍开发有益的产品;(3)法院经常恣意地判决达百万元以上之惩罚性赔偿金;(4)原告可因惩罚性赔偿金而高额获利,增加不必要的诉讼;(5)以一般人组成的陪审团,通常视企业界为有资力、应支付赔偿的"深口袋"(deep parkets)。参见 Michael Rustad & Thomas Koenig, *supra* note 19, at 1269 1278, n.58。

经由改革派的努力,不仅联邦的《惩罚性赔偿金模范州法》对惩罚性赔偿金加以限制,州立法或法院判决亦兴起限制惩罚性赔偿金的风潮。其限制包括下列各项:

1. 该模范州法第六条规定,原告在诉讼中对于支持惩罚性赔偿金请求的所有事实,均负有举出"明白、有说服力证据"(clear and convincing evidence)之义务。在1993年之前,已有24个州经由立法或判例,做相同或类似的要求[46]。

2. 该模范州法第六条同时规定,原告必须证明,被告行为系属恶意(malice),而单纯重大过失非属恶意。至少11个州立法及2个州法院判例有相同或类似规定[47]。

3. 该模范州法第5条(a)—(d)款规定,审判团应分两阶段审理,在第一阶段只审理填补性损害赔偿之责任,而决定填补性或象征性赔偿金之数额;对于只与惩罚性赔偿金有关的证据,在此阶段不得提出。只在填补性赔偿金判决后,方可进行第二阶段,专就惩罚性赔偿金进行审理。若在第一阶段只判决象征性赔偿金,则不得进入第二阶段判决惩罚性赔偿金。此项设计在于避免只与惩罚性赔偿金有关的证据,影响填补性赔偿之责任认定。有11个州立法及1个州法院判例有相同规定[48]。

4. 该模范州法第5条(f)款规定,法院于决定惩罚性赔偿金之数额时,应考虑对同一不法行为所有以前的赔偿、惩罚性赔偿金数额对往后其他请求权人的影响、填补性损害赔偿在本案的吓阻效果以及就同一不法行为,被告应负担之其他刑事或行政处罚。此项规定意味着,由法官而非由陪审团审理决定惩罚性赔偿金。3个州立法采取此项制度[49]。

5. 该模范州法第七条规定,惩罚性损害赔偿数额不得超过原告获得的填补性赔偿金数额。对于惩罚性赔偿金最高额度的限

---

[46] *Id.* at 1278, n.63.
[47] *Id.* at 1279, n.64.
[48] *Id.* at 1279, n.65.
[49] *Id.* at 1280, n.66.

制,在州立法上,有三种型态:(1)有 5 个州采取惩罚性赔偿金对填补性损害赔偿固定比率的限制。例如:在佛罗里达,除非原告能以"明白、有说服力之证据"证明其有更大的损害,否则惩罚性赔偿金不得超过填补性损害赔偿之 3 倍[50]。(2)有 2 个州设定固定的惩罚性赔偿金最高额度。例如:弗吉尼亚州设定 35 万元,阿拉巴马州在非不法致死案件设定 25 万元,为惩罚性赔偿金最高额度[51]。(3)堪萨斯州则采取混合型。惩罚性赔偿金最高额度为 500 万元或被告在不法行为前 5 年内的任何一年最高年收入[52]。

就限制方式而言,上述对惩罚性赔偿金的限制,已将学说上反对说及改革派之主张加以完全体现,代表着法律实务对惩罚性赔偿金制度的反扑及改革派某程度的胜利。联邦最高法院近年来对惩罚性赔偿金的积极介入,无非也是改革派社会运动成果的反映。改革派主张的惩罚性赔偿金弊害(即法院经常判给原告高额赔偿金,且判给频率及数额急速增加),乃以若干"惊人"事例及实证研究为立论基础。有疑问的是,改革派主张的惩罚性赔偿金弊害是否存在?惩罚性赔偿金制度在现代社会是否已丧失其"历史上"的目的而应予以限制或废除?

伍、对改革论的质疑——实证研究的反驳

要反驳改革论对于"惊人"事例及实证研究的立论,最佳的方式即是从实证研究出发。改革派引述的论据为 the Rand Corporation's Institute for Civil Justice(下称 RAND)对 Cook County 及 San Francisco 的实证调查。实者,改革派引述的数据并不正确,此项实证调查的结果,不仅不足作为改革派的立论依据,反而可作为摧毁改革派主张的论据。

---

[50] Id. at 1281, n.67.
[51] Id.
[52] Id.

RAND 系以 Cook County 及 San Francisco 自 1960 年至 1984 年 25 年间,加上自 1980 年至 1984 年加州其他县市,共计 2.4 万件民事判决为研究对象[53]。案件类型分为三类:一为商业/契约案件,包括诈欺、商业上侵权行为及不公平商业行为(如对保险公司、雇用人之请求);二为故意侵权行为案件,包括诽谤、歧视、民权侵害及故意伤害行为;三为人身伤害案件,包括因过失责任及严格责任所生之案件。其研究结果如下:

一、改革派主张:法院经常判给惩罚性赔偿金,且判决频率越来越高

实证研究结果:由表一可知,自 1975 年至 1984 年,在 Cook County 的惩罚性赔偿金案件固从 39 件上升为 75 件(增加 92%),但只占全部案件的 1.3% 及 2.5%。在 San Francisco 的惩罚性赔偿金案件则从 32 件上升为 51 件(增加 60%),占全部案件的 3.2% 及 8.3%。从而,该二地区之法院并未经常判给惩罚性赔偿金。此外,以每 5 年为一单位计算,自 1965 年至 1979 年在 Cook County 的惩罚性赔偿金案件分别为 30、25、39 件,增加率并不高;在 San Francisco 于 1975 年后甚至降低。至于在 1980 年以后,惩罚性赔偿金案件突然大增,经进一步探求案件类型得知(表二),以 1980 年作前后比较,在旧金山商业/契约案件由每年 1.8 件,增加为 6.8 件;人身伤害案件只由每年 0.2 件,增加为 1.2 件。在 Cook County 故意侵权行为案件由每年 2.0 件,增加为 7.6 件;商业/契约案件由每年 1.1 件,增加为 4.6 件;人身伤害案件只由每年 1.8 件,增加为 2.8 件。足见 25 年来,惩罚性赔偿金案件增加最多者为商业/契约案件及故意侵权行为案件,而非改革派力主与国家经济、科技发展有关的产品责任案件,因人身伤害案件在同期内增加最少,增加案件数也最少。依表二,在 San Francisco 总数 149 件案件中,人身伤

---

[53] Mark Peterson, Syam Sarma, & Michael Shanley, Punitive Damages: Empirical Findings 4 (Rand: the Institute for Civil Justices) (1987).

害案件只有 10 件(占 6.7%)。在 Cook County 总数 172 件案件中,人身伤害案件有 50 件(占 29%),但每年平均也只不过 2 件而已。是故,惩罚性赔偿金判决频率并无过高之问题。而在同一研究显示,在旧金山人身伤害案件中,25 年来只有 4 件产品责任案件,在 Cook County 则只有 2 件[54]。据此,改革派以惩罚性赔偿金判决频率越来越高,已有限制之必要,尚非实在。且判决案件数在 1980 年与 1984 年间有所增加,亦与其改革的对象(产品责任案件)无关。本件研究人员即指出,惩罚性赔偿金"判决频率问题主要系有关故意侵权行为案件与商业/契约案件,亦即传统上以惩罚性赔偿金加以惩罚之故意加害行为、诈欺及不公平交易案件。"

表一　惩罚性赔偿金之案件趋势
Cook County & San Francisco (1960—1984)

期　间	案件数		在所有案件中的比率		在有填补性赔偿金判决案件中之比率	
	Cook County	San Francisco	Cook County	San Francisco	Cook County	San Francisco
1960—1964	3	14	0.1	1.0	0.2	2.0
1965—1969	30	16	0.8	1.1	1.5	2.0
1970—1974	25	36	0.6	2.6	1.2	4.6
1975—1979	39	32	1.3	3.2	2.7	5.7
1980—1984	75	51	2.5	8.3	3.9	13.6

资料来源:Mark Peterson, Syam Sarma, & Michael Shanley, Punitive Damages: Empirical Findings 9, Table 2.1 (Rand: the Institute for Civil Justices) (1987)。

---

[54] *Id.* at 13, Table 2.5.

表二 惩罚性赔偿金之案件类型

Cook County & San Francisco (1960—1984)

地 区	San Francisco			Cook County		
年 度	1960—1979	1980—1984	总 计	1960—1979	1980—1984	总 计
案件类型	每 年 平 均 案 件 数					
故意侵权行为案件	3.0	2.2	2.8	2.0	7.6	3.1
商业/契约案件	1.8	6.8	2.8	1.1	4.6	1.8
人身伤害案件	0.2	1.2	0.4	1.8	2.8	2.0
	总 案 件 数					
故意侵权行为案件	59	11	70	39	38	77
商业/契约案件	35	34	69	22	23	45
人身伤害案件	4	6	10	36	14	50

资料来源：Mark Peterson, Syam Sarma, & Michael Shanley, Punitive Damages: Empirical Findings 10, Table 2.2 & 2.3 (Rand: the Institute for Civil Justices) (1987)。

二、改革派主张：法院判给惩罚性赔偿金额度甚巨，且判决数额越来越高

实证研究结果：改革派为强调惩罚性赔偿金额度甚巨，通常引用统计资料的年度平均值，作为论据。然而，由表三可知，由年度判决总额除以案件数的金额平均值，均比年度所有判决金额，取其中间数的中间值，高出许多。因为平均值可能因一、二个特别高额的判决而提高甚多，无法作为评价惩罚性赔偿金额度是否过高或其趋势的标准。例如：在旧金山，自1975年至1979年，平均值为58.3万元，高过前一年度20.9万元近乎3倍，但其中间值（2.3万元）则低于前一年度的中间值（3.1万元）。足见，以平均值评价惩罚性赔偿金额度高度增加，并非实在。

表三 惩罚性赔偿金之金额趋势
Cook County & San Francisco (1960—1984)

年　度	案件总数	中间值 （千美元）	平均值 （千美元）	总金额 （百万元）
Cook County				
1960—1964	3	1	7	0.02
1965—1969	30	13	43	1
1970—1974	25	29	62	2
1975—1979	39	13	164	6
1980—1984	75	43	729	55
San Francisco				
1960—1964	14	17	166	2
1965—1969	16	29	95	2
1970—1974	36	31	209	8
1975—1979	32	23	583(170)*	19(5.2)*
1980—1984	51	63	381	19

＊本项金额包含一项 1340 万高额判决。若扣除该判决，平均值为 17 万元，总金额为 520 万元。

资料来源：Mark Peterson, Syam Sarma, & Michael Shanley, Punitive Damages: Empirical Findings 15, Table 2.7 (Rand: the Institute for Civil Justices) (1987)。

以中间值而言，在 20 世纪 80 年代之前，最高金额为 3.1 万元，在 20 世纪 80 年代之后，Cook County 的惩罚性赔偿金额增加为 4.3 万元，San Francisco 增加为 6.3 万元，最多仅增加 2 倍余，并无所谓快速增加之情形，亦可证明改革派所提出的"惊人"事例，系属少见之偶然例子，而非通例。而以 20 世纪 80 年代惩罚性赔偿金额之中间值观之，其最大数额亦绝非改革派所声称的，令人无法忍受而有改革之必要[55]。

三、改革派主张：失去控制的惩罚性赔偿金制度，为美国全国的趋势，应予以改革

实证研究结果：在 San Francisco 及在 Cook County 的惩罚性赔偿金案件趋势并不相同。以表二为例，在 San Francisco 有关人身

---

[55] Id. at 17.

伤害案件，在20世纪80年代前后自4件增加为6件，在Cook County则自36件减少为14件。以表三为例，在San Francisco的惩罚性赔偿金总额，在20世纪80年代前后维持在1900万元，并未增加；在Cook County则自600万元突增为5500万元，增加9倍之多。显示该制度即便在改革派引用的例证中，亦呈现不同之风貌，不足作为推断全国性趋势之依据。RAND研究报告更明言指出，该份资料仅就伊利诺州及加州两州的市镇进行研究，其结果未必能适用于其他具有不同法律规定、法律文化及陪审员的地区[56]。

除了上述RAND实证研究提供吾人反驳改革派之主张外，另一项专就商品制造人责任案件，涵括更多法院判决资料的实证研究，亦足供吾人检证改革派之主张是否实在。法学教授Michael Rustad就1965年至1990年25年间，从全美国联邦及州法院判决，有产生人身受害的产品责任案件进行研究，发现以下现象[57]：

一、改革派主张：惩罚性赔偿金判决越来越多

实证研究发现：除了石棉有关案件外，在商品责任案件的惩罚性赔偿金判决，自20世纪80年代中期以后，实际上越来越少。

由表四可知，惩罚性赔偿金判决并未急速增加。在20世纪60年代只有7件，在1971年至1975年为17件，其后5年成长2倍，再其后5年为139件，成长3倍，但在1986年至1990年则只稍微增加为151件。Rustad进一步指出，在成千上万的石棉案件中[58]，25年间只有95件有惩罚性赔偿金判决，而此类判决却超过全部惩罚性赔偿金判决的四分之一[59]。企业界明知石棉之危险

---

[56] *Id.* at 6.
[57] Michael Rustad, *In Defense of Punitive Damages in Products Liability: Testing Tort Anecdotes with Empirical Data* 78 Iowa L. Rev. 1 (1992).
[58] 在联邦及州法院，于1986年之前，即有3万件有关石棉引起伤害或死亡的案件。在1992年之前，该类型案件已超过10万件，而在1999年之前，专家预估会超过20万件。参见Rustad, *id*, at 41。
[59] Rustad, *supra* note 57, at 39.

却故意不告知,以牺牲人身安全追求自身利益,正是惩罚性赔偿金制度所欲规范者,因而判决惩罚性赔偿金应有理由[60]。在扣除大量石棉案件后,其他产品责任案件的惩罚性赔偿金判决则在减少,由1981年至1985年的119件减为1985年至1990年的78件(降低34.5%),与改革派所宣称者,并不相符。

表四 有关产品责任之惩罚性赔偿金判决个数:1965—1990

年　代	非石棉案件	石棉案件*	总计案件数
1965—1970	7	0	7
1971—1975	17	0	17
1976—1980	39	2	41
1981—1985	119	20	139
1986—1990	78	73	151
总　计	260	95	355

*石棉案件主要指雇主虽然知悉石棉的危险性,却未告知从事与石棉有关工作的工人该项危险,而引起损害赔偿请求的案件。

资料来源：Michael Rustad, *In Defense of Punitive Damages in Products Liability: Testing Tort Anecdotes with Empirical Data*, 78 Iowa L. Rev. 1 37, Table three (1992)。

二、改革派主张:惩罚性赔偿金判给额度太大,已到震撼人心的地步

实证研究发现:以惩罚性赔偿金的中间值观之,其额度相当适中。

如表五所示,惩罚性赔偿金一般与填补性赔偿金呈一定比例。在25年间惩罚性赔偿金的中间值为62.5万元,比实际损害的中间值50.01万元,只超出12.49万元。根据本研究,在非石棉案件,有超过三分之一的填补性赔偿金高于惩罚性赔偿金,而二者之平均比例为1.67:1[61]。若加上石棉案件,则有36%的案件是填补性损

---

[60] *Id.* at 41—42.

[61] *Id.* at 50.

害赔偿高于惩罚性赔偿金[62]。另以 1983 年的调整值观之,25% 的惩罚性赔偿金判决低于 100 万元。只有 8% 的判决超过 1000 万元。反之,有 20% 的判决低于 18 万元[63]。亦即,惩罚性赔偿金之判给额度尚属可容忍之范围,并未达到"震撼人心"(boggle the mind)的地步。

依 Rustad 对非石棉案件的研究,填补性赔偿金在最近几年有上升趋势。例如:在 1986 年至 1990 年,填补性损害赔偿金额高于前 5 年期的 2 倍;反之,在惩罚性赔偿金则变动较少。在 1965 年至 1975 年,惩罚性赔偿金之判决金额最高,在 1976 年至 1980 年,降低为 68.85 万元,在 1980 年至 1985 年,增加为 82.5 万元,在 1986 年至 1990 年,虽再度增加,但惩罚性赔偿金额的变动,显然低于填补性赔偿金额的增加。且在 25 年间,惩罚性赔偿金并无固定增加模式。Rustad 并以通货膨胀系数列入观察,得知,若考虑通货膨胀问题,惩罚性赔偿金判决金额实际上并无增加[64]。

表五　有关产品责任之惩罚性赔偿金中间值额度:1965—1990

赔偿金种类	全部案件金额中间值	非石棉案件金额中间值
	原始金额	
实际损害	$ 500100	504623
惩罚性赔偿金	$ 625000	775000
	以 1983 年通货膨胀系数计算之金额	
实际损害	$ 516000	$ 551329
惩罚性赔偿金	$ 688000	$ 877000

资料来源:Michael Rustad, *In Defense of Punitive Damages in Products Liability: Testing Tort Anecdotes with Empirical Data*, 78 Iowa L. Rev. 1 46, Table six (1992)。

---

[62] Id. at 51.
[63] Id. at 46.
[64] Id. at 49.

三、改革派主张：原告经常因惩罚性赔偿金判决而像得彩券似的成为百万富翁

实证研究发现：原告很少获得百万元惩罚性赔偿金。

依据 Rustad 之研究，在 1981 年之前，只有 22% 的惩罚性赔偿金判决超过 100 万元，在 1986 年之后，只有 14% 的判决有 100 万元[65]。再者，改革派只宣扬陪审团的判决结果，却未深究该判决经法官审理或上诉后的结果。实者，就 25 年来的非石棉案件而论，40% 的判决最后达成和解，25% 被上诉法院维持，近乎三分之一判决被驳回或改判较低金额。亦即，被驳回或改判较低金额的惩罚性赔偿金判决多于被维持的判决[66]。尤有进者，经上诉的惩罚性赔偿金判决，有 38% 的原告分文未获；另外 11% 的上诉判决，减低惩罚性赔偿金。至于未经上诉而和解的案件，80 个案件中，有 19 位原告未获分文，其他 17 位接受较低赔偿金，只有 44 位和解原告获得全额赔偿[67]。如表六所示，原告真正获得的惩罚性赔偿金中间值只有 10 万元，并非如改革派所称，原告动辄成为百万富翁，且原告所得的惩罚性赔偿金额几乎只有填补性损害赔偿获得金额的一半（19 万 2500 元）。

表六　有关产品责任赔偿金，原告实际所得金额之中间值：1965—1990

赔偿金性质	所有案件	非石棉案件
	原始金额	
填补性赔偿金	$ 192500	$ 180000
惩罚性赔偿金	$ 100000	$ 80000
	以 1983 年通货膨胀系数计算之金额	
填补性赔偿金	$ 234053	$ 231152
惩罚性赔偿金	$ 94150	$ 87800

资料来源：Michael Rustad, *In Defense of Punitive Damages in Products Liability: Testing Tort Anecdotes with Empirical Data*, 78 Iowa L. Rev. 1 58, Table sixteen (1992)。

---

[65] Id. at 61.
[66] Id. at 54—55.
[67] Id. at 56.

四、改革派主张:惩罚性赔偿金对美国的竞争力产生伤害

实证研究发现:并无证据显示惩罚性赔偿金对美国的竞争力产生影响。

改革派主张惩罚性赔偿金使美国竞争力衰弱,无非假设美国厂商受到惩罚性赔偿金之伤害,而他国的厂商则免于受此伤害。惟外国厂商只要产品在美国销售,即经常受到惩罚性赔偿金判决。以德国厂商为例,一家生产车床而在美国出售的厂商,因工人的头皮被车床剥去,在 Wisconsin 受到惩罚性赔偿金判决。另一家公司因出产收割机,未有适当安全装置,致美国农夫受伤,而受惩罚性赔偿金判决。大众汽车公司(Volkswagen)因汽车缓冲器未经适当测试及设计不良,致驾驶人于发生车祸时,脚后跟遭割断,亦负惩罚性赔偿金责任[68]。

上述事例,在日本公司亦同。Honda 汽车公司出产超小型汽车,因乘客座位部分设计不良,因而被判 500 万元的惩罚性赔偿金。1989 年,有一原告之夫及其儿女驾驶 Toyota 汽车公司的旅行车,车后被撞及而引火燃烧,原告目睹其夫及其子女被火烧死,请求损害赔偿[69]。经查,Toyota 公司知悉该车型设计有瑕疵,但未为修正,陪审团判决其赔偿 2500 万元之惩罚性赔偿金[70]。

改革派固宣称,惩罚性赔偿金降低美国之竞争力。实者,惩罚性赔偿金制度,适可提高美国产品之安全标准,就长期而言,对国际市场的竞争力应有帮助。限制惩罚性赔偿金制度反而可能降低产品之安全标准,不利于美国之竞争力。从而,以限制惩罚性赔偿

---

[68] Id. at 83.

[69] 此案涉及英美法上精神痛苦(emotional distress)损害赔偿的问题。参见拙著,精神痛苦(emotional distress)与损害赔偿:美国最高法院 Consolidated Rail Corp. v. Gottshall 判决之检讨,发表于中央研究院欧美研究所,美国最高法院重要判决之研究:1993 年至 1995 年学术研讨会(1997 年 5 月 23 日)。

[70] Rustad, *supra* note 57, at 83—84.

金制度提高美国竞争力,无非是种"迷思"[71]。

上述二则实证研究的结果,在美国其他有关惩罚性赔偿金制度的实证研究,均得到相同结论。例如:美国律师基金会(American Bar Foundation)就 11 个州的 47 个县市,在 1981 年至 1985 年间的 25627 个判决进行研究,发现只有 5% 的判决有惩罚性赔偿金,且其金额与实际损害间有相当的比例关系,赔偿金额系属中等,而非高得惊人[72]。美国会计长室(United States General Accounting Office)研究 5 个州,在 1983 年与 1985 年间的 305 个产品责任判决,发现惩罚性赔偿金既非经常判给,亦无巨大金额赔偿,而且事后无论上诉或和解,均大量降低赔偿金额[73]。再者,Willam Landes 教授及 Richard Posner 法官检讨"在 West Publishing Company 出版的最近 10 期地方判决报导,以及在 1982 年与 1984 年间,联邦上诉法院的产品责任判决",发现在事实审阶段,172 个判决只有 10 件惩罚性赔偿金案件。其中只有 1 件被上级法院维持,6 件被发回更审[74]。

陆、惩罚性赔偿金制度功能之再检讨

综合上述实证研究结果可知,改革派所称惩罚性赔偿金制度

---

[71] Id. at 85.

[72] Stephen Daniels & Joanne Martin, Empiricial Patterns in Punitive Damage Cases: A Description of Incidence Rates and Awards 38, tal. V, 41 (American Bar Foundation Working Paper No. 8705, 1988). 关于本件研究分析,可参见 Stephen Daniels & Joanne Martin, supra note 36, at 1—64。

[73] United States Gen. Acct. Office, Report to the Chairman, Subcomm. on Commerce, Consumer Protection, and Competitiveness, Comm. on Energy and COmmerce, House of Representatives; Product Liability, Verdicts and Case Resolution in Five States, GAO/HRD-89-99, at 3 (Sept. 1989). 参见 Rustad, supra note 57, at 28。

[74] William M. Landes & Richard R. Posner, New Light on Punitve Damages, Regulation Oct. 1986, at 36. 参见 Rustad, supra note 57, at 28。

的危机并不存在,惩罚性赔偿金制度并无立即改革的必要。惟上述论证,只证明改革派的论点不正确,尚未说明惩罚性赔偿金制度在现代是否有存在的必要,是以本文最后就惩罚性赔偿金的功能,检讨其必要性及对改革派见解的进一步挑战。

在 17 及 18 世纪时,惩罚性赔偿金系为赔偿受害人名誉受损之损失,包括诽谤、诱奸、恶意攻击、私通、诬告、不法侵入住宅、占有私人文件、无故侵入他人土地以及非法拘禁等案件。此等行为不仅不法,且在社会通念上"令人愤怒"(outrageous)[75]。在 18 世纪后期,有两则著名案例,使惩罚性赔偿金制度由填补赔偿性质,转为强调惩罚与吓阻功能。在 Wilkes v. Wood(1763)及 Huckle v. Money(1763)两案件,原告 Wilkes 为一家报社负责人,因该报出版批评乔治国王二世的文章,因而报社被侵入搜索证据及逮捕报社编辑及员工。Wilkes 认为该搜索令违法,陪审团判决在 20 镑的人身伤害外,赔偿 1000 镑的惩罚性赔偿金。另一员工 Huckle 提起违法拘禁及恶意攻击之诉讼,陪审团判决 300 镑的惩罚性赔偿金,约合原告实际损失的 300 倍。这二个案子被维持的理由是,"该赔偿金不仅在于满足受害人,且在于惩罚犯罪,以吓阻将来发生相同行为"[76]。

在美国,最早的案例为 Genay v. Norris(1784)。本案原告为一医生,与被告酒醉后,准备以枪战解决两者的争执。其后被告提议饮酒和解,被告却在原告酒中加入大量斑蝥干燥制剂,致原告"非常疼痛"。法院对陪审团说明"就专业的观点,被告无法对于其行为诿为不知,或推托不知该药品之强力效果,因而原告应有权请求惩罚性赔偿金。[77]"另一则早期著名案例为 Coryell v. Colbaugh

---

[75] 参见 Janie L. Shore, *A Suggestion For Limited Tort Reform*: *Allocation of Punitive Damages Awards to Eliminate Windfalls*, 44 ALA. L. REV. 61—66(1992)。

[76] Id. at 67—68; Rustad & Koenig, supra note 19, at 1288—1289, n 95—99.

[77] Rustad & Koenig, supra note 19, at 1290—1291.

(1791),被告违反婚约,拒绝结婚。判决惩罚性赔偿金的理由"不是在于估算精神上或实际上受有多少损害,而在于'确立典范'(for example's sake),以避免相同犯行再度发生"[78]。

根据上述案例,可知惩罚性赔偿金早期在于填补原告损害,其后主要目的在于处罚及吓阻类似行为再度发生。受规范的对象则为具有恶性,依社会通念无法容忍之行为。在英国法院案例的另一特色为,以惩罚性赔偿金作为处罚有权力者或富人对一般百姓的侵害行为,以维持社会秩序[79]。在美国许多案例,则以惩罚性赔偿金作为处罚对社会上或体力上弱势者的侵害行为[80]。19世纪法院将惩罚性赔偿金作为处罚恶意或显然忽视原告权利之行为。迨19世纪末,惩罚性赔偿金开始从规范个人到处罚大型企业公司,因为现代社会,企业公司已然成为社会上许多经济、政治以及社会的恶首。大型企业为求自身利益,不顾劳工及大众安全,而刑法又无法限制许多企业公司追求利益之行为,惩罚性赔偿金成为必要的社会控制工具[81]。

改革派经常引用"惊人"事例,强调惩罚性赔偿金惊人的天文数字。在实证研究上,的确有若干特别高额的惩罚性赔偿金判决。改革派以之作为限制或废除惩罚性赔偿金之论据。惟以惩罚性赔偿金标榜的"惩罚"及"吓阻"的目的观之,限制惩罚性赔偿金的上限,毋宁将摧毁该制度存在之功能。因为只有在可能面临高额赔偿压力下,大公司或商品制造人才会放弃为追求巨大利润而出产

---

[78] *Id.* at 1291; Shore, *supra* note 75, at 68.

[79] Rustad & Koenig, *supra* note 19, at 1289—1290.

[80] 例如:女性原告受恶意攻击、强奸或性侵害等,可请求惩罚性赔偿金。参见 *Id.* at 1292—1293。

[81] *Id.* at 1294—1295; Rustad, *supra* note 57, at 85—86.关于惩罚性赔偿金之目的及功能,可参见 David F. Partlett, *supra* note 3, at 781.就惩罚性赔偿金之目的功能加以检讨,进而否定该制度在现代社会之存在必要性者,参见 James B. Sales & Kenneth B. Cole, Jr., *supra* note 33, at 1117。

瑕疵产品的行为[82]。此外,惩罚性赔偿金"吓阻"的性质,即是要加害人为其不法行为"赔回"其所得,如此方可吓阻之。从而,被告若因其不法行为而有重大经济利益,高额赔偿方足以使大企业放弃该不法行为,而采取防止事件发生之措施[83]。偶尔特别高额的惩罚性赔偿金毋宁有所必要,以达到"惩罚"及"吓阻"之目的。

另外,改革派认为惩罚性赔偿金判决具有不确定性,与填补性赔偿金不成比例,审判团或法院有滥用权利之虞。实者,以惩罚性赔偿金吓阻的功能观之,惩罚性赔偿金判决具有不确定性正足以使企业公司无法将民事赔偿内化计算于商品价格中,以减免本身之负担。否则,企业公司将以"支付"赔偿金的方式进行有危险的商业经营[84]。再者,有惩罚性赔偿金的威胁,亦有利于原告在填补性赔偿上的和解谈判[85]。何况实证研究显示,惩罚性赔偿金与填补性损害赔偿具有一定比例关系,惩罚性赔偿金并未比填补性损害赔偿高出太多。

柒、结论——兼论台湾地区法之规定

美国惩罚性赔偿金的改革运动已经不只是学术界的理论争执,更激烈的是企业界、政治界、律师界以及利益团体的权力与利

---

[82] Rustad & Koenig, *supra* note 19, at 1319;Peterson 强调,惩罚性赔偿金本质上即为特别的、以树立先例为目的的赔偿制度,是以应承认偶尔超高额度判决的重要性。(Peterson, et al, *supra* note 53, at 15.)惩罚性赔偿金上限规定可能破坏该制度的目的与功能之见解,参照 Jimmie O. Clements, Jr., *Limiting Punitive Damages: A Placebo for America's Ailing Competitiveness*, 24 ST. Mary's L. J. 197, 218—219 (1992); Sylbia M. Demarest & David E. Jones, *Exemplary Damages as an Instrument of Social Policy: Is Tort Reform in the Public Interest?*, 18 ST. Mary's L. J. 797, 825 & n. 156 (1987); Amelia J. Toy, *Comment, Statutory Punitive Damage Caps and the Profit Motive: An Economic Perspective*, 40 Emory L. J. 303, 335 (1991)。

[83] 参照 Parlett, *supra* note 3, at 796。

[84] 参照 512 A. 2d 466 (N. J. 1986)。引述于 Rustad, *supra* note 57, at 42。

[85] Rustad, *supra* note 57, at 43。

益的竞争。改革派主张惩罚性赔偿金判决额度过高,频率也高,赋予审判团太大的裁量权,恣意、惊人的赔偿已然伤害美国企业的竞争力,惩罚性赔偿金制度是一项失去控制的制度,应予以限制,甚至废除。改革派运动已经在美国社会上产生一定的影响力,许多人接受他们的观点。许多州法院以及最近的联邦最高法院也已经在这股改革运动中,以不同方式限制惩罚性赔偿金判决。然而,改革派的主张前提实际上并未能经得起实证研究的检证。所谓"惊人"的事例以及"令人震惊"的赔偿金额,都只是特例或未经考虑上诉、和解后,原告实际所得金额之假象。即便改革派所称的高额赔偿金系属真实,站在惩罚性赔偿金制度"惩""吓阻"机能的观点,亦属无可厚非。在现代社会,商品责任事件频仍,受害人人数众多,有时候每一人所受损失不大之情形下,惩罚性赔偿金足以鼓励一般人勇于提起诉讼,请求赔偿,也是阻止企业厂商为一己之利,从事危险商品活动,有效的社会控制方法。

惩罚性赔偿金制度在台湾地区学界开始引起注意者,为1991年2月4日制定的公平交易法[86]。该法第31条规定:"事业违反

---

[86] 在此之前,1928年10月6日制定的非常时期农矿工商管理条例第31条规定:"违反第12条之规定,而有投机、垄断或其他操纵行为者,处五年以下有期徒刑,并科所得利益1倍至3倍之罚金。";1985年7月10日修正的著作权法第33条第2项规定:"前项损害赔偿,除得依侵害人所得利益与被害人所受损失推定外,不得低于各该侵害著作权实际零售价格之500倍。无零售价格者,由法院依侵害情节定其赔偿额。"1992年6月10日再度修正著作权法第88条第2项规定:"依前项规定,如被害人不易证明其实际损害额,得请求法院依侵害情节,在新台币1万元以上50万元以下酌定赔偿额。如损害行为属故意且情节重大者,赔偿额得增至新台币100万元。"1985年11月29日修正之商标法第66条第1项第3款规定:"就查获侵害商标专用权商品零售单价500倍至1500倍之金额。但所查获商品超过1500件时,以其总价定赔偿金额。"1993年12月22日该项复修正为:"前项赔偿金额显不相当者,法院得酌减之。"1988年1月29日修正之证券交易法第157条之1第2项就违反禁止内线交易规定之行为,课予责任限额提高至3倍之损害赔偿等规定,是否为美国法上的惩罚性赔偿金,尚待进一步研究。惟此等规定于立法之后,并未引起学界广泛讨论,则是事实。(关于上述条文之引用,参照台湾大学博士班学生邱琦,于1997年6月12日,王泽鉴教授"民法与特别法专题"课程的期末报告。)

本法之规定,致侵害他人权益者,应负损害赔偿责任。"第 32 条第 1 项仿照美国 1914 年 Clayton Act 规定:"法院因前条被害人之请求,如为事业之故意行为,得依侵害情节,酌定损害额以上之赔偿。但不得超过已证明损害额之 3 倍。""被害人如因侵害行为受有利益者,被害人得请求专依该项利益计算损害额。"依该条款立法目的:"由于被害人常因损害额不大或甚难证明实际之损害范围,致不愿或不能向侵害人请求损害赔偿,此种情形将造成对不法侵害行为之纵容或鼓励。爰参照美国法立法例,明定法院因被害人之请求,得依侵害情节,酌定损害额以上之赔偿,但不得超过已证明损害额之 3 倍。"与美国惩罚性赔偿金制度的目的相合,并采美国若干州的立法例,规定惩罚性赔偿金的最高上限[87]。

在台湾地区第一次正式使用"惩罚性赔偿金"用语的条文,为 1994 年 1 月 11 日制定公布的消费者保护法。该法第 51 条规定:"依本法所提之诉讼,因企业经营者之故意所致之损害,消费者得请求损害额 3 倍以下之惩罚性赔偿金;但因过失所致之损害,得请求损害额 1 倍以下之惩罚性赔偿金。"该项规定之立法目的为:"为促使企业经营者重视商品及服务品质,维持消费者利益,惩罚恶性之企业经营者,并吓阻其他企业经营者,参酌美国、韩国立法例而有惩罚性赔偿金之规定。"[88]明白表示惩罚性赔偿金制度一般吓阻、特别吓阻以及报复惩罚之目的。

其后,1994 年 1 月 21 日修正公布之专利法,增订第 89 条第 3 项规定:"依前二项规定,侵害行为如属故意,法院得依侵害情节,

---

[87] 由于引进惩罚性赔偿金,与台湾地区民法损害赔偿制度之基本原则不符,因而引起学界的重视。参见曾世雄:《违反公平交易法之损害赔偿》,载政大法学评论,第 44 期。关于台湾地区法上惩罚性赔偿金规定的立法背景及立法过程,对该制度在台湾地区法制上的定位,甚关重要,有待进一步研究。惟因本文目的在探讨美国法之经验,以反省台湾地区相关现行立法之得失,故就台湾地区立法过程,尤其相关政治、经济因素之考量,进行台湾地区法有关惩罚性赔偿金制度发展之研究,因限于篇幅,容待日后另文撰述,再行检讨。

[88] "立法院"公报,第 82 卷第 73 期,第 104 页。

酌定损害额以上之赔偿。但不得超过损害额之 2 倍。"显然亦属惩罚性赔偿金之规定。1996 年 1 月 17 日制定公布之营业秘密法第 13 条第 2 项规定:"依前项规定,侵害行为如属故意,法院得因被害人之请求,依侵害情节,酌定损害额以上之赔偿。但不得超过损害额之 3 倍。"亦属相同之规定[89]。

综合台湾地区上述有关惩罚性赔偿金之规定,有二项特色。第一,除消费者保护法的规定外,其余均以侵害行为为故意者为限,始得为惩罚性赔偿金之判决。在过失侵害行为,则不得为之。此项立法方式,符合美国法上惩罚性赔偿金以处罚故意、恶性重大行为为主要对象的制度设计,基本上可资赞同。在公平交易法,以非法方法从事不公平竞争行为[90],在专利法,非法侵害他人之专利权[91],其违法行为大多为故意行为,故以故意侵权行为为判决惩罚性赔偿金之要件,已可规范大多数该等法律所欲规范之不法行为,应可达到其立法目的。在营业秘密法,侵害行为固可为故意或过失,但若属过失侵害营业秘密,衡以营业秘密一般不为人知的特性,被害人恶性并非重大到在社会通念上"无法容忍"的地步,不应处以惩罚性赔偿金,以免过苛。至于在消费者保护法,所规范者主要为商品制造人责任[92],制造商因瑕疵商品之设计、生产、制造而侵害消费者,故意行为,恶性重大者固属有之,但许多公司企业之设计、生产、制造瑕疵商品行为,毋宁以过失行为居多。且在此类案件,不同于违反公平交易法及专利法之案件,受害者经常难以

---

[89] 该条第 2 项之立法目的为:"加重故意侵害人之损害赔偿规定,期以高额倍数之赔偿,减少故意侵害之发生。……本条第 2 项系参酌公平交易法第 32 条第 1 项……至专利法第 89 条第 3 项虽规定……本条第 2 项舍'2 倍'而规定'3 倍',系因公平交易法第 19 条第 5 款本有营业秘密之部分规定,未免未来发生依公平交易法得请求 3 倍,而依营业秘密法仅得请求 2 倍之分歧规定,造成适用上之困扰,故援公平交易法之例而舍专利法之规定。"

[90] 参见,公平交易法第 3 章第 18 至 24 条。

[91] 参见,专利法第 88 条。

[92] 参见,消费者保护法第 7 至 10 条。

证明制造商为故意之行为,因商品之设计、生产、制造过程,一般鲜为人知,从而若就制造商之过失侵害行为排除惩罚性赔偿金之规范,一方面将使许多商品制造人责任案件免除惩罚性赔偿金之判决,以致消费者保护法"为促进人民消费生活安全"之立法目的无法达成。另一方面,也无法达成惩罚性赔偿金制度的"吓阻""惩罚"之功能。因为在制造商之故意侵害行为案件,制造商或许已经将其商品之危险性可能导致的赔偿,内化计算为商品价格,而由一般消费者分担,对制造商本身并无"惩罚"作用。(此在台湾地区对惩罚性赔偿金设有最高比例上限,尤其可能。)只有在过失侵害行为亦课以惩罚性赔偿金,方可促使商品制造人提高注意义务,及防止其因追求一己私利,无视消费者之危险,出产瑕疵商品。立法者或未注意及此,但法律规定则值赞同[93]。

台湾地区惩罚性赔偿金规定的第二项特色为,惩罚性赔偿金额度设有 2 倍或 3 倍的责任上限。此项规定之立法目的显然在于避免惩罚性赔偿金额过高,对加害人,尤其商品制造人造成过大负担,或令其破产,违反惩罚性赔偿金之制度设计目的。其前提假设无非是美国"惊人"的经验,亦即一再攀高的惩罚性赔偿金判决,影响国家经济,也不符合公平原则之要求。惟如本文所述,美国"惊人"的经验在实证研究上并非实在,惩罚性赔偿金额度一般均保持在中等、可接受的程度。特别高额之判决仅属偶然,且依惩罚性赔偿金之"惩罚""吓阻"目的,惩罚性赔偿金判决之不确定性,尚属需要。且在美国,造成偶尔的高额判决,系因陪审团判决之结果,经法官介入或上诉后,除非该不法行为显然恶性重大(例如:商品制造人明知汽车设计、制造有瑕疵,能予改正,却不为之。)鲜少有判决额度过高之情形。台湾地区并无陪审制度,损害赔偿额系由法官斟酌,不可能发生美国陪审团判决惩罚性赔偿金过高之问题。且依台湾地区以往判决精神慰抚金一向偏低之情形以观,法院判

---

[93] 关于消费者保护法有关过失侵害行为亦课以惩罚性赔偿金之立法过程,参见,杨靖仪,前揭注 1,第 108 页。

决惩罚性赔偿金,即便无倍数限制之责任上限,亦无可能发生"令人震惊"的高额判决。2倍或3倍的上限,毋宁可使加害人,尤其企业经营者,计算赔偿金,内化为商品价格,减少自身之负担,而毁坏惩罚性赔偿金制度之设计目的。美国固有5个州有类似比例上限之规定,但法官在特定情形下(例如:被告不法行为显然恶性重大,或被告继续为不法行为,或原告提出"明白而有说服力的证据"证明有更大的损害。),可不受上限规定之限制[94],以免上限规定过于严苛而丧失惩罚性赔偿金制度之功能。台湾地区法并无类似的缓和条款,对惩罚性赔偿金功能之发挥,显有阻碍,尚非妥适之立法。毋宁废除惩罚性赔偿金之倍数上限,更能发挥其"惩罚""吓阻"之功能。

本文曾发表于台大法学论丛第27卷第1期,第231—264页(1997)

---

[94] 参见 Rustad & Koenig, *supra* note 19, at 1280, n.67。

第八章　保险给付、损益相抵与赔偿代位
——评1999年台上字第353号判决

壹、案例事实[1]

本案之被告 Y1 于 1985 年 3 月间驾驶另一被告 Y2 公司所有之营业大客车,在台北市八德路四段,因疏于注意,与原告 X 驾驶之重型机车擦撞肇事,致原告 X 头部受伤,颅内出血,造成右侧肢体无力及语言功能毁坏等情事,原告乃依侵权行为法之法律关系,起诉请求被告 Y1 与 Y2 连带赔偿医疗费、劳动能力损失与精神上之损害赔偿等。

原审法院认为,被告 Y1 所驾大客车系在第二车道变换至第一车道,尚未完全进入第一车道时,大客车右前侧身在第二车道擦撞机车。肇事路段为市区双向六车道,依道路交通安全规则之规定,汽车在超过四车道之道路行驶时,大型汽车不得在内侧车道行驶;变换车道时,应注意安全距离。被告 Y1 以驾驶营业大客车为业,对道路交通安全规则知之甚稔,依当时情况,并无不能注意之情事,讵其驾驶大客车,竟疏于注意,而变换至内侧车道,被告 Y1 复称当时未看到机车,足证被告 Y1 于变换车道时,未注意与他车保持安全距离,就本件车祸,显有过失。被告 Y1 之过失行为与原告 X 所受伤害具有相当因果关系,被告 Y1 就原告 X 所受伤害应负过失侵权行为责任。被告 Y2 公司为被告 Y1 之雇用人,应依侵权行为之法律关系负连带赔偿责任。

关于医疗费用部分,原审法院认为,原告 X 主张支出住院开

---

[1] 本件判决刊载于"司法院"公报,第41卷第12期,1999年12月。

刀、诊察费、病房费、膳食费等必要医疗费用，以及复健器材、热敷垫、绑脚、四脚拐及灌食空针、纸尿裤等均属必要复健费用及医疗支出，应予准许。原告X主张之医疗费用计55万1006元。原告X虽因参加全民健康保险而获有医疗保险给付，惟保险制度旨在保护被保险人，非为减轻损害事故加害人之责任，原告X对于被告之赔偿请求权，不因中央健康保险局代为给付医疗费用而丧失（1979年台上字42号判例参照）。

惟原告X驾驶重型机车未依规定车道行驶，亦为肇事原因，审酌被告Y1与原告X之过失程度，认被告Y1应负十分之六之赔偿责任为适当。从而原告X请求被告Y1与Y2连带赔偿医疗费、劳动能力损失与精神上之损害赔偿等为有理由。

贰、判决要旨

"最高法院"认为：按保险制度旨在保护被保险人，非为减轻损害事故加害人之责任。保险给付请求权之发生，系以定有支付保险费之保险契约为基础，与因侵权行为所生之损害赔偿请求权并非出于同一原因。后者之损害赔偿请求权，殊不因受领前者之保险给付而丧失，两者除有《保险法》第53条关于代位行使之关系外，不生损益相抵问题，固经本院著有1979年台上字第42号判例。惟该判例系针对保险法而为，旨在阐述保险人得代位行使被保险人对于加害人之损害赔偿请求权时，被保险人即不得再向加害人请求损害赔偿。尚难依该判例而谓除保险法第53条规定之情形外，纵保险法以外之法律有保险人得代位行使被保险人之权利之规定，被保险人于受领保险给付后，仍得向加害人请求损害赔偿。次按依《保险法》第135条准用第103条规定，伤害保险之保险人固不得代位行使被保险人对于加害人之损害赔偿请求权，惟全民健康保险法第82条规定："保险对象因汽车交通事故，经本保险提供医疗给付者，本保险之保险人得向强制汽车责任保险之保险人代位请求该项给付。"全民健康保险法为保险法之特别法，依特别法优于普通法之原则,《全民健康保险法》第 82 条应优先于《保险法》第 135、103 条之规定而为适用。从而全民健康保险之被保险人因汽车交通事故,经全民健康保险提供医疗给付者,全民健康保险之保险人自得向强制汽车责任保险之保险人代位请求该项给付。而依强制《汽车责任保险法》第 30 条规定,于该范围内,加害人或强制汽车责任保险之被保险人之损害赔偿责任即因而解免,全民健康保险被保险人对于加害人之损害赔偿请求权亦因而丧失。查被上诉人因参加全民健康保险而获得医疗保险给付及基隆客运公司为专业运输公司,乃原审所确定之事实,基隆客运公司自应依强制汽车责任保险法第四条规定投保汽车责任保险,揆诸上开说明,被保险人即被上诉人原得请求上诉人给付之医疗费中已获医疗保险给付部分之权利,已因全民健康保险法第 82 条之规定而移转予保险人,被上诉人是否仍得行使,非无疑义。原审未尽明了本院上开判例之意旨,径依该判例而谓被上诉人仍得请求上诉人赔偿医疗费之损害,自属违误。上诉论旨指摘原判决此部分违背法令,声明废弃,为有理由。因原审未就被上诉人所获医疗保险给付金额为认定,此部分自应予发回。

叁、判决评析

本案原审法院认为原告主张侵权行为损害赔偿请求权时,纵使原告之医疗费用业已由全民健康保险局加以给付,但加害人于损害赔偿时,仍不得主张损益相抵,扣除原告已受领之保险给付。原审法院之依据为"最高法院"1979 年台上字第 42 号判例。本案"最高法院"则认为前开判例"旨在阐述保险人得代位行使被保险人对于加害人之损害赔偿请求权时,被保险人即不得再向加害人请求损害赔偿。尚难依该判例而谓除《保险法》第 53 条规定之情形外,纵保险法以外之法律有保险人得代位行使被保险人之权利之规定,被保险人于受领保险给付后,仍得向加害人请求损害赔偿。"申言之,"最高法院"在本案认为:(1) 该院 1979 年台上字第

42号判例在于阐述保险人得依《保险法》第53条行使代位权时,被保险人不得再向加害人请求损害赔偿之原则。(2)《全民健康保险法》第82条为保险法之特别法,系属代位求偿权之规定,在被保险人已受领医疗保险给付后,即不得再向加害人请求损害赔偿。(3)依强制汽车责任保险法第30条规定,加害人于保险人为保险给付后,在给付范围内,即免除损害赔偿责任。全民健康保险被保险人对于加害人之损害赔偿请求权亦因而丧失。至于保险人代位求偿权之规定与损益相抵之关系,本件判决似未明白表示说明。

　　本件"最高法院"见解,重新阐述该院1979年台上字第42号判例之意义,力图在"不变更"判例意旨之范围内,达到与加害人得以对被害人之保险给付主张损益相抵之相同目的,亦即被害人不得获取双重赔偿。按诸本案判决以1979年关于损益相抵最重要的判例作为论述之开端,寓有澄清20年来实务见解之目的,与20年来实务之立场大异其趣,使损益相抵与赔偿代位之关联,陷入混淆,有加以澄清之必要。本件"最高法院"判决引起之问题在于:(1)该院1979年台上字第42号判例之意旨,就损益相抵采取何种立场?有何弊端?(2)保险人代位求偿权之规定,可否作为加害人主张损益相抵之依据?(3)加害人可否以强制汽车责任保险法之规定,主张全民健康保险被保险人对于加害人之损害赔偿请求权,因受领健保给付而丧失?(4)最终的问题在于,加害人可否以被害人支付保险费而获得的保险给付利益,在受损害赔偿请求时,主张损益相抵,减免给付?

一、损益不相抵与双重赔偿

　　所谓损益相抵,系指损害事故发生后,赔偿权利人受有损害,同时因发生损害之原因事实受有利益,赔偿义务人于赔偿损害时,得于赔偿额中扣除赔偿权利人所得之利益。台湾地区民法在1999年4月修订前,并无关于损益相抵的规定,但学说与实务均承认之。新修订《民法》第216条之1规定:"基于同一原因事实受有损害并受有利益者,其请求之赔偿金额,应扣除所受之利益。"明文承认损益相抵之适用。

损益相抵之理论依据,有利益差额说与不当得利禁止说。台湾地区最高法院系采利益差额说,例如27年度沪上字第73号谓:"损害赔偿,除法律另有规定或契约另有订定外,应以填补债权人所受损害及所失利益为限,为《民法》第216条第1项所明定。故同一事实,一方使债权人受有损害,一方又使债权人受有利益者,应于所受之损害内,扣抵所受之利益,必其损益相抵之结果尚有损害,始应由债务人负赔偿责任。"[2]学者通说则采不当得利禁止说,认为被害人不应因损害赔偿之结果,取得超越损害事故发生时的利益[3]。

至于损害赔偿事件发生时,被害人获得何种"利益",加害人可主张损益相抵而减轻赔偿金额,在理论上,早期有损益同源说,认为损益相抵以损害与利益须由同一事故发生为必要。其后有相当因果关系说,认为所有与损害事件具有相当因果关系之利益,均得与损害相抵。近来学说则力主法规意旨说,主张第三人之给付是否与损害赔偿请求权相抵,应依法规目的或第三人给付之目的判断之。例如第三人之赠与,目的在使受害人获得心理上的补偿,而非代替赔偿义务人负责,加害人不得于赔偿损害时,主张损益相抵[4]。

台湾地区实务上关于损益相抵之判断,采取损益同源说。例如"最高法院"1996年度台上字第1127号判决:"依《民法》第216条第1项规定,损害赔偿既以填补债权人所受损害及所失利益为限,则损害赔偿之债权人,基于与受损害之同一原因事实,受有利益,自应于所受之损害内,扣除所受之利益,以为实际之赔偿额。此损益相抵之原则,于损害与利益,系基于同一原因事实而生者,

---

[2] "最高法院":《判例要旨》(上册),第132页。
[3] 曾世雄:《损害赔偿法原理》1986年版,第189—190页;李惠宗:《损益相抵中可扣抵之利益》,载军法专刊,第29卷第9期,1983年,第23页。
[4] 曾世雄,前揭书,前注3,第195—199页;李惠宗,前揭文,前注3,第24页;拙撰《连带债务之研究》,台湾大学法律学系硕士论文,1990年5月,第265—269页。

即可适用[5]。"新修订《民法》第 216 条之 1 规定,"基于同一原因事实受有损害并受有利益者",始得扣除所受之利益,与法院同采损益同源说,殆无疑义。

关于损害赔偿请求权人受领保险给付时,赔偿义务人得否主张损益相抵,通说采否定说。曾世雄教授对于损益相抵之利益,采取法规目的说,对于保险金给付,被害人可否主张损益相抵,认为:"因损害事故之发生,赔偿权利人同时基于保险契约取得保险金额给付请求权。此二请求权虽具同一目的,然其内容不一。赔偿权利人请求赔偿义务人赔偿时,赔偿义务人亦不得主张保险金额给付请求权乃一种利益而要求损益相抵。"[6]史尚宽先生主张损害与利益须基于同一之原因,始可相抵,认为:"人身保险于事故发生前,既已发生被保险人之债权,仅其期限为不确定,故保险金之取得,不得谓为基于事故发生之利益。……在损失保险,则以填补被害人之损失为目的,此时加害人之赔偿义务与保险人之支付义务,为损害赔偿义务之竞合,依一方之实行而受损失之填补,他方即归消灭,然此非损益同销之理论。"[7]梅仲协教授认为,损益相抵之利益,必须与损害事故具有适当之因果关系,"被害人若投保伤害保险者,因保险契约所生之保险金请求权,义务人不得主张抵补。盖此项请求权,并非完全基于身体伤害之一事实,乃依据保险契约关系及被害人支付保险费而生者[8]。"类似见解尚有孙森焱大法官谓:"保险金额之给付请求权系因保险契约所发生,其目的亦在于填补损害,故与损害赔偿请求权竞合。赔偿权利人请求赔偿时,义务人不得以权利人另有保险金额给付请求权可资行使而主张损益相抵。"[9]综上所述,学说上对于损益相抵之利益无论采取法规目的说、损益同源说或相当因果关系说,均认为被害人获得之保险

---

[5] "最高法院":《民事裁判书汇编》,第 24 期,第 86—94 页。
[6] 曾世雄,前揭书,前注 3,第 208—209 页。
[7] 史尚宽:《债法总论》,第 298—299、302 页。
[8] 梅仲协:《民法要义》,1954 年,第 162 页。
[9] 孙森焱:《民法债编总论》上册,1999 年,第 451 页。

金请求权,加害人不得据以主张损益相抵,换言之,被害人得同时主张保险给付与对加害人之损害赔偿,而获得双重赔偿。

"最高法院"1979年台上字第42号判例依据损益同源说,采取上述学说之见解,谓:"按保险制度旨在保护被保险人,非为减轻损害事故加害人之责任。保险给付请求权之发生,系以定有支付保险费之保险契约为基础,与因侵权行为所生之损害赔偿请求权并非出于同一原因。后者之损害赔偿请求权,殊不因受领前者之保险给付而丧失,两者除有保险法第53条关于代位行使之关系外,不生损益相抵问题。"

"最高法院"在本件判例基于损害与利益必须基于同一事实之理由,认为侵权行为加害人不得以被害人受领保险给付而主张损益相抵,此由判例意旨谓"后者之损害赔偿请求权,殊不因受领前者之保险给付而丧失"甚为明白。换言之,被害人可因而获得双重赔偿。若发生保险法第53条之规定时,保险人得于给付保险金额后,直接对加害人主张代位求偿权,因而该判例后段谓"两者除有保险法第53条关于代位行使之关系外,不生损益相抵问题。"据此,"最高法院"在本件判例严格区分损益相抵与代偿请求权系属不同之制度,二者不容相混。实务上嗣后即依据本件判例,认为被保险人得享有保险给付与损害赔偿之双重利益[10]。

---

[10] 参见1997年度台上字第3522号;台湾澎湖地方法院1996年度诉字第50号(台湾澎湖地方法院民事裁判书汇编,1997年全1册,第24—30页)。"司法院"(1986)厅民一字第1634号函同样采取双重赔偿说:"法律问题:公务员某甲遭某乙驾车撞伤,送医治疗,其医药费已由保险机关中央信托局支付,则某甲能否请求某乙赔偿医药费?司法院第二厅研究意见:保险制度旨在保护被保险人,非为减轻损害事故加害人之责任。保险给付请求权之发生,系以定有支付保险费之保险契约为基础,与因侵权行为所生之损害赔偿请求权,并非出于同一原因,后者之损害赔偿请求权,殊不因受领前者之保险给付而丧失,两者除有保险法第53条关于代位行使之关系外,并不生损益相抵问题(参见1979年台上字第42号判例),题示某甲遭乙撞车,其医药费虽已由保险机关中央信托局支付,除该机关依保险法第53条第1项行使代位权外,某甲仍得向某乙请求赔偿医药费。研讨结论采乙说核无不合。"("司法院":《民事法律问题研究汇编》,第5辑,第149页。)

依据保险给付与损害赔偿不相抵之原则,被保险人可以获得双重赔偿,与损害赔偿制度在于填补损害之原则不符,其立论基础,传统上认为小心谨慎之被保险人,购买保险,应享受其谨慎小心之利益。否则被保险人缴交保费,却无法享受利益,无异对被保险人加以处罚,并非合理[11]。

支持双重赔偿制度者认为,被保险人缴交保险费,在于提供可能发生之医疗给付,保险给付之利益应由被保险人享有,而非由侵权行为加害人享受,纵使因而发生不当利得,亦应由被保险人取得,而非使加害人因而免除不法行为之责任。且由被保险人同时享有保险给付与损害赔偿请求权,具有鼓励人民为人身伤害购买保险之意涵,购买保险具有投资性质,无论损害事故发生时,是否尚有其他损害赔偿请求权,均应给予保险给付。若加害人得主张保险给付之损益相抵,则被害人投保保险,缴交保险费,并未获取利益,其受法律保护之地位,反不如未参加保险之被害人,其不公平,显然可见[12]。加害人对于保险给付,既未支付任何费用,不应享受被保险人支付保费之保险契约利益[13]。

就当事人之关系言,保险人与加害人并无任何关系,对被害人而言,二者并非共同侵权行为人,保险人之给付,不应免除加害人之责任。在二者之间,考量何人应对损害事故发生负最终赔偿责

---

[11] Kenneth S. Abraham, The Forms and Functions of Tort Law, 214—215 (New York: The Foundation Press, Inc. 1997) [hereafter cited as Abraham, Tort Law].

[12] Helfend v. Southern California Rapid Transit District, 2 Cal. 3d 1, 84 Cal. Rptr. 173, 465 P. 2d 61 (1970). See Robert Keeton, Lewis Sargentich, & Gregory Keating, Tort And Accident Law: Cases and Materials, 515 (1998) [hereafter cited as Keeton et al., Tort].

[13] Brown v. American Transfer and Storage Co., 601 S. W. 2d 931, 934 (Tex.). cert denied, 449 U. S. 1015 (1980); Fleming, Introduction to the Law of Torts, 131 (1967); Harding v. Town of Townshend, 43 Vt. 536 (1871). See Richard Epstein, Cases and Material on Torts, 907 [(hereafter cited as Epstein, Torts].

任时,应由具有过失之加害人,而非由保险人负担最终赔偿责任。因而若在保险人与加害人之间,有应享受损益相抵之利益者,应属保险人,而非加害人[14]。

就侵权行为法之功能言,侵权行为法之功能除损害填补外,尚有吓阻行为人从事侵权行为之目的。若加害人就保险给付得主张损益相抵,无须负担行为结果之全部成本,侵权行为法对于加害人之吓阻作用,将因而丧失或减损,与侵权行为法之目的不合[15]。纵使依据损害填补之原则,因被害人在侵权行为诉讼中通常对于若干损害无法获得全部赔偿,例如慰抚金请求、律师费用、进行诉讼之额外支出等(如医疗证明书申请费),使被害人获得双重赔偿,实际上未必即为真正损害之二倍,可能仅为被害人实际损害之补偿,被害人并未实际获得双重赔偿[16]。至于在未来保险给付之案件,被害人尚未受领保险给付,依据保险契约,未来有受领保险给付之可能,若许加害人主张损益相抵,如何计算被保险人之可能利益,甚为困难。盖被保险人将来受领保险给付之数额多寡,难以确定,徒增诉讼上之困扰[17]。

反对保险给付与损害赔偿并存的双重赔偿制度者提出以下几点理由:首先,被保险人购买保险,交付保费,目的在于获得保险事故发生时迅速而确实之理赔,而不在于因而获得额外之加害人损害赔偿。亦即被保险人购买保险支出之对价,不包含额外之获利,

---

[14] Harding v. Town of Townshend, 43 Vt. 536 (1871). See Epstein, Torts, *supra* note 13, at 907—908. 德国学说认为保险人给付后,不发生损益相抵;但加害人先为赔偿给付时,保险人之损害填补义务于该赔偿范围内消灭,而发生"单面损益相抵"之情形。参见拙撰,前揭文,前注 4,第 271 页。

[15] Kenneth S. Abraham, Tort Law, *supra* note 11, at 216.

[16] Kenneth S. Abraham, *What is a Tort Claim? An Interpretation of Contemporary Tort Reform*, 51 Maryland L. Rev. 172, 190 [hereafter cited as Abraham, *A Tort Claim*].

[17] Abraham, Tort Law, *supra* note 11, at 219; Dominick Vetri, Tort Law and Practice, 453 (1998).

从而以被保险人支付保费作为获取双重赔偿之理由，并不充分[18]。何况现代保险给付甚多为社会保险，并非被保险人自愿缴交保费之结果，与被保险人本身的小心谨慎无关；支付保费者亦非被害人，可能是政府或赔偿义务人（如雇用人），由被害人同时受领双重赔偿，并非妥当[19]。

就侵权行为法之吓阻功能而言，若保险给付仅构成全部损害赔偿的一小部分时，纵使扣除保险给付之数额，加害人仍须负担高额损害赔偿，吓阻功能并未因损益相抵而丧失[20]。

赞成被害人获得双重赔偿者认为，被告应受惩罚，不应减轻赔偿责任。但反对说者认为，惩罚功能应由惩罚性赔偿金制度加以规范。且基于保险机制，最终负担损害赔偿责任者并非加害人，而系责任保险之保险人或支付保费之大众。至于未购买保险之被告，纵有巨大金额之判决，仍无法予以赔偿，惩罚目的仍然无法达成[21]。基于侵权行为法在于填补损害，而非惩罚被告，无损害即无赔偿，若被害人已受领保险给付，应得主张自其损害赔偿数额中予以扣除[22]。

就被害人损害无法全部获得赔偿之见解，反对说认为，慰抚金之量定，本身具有弹性，法院考量慰抚金数额时，可能已将诉讼进行之成本、律师费用等加以考虑，此由高额之慰抚金判决，即可得知。何况保险给付之利益纯属偶然之利得，与损害填补毫无关系，

---

[18] *Unreason in the Law of Damages*: *The Collateral Source Rule*, 77 Harv. L. Rev. 741, 751 (1964).

[19] Abraham, Tort Law, *supra* note 11, at 215.

[20] George Christie, James Meeks, Ellen Pryor, & Joseph Sanders, Cases and Materials on the Law of Torts, 744 (1997) [hereafter cited as Christie et al., Torts].

[21] *Unreason in the Law of Damages*: *The Collateral Source Rule*, 77 Harv. L. Rev. 741, 749.

[22] Victor E. Schwarts, *Tort Law Reform*: *Strict Liability and the Collateral Source Rule Do Not Mix*, 39 Vand. L. Rev. 569, 571 (1986).

不应由被害人重复得利[23]。

再就保险费之市场运作而言,若保险给付与损害赔偿不相抵,被害人可得双重赔偿,必然增加保险人之成本,保险人只得提高保险费,以反应其成本。其结果为增加一般人购买保险之费用,以填补被害人之双重获利,是否合理,甚有疑问[24]。

关于双重赔偿制度之争执,美国法院之传统见解系采双重赔偿制度,认为被害人受领保险给付,无论系被害人自行保险或社会保险给付,加害人均不得于损害赔偿额中扣除[25]。但近年来,在美国侵权行为法之改革潮流下,各州基于利益团体之压力,逐渐以立法方式变更传统见解,规定保险给付可作为扣除损害赔偿额之利益[26]。

美国立法趋势在于避免被害人获得双重赔偿之利益,以符合损害填补之原则。在美国各州以立法方式废除双重赔偿制度前,实务上系以保险契约条款约定代位求偿权之方式,以避免被害人双重获利。按代位求偿权在于避免被害人获取双重赔偿,与损益相抵之原则系属二事。申言之,在保险人依据保险契约对受害人负担全部或一部赔偿责任时,此项义务之目的仅在使受害人尽早获得赔偿,及承担受害人可能对加害人无法获得赔偿之危险,而非

---

[23]　77 Harv. L. Rev. 750. 在台湾地区慰抚金之判决,一般有偏低趋势,因而美国学者之此项论点,在台湾地区未必适用。

[24]　Dan Dobbs & Paul Hayden, Torts and Compensation: Personal Accountability and Social Responsibility For Injury, 781 (3rd ed., 1997) [hereafter cited as Dobbs et al., Torts].

[25]　Epstein, Torts, *supra* note 13, at 910—911; Washington v. Barnes Hospital, 897 S.W.2d 611 (Mo. 1995). *See* Vetri, *supra* note 17, at 451.

[26]　在1985年之前,有17个州就医疗过失案件,允许被告提出原告受领保险给付之事实,供陪审团判决损害赔偿数额之参考。截至1995年,美国超过三分之一的州立法,废除或修订保险给付与损害赔偿不相抵之原则。See Keeton et al., Tort, *supra* note 12, at 520—521. 关于改革之后,对于侵权行为损害赔偿之影响,尤其使购买保险者与无保险给付者,获得相同之赔偿,是否合理之检讨,参见 Abraham, *A Tort Claim*, *supra* note 16, at 192—195。

在使受害人获得双重赔偿。但由于加害人对于损害发生较近,负有终局赔偿责任,不得对保险给付主张损益相抵,因而受害人对加害人之赔偿请求权,不因保险人之给付而减缩。惟为避免被害人双重获利,乃赋予保险人以求偿权,使加害人之责任与被害人之损害填补取得平衡[27]。台湾地区法为防止被害人双重获利之方式,即为法定赔偿代位之规定。

二、损益相抵与赔偿代位

本案"最高法院"依据《全民健康保险法》第82条之规定:"保险对象因汽车交通事故,经本保险提供医疗给付者,本保险之保险人得向强制汽车责任保险之保险人代位请求该项给付。"认为该条为保险法之特别法,全民健康保险之被保险人因汽车交通事故,经全民健康保险提供医疗给付者,全民健康保险之保险人自得向强制汽车责任保险之保险人代位请求该项给付,因而全民健康保险被保险人对于加害人之损害赔偿请求权随之丧失。最高法院以《全民健康保险法》第82条关于赔偿代位之规定,作为交通事故被害人丧失对于加害人损害赔偿请求权之基础,目的在于解释"最高法院"1979年上开判例所谓"除有《保险法》第53条关于代位行使关系外"之意义,亦即在法令具备代位权之规定时,即有损益相抵之适用。

以赔偿代位之规定,作为适用损益相抵之前提,为学说之一贯见解。例如郑玉波教授认为保险法第53条关于赔偿代位之规定,系属损益相抵之表现[28]。曾隆兴法官谓:"被害人加入健康保险或伤害保险,所得保险金系给付保险费之对价,且保险公司支付保险金之目的,并非在于填补可归责于加害人之损害,自与加害人之

---

[27] 杨仁寿:《论权利代位之取得与行使》,载法令月刊,第42卷第4期,第10页;拙撰,前揭论文,注4,第270—271页。

[28] 郑玉波:《论过失相抵与损益相抵之法理》,载《军法专刊》第25卷第8期,第6页。

侵权行为全无关系,依保险法第 130 条及第 135 条准用第 103 条规定,保险人无代位权,自不得损益相抵[29]。""其他保险金,如火灾保险、海上保险金、陆空保险金、其他财产保险金及责任保险等,被害人由保险公司领取保险金时,依保险法第 53 条之规定观之,既由保险人对于第三人取得代位行使被保险人之请求权,则为免加害人重复赔偿,自应自损害总额中扣抵已受领之保险金额。"[30]换言之,在保险人有代位权时,即有损益相抵之适用,若保险人无代位权,则无损益相抵之适用。

以保险人是否具有代位求偿权作为加害人可否主张损益相抵之依据,是否妥当,颇有疑义。首先,依据代位求偿权系属法定债权移转之见解[31],在保险人为保险给付前,债权尚未移转,被害人对于保险人之保险金请求权与对加害人之损害赔偿请求权竞合,被害人可任择其一行使,加害人不得主张于将来保险给付范围内损益相抵。加害人为赔偿给付后,因被害人损害已经填补,保险人即无给付赔偿金之必要[32]。盖保险人代位权之规定,表示保险人仅就被保险人之损害填补提供保证,保障被保险人生活之安定,而非在于为其创造额外财富[33]。

反之,在保险人为保险给付后,被害人对加害人之损害赔偿请求权固移转于保险人,但若承认加害人可对被害人在保险给付范

---

[29] 曾隆兴:《民法债编总论》,1996 年版,第 330 页。
[30] 曾隆兴,前揭书,前注 29,第 331 页。
[31] 关于保险人代位被保险人向第三人请求赔偿之权利的法律性质,学说上有债权主义与物权主义之说。债权主义认为保险人于给付赔偿金后,并不当然取得被保险人对第三人之求偿权,尚须经被保险人之让与行为,使得为之。物权主义则认为,保险人于给付赔偿金后,被保险人对第三人之赔偿请求权当然移转于保险人,无待被保险人之让与行为。台湾地区通说对于保险法第 53 条之代位求偿权,采取物权主义。参见施文森:《代位权之研究》,收录于陈继尧教授退休纪念论文集,1997 年,第 907—908 页。
[32] 杨仁寿,前揭文,前注 27,第 10 页。
[33] 施文森,前揭文,前注 31,第 906 页。

围内主张损益相抵,则被害人在保险给付范围内之损害既不存在,保险人何以得向加害人代位求偿?为使保险人之代位求偿权有效行使,应认为保险给付之利益不应与被害人之损害相抵[34]。至于被害人不得向加害人就损害全部请求赔偿,实非因加害人主张损益相抵之故,而系因被害人之权利已部分移转于保险人,权利主体既已变更,乃不得再为全额请求。若保险人给付赔偿金后,加害人不知其事,仍为全额赔偿,因被害人之债权已经移转,就保险人给付范围内,应构成非债清偿,加害人对被害人得依不当得利之规定,请求返还,保险人则仍然保有对加害人之代位请求权[35]。然而若保险人怠于行使代位求偿权,加害人对被害人主张部分债权已移转于保险人而减轻赔偿,受有利益时,可能发生被害人投保,但加害人受益之不公平现象[36]。

此外,对于代位求偿权若不采法定债权移转说(债权主义),认为保险法第53条须在保险人为保险给付后,经由被害人让与损害赔偿请求权,保险人始有权对第三人主张损害赔偿,则在被害人之债权移转于保险人之前,加害人对被害人之赔偿请求,仍应为全部损害赔偿。但因保险人业已给付保险金,保险人就保险给付之范

---

[34] 德国法院采取此项见解。参见,曾世雄,前揭书,前注3,第207页注2。
[35] 马维麟博士认为,在此情形,非加害人对被害人主张不当得利,而系由保险人对被保险人请求不当得利之返还(马维麟,民法债编注释书(二),第174页)。实者,被保险人之债权既已移转于保险人,加害人对被保险人之给付,并未使保险人之债权消灭,而系被保险人无债权而受清偿,应由加害人对被保险人主张不当得利。此外,孙森焱大法官认为,被保险人于受领医疗保险给付后,再由加害之第三人获取损害赔偿时,即为重复受利,被保险人应就该重复受领部分,返还利益于保险人,以符合保险责任之意旨(孙森焱:《论劳工保险医疗给付之代位求偿》,收录于陈继尧教授退休纪念论文集,第953页)。孙大法官之结论与前述马维麟之结论相同。
[36] Abraham, Tort Law, *supra* note 11, at 216—218.

围内,应得向被害人依不当得利请求返还[37]。

据上所陈,在法令具有保险人代位求偿权之规定时,不发生被害人获得双重赔偿之问题,且为确保保险人有效行使代位求偿权,加害人更不得在保险给付范围内主张损益相抵。亦即纵使保险人享有代位求偿权,加害人仍不得主张损益相抵,反而是因保险人享有代位求偿权,加害人不应主张损益相抵,以免保险人无从求偿。综合言之,在保险人为保险给付前,加害人对于被害人之赔偿请求,应为全部赔偿,不得主张损益相抵。此时损害业已填补,保险人无须再为保险给付。反之,在保险人为保险给付后,加害人对于被害人之损害赔偿请求,依据法定债权移转说,得主张在保险给付范围内,被害人已无债权,加害人仅于保险给付范围外,对被害人负担赔偿债务,此与损益相抵之理论无涉。保险人对加害人得主张代位求偿权,自不待言。在保险人代位求偿权不采法定债权移转说时,在被害人让与损害赔偿请求权之后,加害人固可对被害人之赔偿请求,主张部分债权不存在;但在被害人让与损害赔偿请求权之前,加害人对于被害人之损害赔偿请求,应全额赔偿。至于保险人是否向被害人之双重赔偿主张不当得利返还,则系另一问题,与损益相抵无涉。

三、医疗保险给付与赔偿代位

依据 1979 年台上字第 43 号判例,被害人可获取双重赔偿,亦

---

[37] 在代位求偿权不采法定债权移转说时,若保险人未对被保险人主张不当得利,请求返还保险金,将发生被害人双重获利之结果。惟如本文所述,对于代位求偿权之性质采取法定债权移转说时,被害人对于加害人之损害赔偿请求权于保险人为保险给付时,即移转于保险人,加害人于嗣后受损害赔偿请求时,可主张被害人之债权已移转,而减轻赔偿。此时,若保险人怠于行使代位求偿权,加害人将因而获利。关于代位求偿权之法律性质,通说固采法定债权移转说,但保险给付既由被保险人给付保险费作为代价,加害人并无任何支出,与其由加害人可能因减低赔偿而受益,毋宁应由被保险人获得可能的双重赔偿,较为合理。据此而论,代位求偿权之性质以采非法定债权移转说为佳。

即损害事故发生时,被害人可同时享有保险给付与损害赔偿。在本件发生之问题在于,被害人可否同时保有医疗保险给付与加害人之损害赔偿。就此问题,孙森炎大法官认为 1979 年之上开判例"重点似在说明不发生损益相抵问题,至于有无适用保险法第 53 条规定之情形,则未明言。……医疗给付是否亦应准用保险法第 103 条规定而谓保险人不得代位行使要保人或受益人因保险事故所生对于第三人之请求权?本判例所由来之判决并未涉及[38]。"孙大法官在其新修订民法债编总论进一步认为:"本判例主要意旨在阐释损益相抵问题,实务上演绎为身体、健康被侵害者,经保险人依保险给付予以医疗,此项医疗费用虽非被害人支出,亦得由被害人直接向加害人请求赔偿,致被害人获得未实际支出之医疗费用赔偿。惟全民健康保险法第 82 条规定全民健康保险法之保险人经提供医疗给付者,保险人得向强制汽车责任保险之保险人代位请求该项给付。是医疗给付之费用为得代位请求之权利。事实上,上开判例并非就保险之医疗给付而为说明,实务上扩张其适用,尚非正确[39]。"

依据孙大法官之见解,交通事故受害人受领全民健康保险给付后,于保险给付范围内,不得再向加害人请求赔偿,盖全民健康保险法第 82 条具有代位求偿权之性质。关于保险人对于被害人提供医疗给付后,可否代位被害人对于第三人求偿,台湾地区学说上多认为关于医疗给付,保险人之给付目的在于填补被保险人因医疗支出所发生之损失,被保险人不应因疾病或受伤害治疗而获得不当得利,因而保险人对于医疗给付应具有代位权[40]。学说之见解,在于肯认被害人无获取双重赔偿之权利。依据全民健康保险法第 82 条之规定,因汽车交通事故而提供医疗给付者,全民健康保险人得对强制汽车责任保险之保险人主张代位求偿,明文承

---

[38] 孙森炎,前揭文,前注 35,第 955 页。
[39] 孙森炎,前揭书,前注 9,第 470—471 页。
[40] 刘宗荣:《保险法论》,第 253、255 页;江朝国:《保险法论》,第 72 页;孙森炎,前揭文,前注 35,第 953 页。

认保险人之代位权,目的亦在于避免受害人获得双重补偿。因而在全民健康保险之保险人为医疗给付后,被害人之损害赔偿请求权,依据通说,应法定移转于保险人,被害人因债权已不存在,不得再向加害人就保险给付之范围内,请求损害赔偿。

本案"最高法院"之判决意旨,应解为在保险人具有代位求偿权时,因债权移转于保险人,被害人即无双重受偿之权。至于加害人对于保险给付可否主张损益相抵,仍应依据1979年台上字第43号判例之见解决定之。申言之,在保险人无代位求偿权时,因加害人无法就被保险人已受领之保险给付主张损益相抵,复无法抗辩被害人之损害赔偿请求权已移转于保险人,被害人将获得双重赔偿。反之,在保险人享有代位求偿权时,加害人固仍不得主张损益相抵,但可抗辩权利已移转于保险人,而扣减赔偿金额,但因保险人对加害人得主张求偿权,加害人最终仍负担全部损害赔偿责任。

"最高法院"在本案判决采取废弃被害人双重受偿之见解,衍生之问题在于,本案判决意旨是否于其他保险给付一体适用?亦即在全民健康保险法以外之医疗给付,是否均有保险人代位权之适用,或被害人均不得双重获偿?例如:劳动职业灾害补偿,劳工于受领伤害给付后,保险人得否主张代位求偿权,或被害人可否重复对第三人请求损害赔偿?本文认为《全民健康保险法》第82条本身既对代位权行使之范围加以限制,在无法定代位权之规定时,保险人仍无法取得代位求偿权[41],被害人得向第三人重复请求损害赔偿,而获得双重利益。"最高法院"之本案判决,仅止于宣示代位求偿权之规定,具有法定债权移转之效果,被害人因而无法双重获利,但尚未因而谓被害人对于保险给付与损害赔偿因适用损益相抵之原理,而不得重复受偿。

此外,"最高法院"放弃被害人双重受偿之原则,将使参加保险

---

[41] 美国法院认为,在保险契约无代位权之约定时,保险人于保险给付后,无代位求偿权。Frost v. Porter Leasing Corp., 386 Mass. 425, 436 N. E. 2d 387 (1982). See Marc Franklin & Robert Rabin, Tort Law and Alternatives: Cases and Materials, 681—684 (1996).

者与未参加保险者,于损害事故发生时,居于相同的地位,对于被保险人无鼓励作用。赔偿代位之规定,固可使加害人负担全部损害赔偿,且避免被害人获得重复赔偿,但如前所述,因代位权行使不确实,可能导致全民健康保险之最终受益者为加害人[42]。

再者,全民健康保险要保人系被害人,被害人支付保费,却由保险人于保险给付后,全额向加害人代位求偿,被害人之损害赔偿请求权则须扣除保险给付之全部,基于公平原则,要保人既已支付保费,纵使保险人得以代位求偿,其请求数额亦应扣除要保人缴交之保费数额,保险人始不因而发生不当获利之情形。

最后,在保险人有代位求偿权时,被害人无双重获利之权;在保险人无代位求偿权时,被害人可获双重利益,是否公平,以及如何决定何时赋予保险人代位求偿权,亦有疑问。依据全民健康保险法第82条规定,全民健康保险之保险人仅于汽车交通事故时,对于强制汽车责任保险之保险人得行使代位求偿权,在不合此项要件时,均不得行使代位求偿权。因而在非交通事故,或在交通事故而加害人未投保强制汽车责任险时,全民健康保险人均无代位求偿权,依据"最高法院"1997年之判例意旨,加害人既不得主张损益相抵,被害人于受领健康保险给付后,仍可对加害人请求全额赔偿,因而发生被害人双重获利之结果。从而双重获利之问题尚未完全排除,亦即究竟保险给付,是否应使被害人双重获利,仍有待解决。此项问题,涉及损益相抵与被保险人应否双重获利之立法政策问题,应先于保险人代位求偿权之存在与否,加以解决。

四、责任保险与损益相抵

《强制汽车责任保险法》第30条规定:"保险人依本法给付之保险金,视为加害人或被保险人损害赔偿金额之一部分;加害人或被保险人受赔偿请求时,得扣除之。""最高法院"在本案依据本条规定,认为"于该范围内,加害人或强制汽车责任保险之被保险人

---

[42] 参见本文前注37及所附之本文说明。

之损害赔偿责任即因而解免,全民健康保险被保险人对于加害人之损害赔偿请求权亦因而丧失。"按强制汽车责任险之要保人为汽车所有人(该法第四条),缴交保费者为汽车所有人而非汽车事故被害人。因而强制汽车责任保险,对被害人而言,类似于社会保险。社会保险给付是否应由加害人主张损益相抵,而减轻损害赔偿数额,在台湾地区立法与司法实务上采取双重赔偿说,加害人不得主张损益相抵。

在司法实务上,有司法院(1991)厅民一字第13700号函:法律问题:甲开车过失撞伤荣民乙(乙无过失),乙住进荣民总医院(下称荣总)治疗,医疗费共新台币(下同)10万元,因乙为荣民,故荣总未向其收取费用,乙出院后依侵权行为之法律关系,诉请甲赔偿10万元,应否准许?讨论意见,甲说(肯定说):应予准许。理由:乙被甲过失撞伤后,甲之损害赔偿债务已经发生,而荣总之免费为乙治疗,系因乙具荣民身份,而给予优待,并无为甲管理事务,或代甲履行债务之意,故甲之损害赔偿债务,并不因荣总之免费治疗行为而消灭,乙之请求为有理由。乙说(否定说):不应准许。理由:损害赔偿之债,以有损害发生为前提,乙被撞伤后业经荣总予以免费治疗,乙事实上并未支出10万元之医疗费,即无损害,自不得向甲请求。审查意见:拟采甲说(参酌1979年台上字第42号判例意旨)。研讨结果:照审查意见通过。

"司法院"民事厅研究意见:退除役官兵患病或负伤,由"行政院国军退除役官兵就业辅导委员会"所设荣民医院免费或减费治疗,系退除役官兵依"国军退除役官兵辅导条例"规定应享之权益,旨在保护退除役官兵,非为减轻损害事故加害人之责任,与因侵权行为所生之损害赔偿请求权,并非出于同一原因,不生损益相抵问题,甲过失撞伤荣民乙,乙在荣民医院所受免费治疗之利益,不能自其所受损害内扣抵,乙就其所受损害仍可向甲请求赔偿,研讨结果照审查意见通过采甲说,尚无不合[43]。

---

[43] 《民事法律问题研究汇编》,第9辑,第63—65页。

在立法上，可以劳工保险条例关于劳灾补偿之规定为例。1958 年制定之《劳工保险条例》第 34 条规定："因第三人之行为发生保险事故者，保险人为保险给付后，在给付价款之范围内，取得被保险人对于第三人之损害赔偿请求权，但第三人为被保险人之家属或服务机关之主持人或使用人，因职业伤病发生保险事故时，除事故系由其故意所致者外，不适用之。"换言之，在劳工执行职务遭受不法侵害时，被害人之侵权行为损害赔偿请求权，不因劳保给付之存在而受影响。但在保险人为保险给付后，在给付价款范围内，取得劳工对加害人之损害赔偿请求权，劳工仅能就保险给付范围外之损害，对加害人依据侵权行为之规定，请求损害赔偿，亦即被保险人不能领取双重赔偿[44]。

上述《劳工保险条例》第 34 条之规定，于 1968 年修订时，予以删除，修正理由系为使被保险人劳工除劳保给付外，更可自加害人获得全额之损害赔偿，亦即被保险人得以保有双重赔偿之利益。1979 年台上字第 42 号判例即为关于劳工遭遇车祸死亡，死者遗族向劳工保险局领取保险金后，再依侵权行为请求扶养费及慰藉金时，最高法院认为加害人不得主张损益相抵之适用，死者遗族得保有双重赔偿。

劳工保险条例删除代位求偿权之规定，使被保险人同时获得"劳灾补偿"与"侵权行为损害赔偿"双重利益，学者认为并不适当。盖劳工保险人对于雇主不得代位求偿，其保险给付，具有"部分替代"之意涵；且职业灾害补偿之保险费，系由雇主全部负担（劳工保险条例第 15 条），在被保险人领取保险给付后，复得向雇主请求全部损害赔偿，与劳灾补偿制度之目的，似有未符[45]。劳工保险除具人身保险之性质外，兼具责任保险之性质，劳工于受领保险给付后，对于雇用人之侵权行为损害赔偿请求权，应以保险给付范围外

---

[44] 王泽鉴：《劳灾补偿与侵权行为损害赔偿，民法学说与判例研究》，第三册，第 272—273 页；黄茂荣：《投保责任保险不排除侵权行为，民事法判解评释》（增订版），1985 年，第 432 页。

[45] 王泽鉴，前揭文，前注 44，第 279 页。

之损害为限,不得重复请求损害赔偿[46]。劳工对于雇主不得重复受偿之原则,依据劳动基准法第 60 条规定,劳工已受领劳工保险给付,或依劳动基准法第 59 条受领职业灾害补偿者,雇主得于保险给付或补偿金额范围内,抵充就同一事故所生损害之赔偿金额。因而在雇主为侵权行为之加害人时,被害人已无获取双重利益之情形[47]。但在侵权行为人为第三人时,劳工对第三加害人之损害赔偿请求权不受劳工保险给付之影响,又无代位求偿权之规定,而发生双重受偿之情形。

在强制汽车责任保险,性质上为责任保险,类似上述职业灾害保险,保险费系由汽车所有人给付,其地位类似于职业灾害保险之雇主,在保险人对受害人为保险给付后,保险人对于被保险人并无代位求偿权(强制汽车责任保险法第 31 条),因而保险人之给付具有替代补偿之意,乃代替加害人赔偿损害,被害人之损害赔偿范围应予以减缩,不得对加害人重复请求全部损害赔偿,此即强制汽车责任保险法第 30 条关于加害人赔偿额扣除规定之理由[48]。就此而论,"最高法院"在本案依据强制汽车责任保险法之规定,认为"于该范围内,加害人或强制汽车责任保险之被保险人之损害赔偿责任即因而解免"尚属可采。但是否因而推论"全民健康保险被保险人对于加害人之损害赔偿请求权亦因而丧失",则有疑问。

强制汽车责任保险法放弃双重补偿之机制,系因汽车责任保险在于替代缴交保险费之汽车所有人为保险给付,而非在使受害人双重获利。此项规定,不足推论全民健康保险保险人之给付,亦

---

[46] 孙森炎,前揭文,前注 35,第 953 页;黄茂荣,前揭文,前注 44,第 432 页。
[47] 美国法院亦认为,受害人于被害后,享受公立学校免费教育之利益,并非因被害人勤勉或支付费用而获得,依据损害赔偿目的在于填补损害之原则,加害人于损害赔偿时,得请求抵偿之。Washington v. Barnes Hospital, 897 S. W. 2d 611 (Mo. 1995). See Vetri, *supra* note 17, at 449—453.
[48] See Dobbs et al., Torts, *supra* note 24, at 780; John Wade, Victor Schwartz, Kathryn Kelly, and David Partlett, Prosser, Wade and Schwartz's Torts: Cases and Materials, 522 (9th ed., 1994).

因而发生"替代补偿"之功能。盖全民健康保险系由被保险人缴付保险费,目的在为被保险人提供医疗保健服务,而非在于代替加害人给付赔偿,应无由加害人因而获利之意思。被害人受领全民健保给付,至多因全民健康保险法关于代位求偿权之规定,而发生法定债权移转之效果,加害人得抗辩被害人已受领健保给付,因债权主体变更,而减少赔偿金额。但此项抗辩非因损害赔偿请求权消灭,或加害人适用损益相抵之效果,则可断言。

换言之,若本案系强制汽车保险人对被害人为给付后,被害人向加害人请求损害赔偿时,因保险人替代加害人赔偿,加害人当得依据《强制汽车责任保险法》第30条规定,主张扣除赔偿金额。反之,本案被害人系由全民健保保险人给付医疗费用,与强制汽车责任保险法无关。最高法院以《强制汽车责任保险法》第30条规定作为论述之理由,应非妥当。

肆、结 论

1999年台上字第353号判决对于该院1979年台上字第34号判例重新阐述,容易使人误解为最高法院放弃损益相抵必须基于同一原因事实之历来见解,根据本文分析,应予说明者有如下6点:

1. "最高法院"1997年判例关于损益相抵采取损益同源说,与新修订《民法》第216条之1关于损益相抵之规定相同;保险给付与损害赔偿不适用损益相抵之规定,与学者通说一致;1999年之本件判决,尚未变更上述见解,亦即1999年之本件判决不可作为保险给付与损害赔偿适用损益相抵之依据,损益相抵仍须以具有同一原因事实者为限。

2. 保险给付与损害赔偿不适用损益相抵之结果,系被保险人得同时获得双重赔偿。对于侵权行为被害人是否应获得双重赔偿,学说固有争论,但晚进趋势认为被保险人不应同时享有医疗保险给付与请求损害赔偿。保险人代位求偿权之规定即为避免被害人双重赔偿而设之规定。

3. 保险人之代位求偿权目的在于防止被害人双重获利,与损益相抵无关,为担保代位权之有效实行,不应肯定加害人得对被害人就其受领之保险给付主张损益相抵。换言之,损益不相抵与代位求偿权得同时并存。

4. 在医疗保险给付,全民健康保险法规定保险人对汽车事故保险人享有代位求偿权,但以汽车事故及加害人加入强制汽车责任保险者为限。在此范围内,由于代位求偿权之规定,足以避免被害人双重获利。但在非汽车事故或加害人未参加强制汽车责任保险时,基于保险给付与损害赔偿不适用损益相抵之原则,被害人仍可获得双重利益。

5. 强制汽车责任保险性质上为责任保险,保险人对被害人给付赔偿金后,对于被保险人无代位求偿权,保险人之给付具有代替赔偿之性质,被害人于受领保险给付后,就该范围内,不得再向加害人求偿,在此不发生被害人双重赔偿之情形。但因本件判决系全民健康保险之保险人为医疗给付,而非强制汽车责任保险之保险人给付赔偿金,故本件判决与《强制汽车责任保险法》第30条之规定无关。

6. "最高法院"在本案系就《全民健康保险法》第82条法定代位求偿权所为之解释,与损益相抵之理论无关,其"射程范围"亦未否定保险给付与损害赔偿不适用损益相抵之原则。因而在《全民健康保险法》第82条以外之其他保险给付,若无法定代位求偿权之规定,并无本件判决之适用。例如在劳工职业灾害补偿之案例,因代位求偿权之规定业经删除,在劳工保险条例修订前,尚难以全民健康保险法之解释,作为劳工保险之保险人代位求偿权之依据,因而当职业灾害加害人为第三人时,被保险劳工仍得保有双重赔偿之权利[49]。

　　本文曾收录于苏永钦等合著《民法七十年之回顾与展望纪念论文集》（一）总则、债编，第305—338页（元照出版，2000）

---

[49] 孙森焱大法官主张"医疗给付之代位求偿,既经法律明定之,'最高法院'自宜考虑所以适应之道,以避免劳工保险之被保险人因发生伤害事故而获医疗费用之双重利益,与适用全民健康保险法之规定,发生见解两歧之情形。"与本文见解不同,请予参照(孙森焱,前揭文,前注35,第957页)。又依据《劳工保险条例》第76条之1,该条例关于普通事故保险医疗给付部分,于全民健康保险法施行后,停止适用。因而劳工在普通事故保险医疗给付,因系属全民健康保险之给付,在符合全民健康保险法第82条之规定,仍有本判决之适用,不生双重赔偿之问题。

民商法论丛已出书目

书号	书名	出版日期	编著者	定价
07548-0/D·0912	优先权制度研究	2004年版	郭明瑞等	26.00
07558-8/D·0916	公信力的法律构造	2005重印	叶金强	30.00
07506-5/D·0899	纯经济上损失赔偿制度研究	2004年版	李昊	23.00
07602-9/D·0922	英国民事司法改革	2004年版	齐树洁主编	56.00
08077-8/D·0991	比较担保法	2004年版	蔡永民	36.00
08383-1/D·1045	中国票据制度研究	2005年版	胡德胜等	30.00
08637-7/D·1090	中国民法典立法研究	2005年版	谢哲胜等	21.00
08680-6/D·1100	收养法比较研究	2005年版	蒋新苗	32.00
08722-5/D·1109	论知识产权法的体系化	2005年版	李琛	20.00
08723-3/D·1110	美国物业产权制度与物业管理	2005年版	周树基	25.00
09138-9/D·1203	知识产权请求权研究	2005年版	杨明	25.00
09347-0/D·1235	非营利组织治理结构研究	2005年版	金锦萍	21.00
09085-4/D·1196	民事法理与判决研究	2005年版	詹森林	46.00
09435-3/D·1253	不动产登记程序的制度建构	2005年版	李昊等	46.00
08885-X/D·1154	侵权归责原则与损害赔偿	2005年版	陈聪富	33.00